Mother

Maxim Gorky

Мать

Максим Горький

Mother

ISNB: 978-1-60444-868-9

Мать

ISNB: 978-1-60444-868-9

МАТЬ

ЧАСТЬ ПЕРВАЯ

I

Каждый день над рабочей слободкой, в дымном, масляном воздухе, дрожал и ревел фабричный гудок, и, послушные зову, из маленьких серых домов выбегали на улицу, точно испуганные тараканы, угрюмые люди, не успевшие освежить сном свои мускулы. В холодном сумраке они шли по немощеной улице к высоким каменным клеткам фабрики; она с равнодушной уверенностью ждала их, освещая грязную дорогу десятками жирных квадратных глаз. Грязь чмокала под ногами. Раздавались хриплые восклицания сонных голосов, грубая ругань зло рвала воздух, а встречу людям плыли иные звуки - тяжелая возня машин, ворчание пара. Угрюмо и строго маячили высокие черные трубы, поднимаясь над слободкой, как толстые палки.

Вечером, когда садилось солнце, и на стеклах домов устало блестели его красные лучи, - фабрика выкидывала людей из своих каменных недр, словно отработанный шлак, и они снова шли по улицам, закопченные, с черными лицами, распространяя в воздухе липкий запах машинного масла, блестя голодными зубами. Теперь в их голосах звучало оживление, и даже радость, - на сегодня кончилась каторга труда, дома ждал ужин и отдых.

День проглочен фабрикой, машины высосали из мускулов людей столько силы, сколько им было нужно. День бесследно вычеркнут из жизни, человек сделал еще шаг к своей могиле, но он видел близко перед собой наслаждение отдыха, радости дымного кабака и - был доволен.

По праздникам спали часов до десяти, потом люди солидные и женатые одевались в свое лучшее платье и шли слушать обедню, попутно ругая молодежь за ее равнодушие к церкви. Из церкви возвращались домой, ели пироги и снова ложились спать - до вечера.

Усталость, накопленная годами, лишала людей аппетита, и для того, чтобы есть, много пили, раздражая желудок острыми ожогами водки. Вечером лениво гуляли по улицам, и тот, кто имел галоши, надевал их, если даже было сухо, а имея дождевой зонтик, носил его с собой, хотя бы светило солнце.

Встречаясь друг с другом, говорили о фабрике, о машинах, ругали мастеров, - говорили и думали только о том, что связано с работой. Одинокие искры неумелой, бессильной мысли едва мерцали в скучном однообразии дней. Возвращаясь домой, ссорились с женами и часто били их, не щадя кулаков. Молодежь сидела в трактирах или устраивала вечеринки друг у друга, играла на гармониках, пела похабные, некрасивые песни, танцевала, сквернословила и пила. Истомленные трудом люди пьянели быстро, во всех грудях пробуждалось непонятное, болезненное раздражение. Оно требовало выхода. И, цепко хватаясь за каждую возможность разрядить это тревожное чувство, люди из-за пустяков бросались друг на друга с озлоблением зверей. Возникали кровавые драки. Порою они кончались тяжкими увечьями, изредка - убийством.

В отношениях людей всего больше было чувства подстерегающей злобы, оно было такое же застарелое, как и неизлечимая усталость мускулов. Люди рождались с этой болезнью души, наследуя ее от отцов, и она черною тенью сопровождала их до могилы, побуждая в течение жизни к ряду поступков, отвратительных своей бесцельной жестокостью.

По праздникам молодежь являлась домой поздно ночью в разорванной одежде, в грязи и пыли, с разбитыми лицами, злорадно хвастаясь нанесенными товарищам ударами, или оскорбленная, в гневе или слезах обиды, пьяная и жалкая, несчастная и противная. Иногда парней приводили домой матери, отцы. Они отыскивали их где-нибудь под забором на улице или в кабаках бесчувственно пьяными, скверно ругали, били кулаками мягкие, разжиженные водкой тела детей, потом более или менее заботливо укладывали их спать, чтобы рано утром, когда в воздухе темным ручьем потечет сердитый рев гудка, разбудить их для работы.

Ругали и били детей тяжело, но пьянство и драки молодежи казались старикам вполне законным явлением, - когда отцы были молоды, они тоже пили и дрались, их тоже били матери и отцы. Жизнь всегда была такова, - она ровно и медленно текла куда-то мутным потоком годы и годы и вся была связана крепкими, давними привычками думать и делать одно и то же, изо дня в день. И никто не имел желания попытаться изменить ее.

Изредка в слободку приходили откуда-то посторонние люди. Сначала они обращали на себя внимание просто тем, что были чужие, затем возбуждали к себе легкий, внешний интерес рассказами о местах, где они работали, потом новизна стиралась с них, к ним привыкали, и они становились незаметными. Из их рассказов было ясно: жизнь рабочего везде одинакова. А если это так - о чем же разговаривать?

Но иногда некоторые из них говорили что-то неслыханное в слободке. С ними не спорили, но слушали их странные речи недоверчиво. Эти речи у одних возбуждали слепое раздражение, у других смутную тревогу, третьих беспокоила легкая тень надежды на что-то неясное, и они начинали больше пить, чтобы изгнать ненужную, мешающую тревогу.

Заметив в чужом необычное, слобожане долго не могли забыть ему это и относились к человеку, не похожему на них, с безотчетным опасением. Они точно боялись, что человек бросит в жизнь что-нибудь такое, что нарушит ее уныло правильный ход, хотя тяжелый, но спокойный. Люди привыкли, чтобы жизнь давила их всегда с одинаковой силой, и, не ожидая никаких изменений к лучшему, считали все изменения способными только увеличить гнет.

От людей, которые говорили новое, слобожане молча сторонились. Тогда эти люди исчезали, снова уходя куда-то, а оставаясь на фабрике, они жили в стороне, если не умели слиться в одно целое с однообразной массой слобожан...

Пожив такой жизнью лет пятьдесят, - человек умирал.

2

II

Так жил и Михаил Власов, слесарь, волосатый, угрюмый, с маленькими глазами; они смотрели из-под густых бровей подозрительно, с нехорошей усмешкой. Лучший слесарь на фабрике и первый силач в слободке, он держался с начальством грубо и поэтому зарабатывал мало, каждый праздник кого-нибудь избивал, и все его не любили, боялись. Его тоже пробовали бить, но безуспешно. Когда Власов видел, что на него идут люди, он хватал в руки камень, доску, кусок железа и, широко расставив ноги, молча ожидал врагов. Лицо его, заросшее от глаз до шеи черной бородой, и волосатые руки внушали всем страх. Особенно боялись его глаз, - маленькие, острые, они сверлили людей, точно стальные буравчики, и каждый, кто встречался с их взглядом, чувствовал перед собой дикую силу, недоступную страху, готовую бить беспощадно.

- Ну, расходись, сволочь! - глухо говорил он. Сквозь густые волосы на его лице сверкали крупные желтые зубы. Люди расходились, ругая его трусливо воющей руганью.

- Сволочь! - кратко говорил он вслед им, и глаза его блестели острой, как шило, усмешкой. Потом, держа голову вызывающе прямо, он шел следом за ними и вызывал:

- Ну, - кто смерти хочет?

Никто не хотел.

Говорил он мало, и "сволочь" - было его любимое слово. Им он называл начальство фабрики и полицию, с ним он обращался к жене:

- Ты, сволочь, не видишь - штаны разорвались! Когда Павлу, сыну его, было четырнадцать лет, Власову захотелось оттаскать его за волосы. Но Павел взял в руки тяжелый молоток и кратко сказал:

- Не тронь...

- Чего? - спросил отец, надвигаясь на высокую, тонкую фигуру сына, как тень на березу.

- Будет! - сказал Павел. - Больше я не дамся... И взмахнул молотком.

Отец посмотрел на него, спрятал за спину мохнатые руки и, усмехаясь, проговорил:

- Ладно.

Потом, тяжело вздохнув, добавил:

- Эх ты, сволочь...

Вскоре после этого он сказал жене:

- Денег у меня больше не спрашивай, тебя Пашка прокормит...

- А ты все пропивать будешь? - осмелилась она спросить.

- Не твое дело, сволочь! Я любовницу заведу...

Любовницы он не завел, но с того времени, почти два года, вплоть до смерти своей, не замечал сына и не говорил с ним.

Была у него собака, такая же большая и мохнатая, как сам он. Она каждый день провожала его на фабрику и каждый вечер ждала у ворот. По праздникам Власов отправлялся ходить по кабакам. Ходил он молча и, точно желая найти кого-то, царапал своими глазами лица людей. И собака весь день ходила за ним, опустив большой, пышный хвост. Возвращаясь домой пьяный, он садился ужинать

3

и кормил собаку из своей чашки. Он ее не бил, не ругал, но и не ласкал никогда. После ужина он сбрасывал посуду со стола на пол, если жена не успевала вовремя убрать ее, ставил перед собой бутылку водки и, опираясь спиной о стену, глухим голосом, наводившим тоску, выл песню, широко открывая рот и закрыв глаза. Заунывные, некрасивые звуки путались в его усах, сбивая с них хлебные крошки, слесарь расправлял волосы бороды и усов толстыми пальцами и - пел. Слова песни были какие-то непонятные, растянутые, мелодия напоминала о зимнем вое волков. Пел он до поры, пока в бутылке была водка, а потом валился боком на лавку или опускал голову на стол и так спал до гудка. Собака лежала рядом с ним.

Умер он от грыжи. Дней пять, весь почерневший, он ворочался на постели, плотно закрыв глаза, и скрипел зубами. Иногда говорил жене:

- Дай мышьяку, отрави...

Доктор велел поставить Михаилу припарки, но сказал, что необходима операция, и больного нужно сегодня же везти в больницу.

- Пошел к черту, - я сам умру!.. Сволочь! - прохрипел Михаил.

А когда доктор ушел и жена со слезами стала уговаривать его согласиться на операцию, он сжал кулак и, погрозив ей, заявил:

- Выздоровлю - тебе хуже будет! Он умер утром, в те минуты, когда гудок звал на работу. В гробу лежал с открытым ртом, но брови у него были сердито нахмурены. Хоронили его жена, сын, собака, старый пьяница и вор Данила Весовщиков, прогнанный с фабрики, и несколько слободских нищих. Жена плакала тихо и немного, Павел - не плакал. Слобожане, встречая на улице гроб, останавливались и, крестясь, говорили друг другу:

- Чай, Пелагея-то рада-радешенька, что помер он... Некоторые поправляли:

- Не помер, а - издох...

Когда гроб зарыли - люди ушли, а собака осталась и, сидя на свежей земле, долго молча нюхала могилу. Через несколько дней кто-то убил ее...

III

Спустя недели две после смерти отца, в воскресенье, Павел Власов пришел домой сильно пьяный. Качаясь, он пролез в передний угол и, ударив кулаком по столу, как это делал отец, крикнул матери:

- Ужинать!

Мать подошла к нему, села рядом и обняла сына, притягивая голову его к себе на грудь. Он, упираясь рукой в плечо ей, сопротивлялся и кричал:

- Мамаша, - живо!..

- Дурачок ты! - печально и ласково сказала мать, одолевая его сопротивление.

- И - курить буду! Дай мне отцову трубку... - тяжело двигая непослушным языком, бормотал Павел.

Он напился впервые. Водка ослабила его тело, но не погасила сознания, и в голове стучал вопрос: "Пьян? Пьян?"

Его смущали ласки матери и трогала печаль в ее глазах. Хотелось плакать, и, чтобы подавить это желание, он старался притвориться более пьяным, чем был.

А мать гладила рукой его потные, спутанные волосы и тихо говорила:

- Не надо бы этого тебе...

Его начало тошнить. После бурного припадка рвоты мать уложила его в постель, накрыв бледный лоб мокрым полотенцем. Он немного отрезвел, но все под ним и вокруг него волнообразно качалось, у него отяжелели веки и, ощущая во рту скверный, горький вкус, он смотрел сквозь ресницы на большое лицо матери и бессвязно думал:

"Видно, рано еще мне. Другие пьют и - ничего, а меня тошнит..."

Откуда-то издали доносился мягкий голос матери:

- Каким кормильцем ты будешь мне, если пить начнешь... Плотно закрыв глаза, он сказал:

- Все пьют...

Мать тяжело вздохнула. Он был прав. Она сама знала, что, кроме кабака, людям негде почерпнуть радости. Но все-таки сказала:

- А ты - не пей! За тебя, сколько надо, отец выпил. И меня он намучил довольно... так уж ты бы пожалел мать-то, а?

Слушая печальные, мягкие слова, Павел вспоминал, что при жизни отца мать была незаметна в доме, молчалива и всегда жила в тревожном ожидании побоев. Избегая встреч с отцом, он мало бывал дома последнее время, отвык от матери и теперь, постепенно трезвея, пристально смотрел на нее.

Была она высокая, немного сутулая, ее тело, разбитое долгой работой и побоями мужа, двигалось бесшумно и как-то боком, точно она всегда боялась задеть что-то. Широкое, овальное лицо, изрезанное морщинами и одутловатое, освещалось темными глазами, тревожно-грустными, как у большинства женщин в слободке. Над правой бровью был глубокий шрам, он немного поднимал бровь кверху, казалось, что и правое ухо у нее выше левого; это придавало ее лицу такое выражение, как будто она всегда пугливо прислушивалась. В густых темных волосах блестели седые пряди. Вся она была мягкая, печальная, покорная...

И по щекам ее медленно текли слезы.

- Не плачь! - тихо попросил сын. - Дай мне пить.

- Я тебе воды со льдом принесу...

Но когда она воротилась, он уже заснул. Она постояла над ним минуту, ковш в ее руке дрожал, и лед тихо бился о жесть. Поставив ковш на стол, она молча опустилась на колени перед образами. В стекла окон бились звуки пьяной жизни. Во тьме и сырости осеннего вечера визжала гармоника, кто-то громко пел, кто-то ругался гнилыми словами, тревожно звучали раздраженные, усталые голоса женщин...

Жизнь в маленьком доме Власовых потекла более тихо и спокойно, чем прежде, и несколько иначе, чем везде в слободе. Дом их стоял на краю слободы, у невысокого, но крутого спуска к болоту. Треть дома занимала кухня и отгороженная от нее тонкой переборкой маленькая комнатка, в которой спала мать. Остальные две трети - квадратная комната с двумя окнами; в одном углу ее - кровать Павла, в переднем - стол и две лавки. Несколько стульев, комод для белья, на нем маленькое зеркало, сундук с платьем, часы на стене и две иконы в углу - вот и все.

Павел сделал все, что надо молодому парню: купил гармонику, рубашку с накрахмаленной грудью, яркий галстух, галоши, трость и стал такой же, как все подростки его лет. Ходил на вечеринки, выучился танцевать кадриль и польку, по праздникам возвращался домой выпивши и всегда сильно страдал от водки. Наутро болела голова, мучила изжога, лицо было бледное, скучное.

Однажды мать спросила его:

- Ну что, весело тебе было вчера? Он ответил с угрюмым раздражением:

- Тоска зеленая! Я лучше удить рыбу буду. Или - куплю себе ружье.

Работал он усердно, без прогулов и штрафов, был молчалив, и голубые, большие, как у матери, глаза его смотрели недовольно. Он не купил себе ружья и не стал удить рыбу, но заметно начал уклоняться с торной дороги всех: реже посещал вечеринки и хотя, по праздникам, куда-то уходил, но возвращался трезвый. Мать, зорко следя за ним, видела, что смуглое лицо сына становится острее, глаза смотрят все более серьезно и губы его сжались странно строго. Казалось, он молча сердится на что-то или его сосет болезнь. Раньше к нему заходили товарищи, теперь, не заставая его дома, они перестали являться. Матери было приятно видеть, что сын ее становится непохожим на фабричную молодежь, но когда она заметила, что он сосредоточенно и упрямо выплывает куда-то в сторону из темного потока жизни, - это вызвало в душе ее чувство смутного опасения.

- Ты, может, нездоров, Павлуша? - спрашивала она его иногда.

- Нет, я здоров! - отвечал он.

- Худой ты очень! - вздохнув, говорила мать. Он начал приносить книги и старался читать их незаметно, а прочитав, куда-то прятал. Иногда он выписывал из книжек что-то на отдельную бумажку и тоже прятал ее...

Говорили они мало и мало видели друг друга. Утром он молча пил чай и уходил на работу, в полдень являлся обедать, за столом перекидывались незначительными словами, и снова он исчезал вплоть до вечера. А вечером тщательно умывался, ужинал и после долго читал свои книги. По праздникам уходил с утра, возвращался поздно ночью. Она знала, что он ходит в город, бывает там в театре, но к нему из города никто не приходил. Ей казалось, что с течением времени сын говорит все меньше, и, в то же время, она замечала, что порою он употребляет какие-то новые слова, непонятные ей, а привычные для нее грубые и резкие выражения - выпадают из его речи. В поведении его явилось много мелочей, обращавших на себя ее внимание: он бросил щегольство, стал больше заботиться о чистоте тела и платья, двигался свободнее, ловчей и, становясь наружно проще, мягче, возбуждал у матери тревожное внимание. И в отношении к матери было что-то новое: он иногда подметал пол в комнате, сам убирал по праздникам свою постель, вообще старался облегчить ее труд. Никто в слободе не делал этого.

Однажды он принес и повесил на стенку картину - трое людей, разговаривая, шли куда-то легко и бодро.

- Это воскресший Христос идет в Эммаус! - объяснил Павел.

Матери понравилась картина, но она подумала: "Христа почитаешь, а в церковь не ходишь..."

Все больше становилось книг на полке, красиво сделанной Павлу товарищем-столяром. Комната приняла приятный вид.

Он говорил ей "вы" и называл "мамаша", но иногда, вдруг, обращался к ней ласково:

- Ты, мать, пожалуйста, не беспокойся, я поздно ворочусь домой...

Ей это нравилось, в его словах она чувствовала что-то серьезное и крепкое.

Но росла ее тревога. Не становясь от времени яснее, она все более остро щекотала сердце предчувствием чего-то необычного. Порою у матери являлось недовольство сыном, она думала: "Все люди - как люди, а он - как монах. Уж очень строг. Не по годам это..."

Иногда она думала: "Может, он девицу себе завел какую-нибудь?"

Но возня с девицами требует денег, а он отдавал ей свой заработок почти весь.

Так шли недели, месяцы, и незаметно прошло два года странной, молчаливой жизни, полной смутных дум и опасений, все возраставших.

IV

Однажды после ужина Павел опустил занавеску на окне, сел в угол и стал читать, повесив на стенку над своей головой жестяную лампу. Мать убрала посуду и, выйдя из кухни, осторожно подошла к нему. Он поднял голову и вопросительно взглянул ей в лицо.

- Ничего, Паша, это я так! - поспешно сказала она и ушла, смущенно двигая бровями. Но, постояв среди кухни минуту неподвижно, задумчивая, озабоченная, она чисто вымыла руки в снова вышла к сыну.

- Хочу я спросить тебя, - тихонько сказала она, - что ты все читаешь?

Он сложил книжку.

- Ты - сядь, мамаша...

Мать грузно опустилась рядом с ним и выпрямилась, насторожилась, ожидая чего-то важного.

Не глядя на нее, негромко и почему-то очень сурово, Павел заговорил:

- Я читаю запрещенные книги. Их запрещают читать потому, что они говорят правду о нашей, рабочей жизни... Они печатаются тихонько, тайно, и если их у меня найдут - меня посадят в тюрьму, - в тюрьму за то, что я хочу знать правду. Поняла?

Ей вдруг стало трудно дышать. Широко открыв глаза, она смотрела на сына, он казался ей чуждым. У него был другой голос - ниже, гуще и звучнее. Он щипал пальцами тонкие, пушистые усы и странно, исподлобья смотрел куда-то в угол. Ей стало страшно за сына и жалко его.

- Зачем же ты это, Паша? - проговорила она. Он поднял голову, взглянул на нее и негромко, спокойно ответил:

- Хочу знать правду.

Голос его звучал тихо, но твердо, глаза блестели упрямо. Она сердцем поняла, что сын ее обрек себя навсегда чему-то тайному и страшному. Все в жизни казалось ей неизбежным, она привыкла подчиняться не думая и теперь только заплакала тихонько, не находя слов в сердце, сжатом горем и тоской.

- Не плачь! - говорил Павел ласково и тихо, а ей казалось, что он прощается. -

Подумай, какою жизнью мы живем? Тебе сорок лет, - а разве ты жила? Отец тебя бил, - я теперь понимаю, что он на твоих боках вымещал свое горе, - горе своей жизни; оно давило его, а он не понимал - откуда оно? Он работал тридцать лет, начал работать, когда вся фабрика помещалась в двух корпусах, а теперь их - семь!

Она слушала его со страхом и жадно. Глаза сына горели красиво и светло; опираясь грудью на стол, он подвинулся ближе к ней и говорил прямо в лицо, мокрое от слез, свою первую речь о правде, понятой им. Со всею силой юности и жаром ученика, гордого знаниями, свято верующего в их истину, он говорил о том, что было ясно для него, - говорил не столько для матери, сколько проверяя самого себя. Порою он останавливался, не находя слов, и тогда видел перед собой огорченное лицо, на котором тускло блестели затуманенные слезами, добрые глаза. Они смотрели со страхом, с недоумением. Ему было жалко мать, он начинал говорить снова, но уже о ней, о ее жизни.

- Какие радости ты знала? - спрашивал он. - Чем ты можешь помянуть прожитое?

Она слушала и печально качала головой, чувствуя что-то новое, неведомое ей, скорбное и радостное, - оно мягко ласкало ее наболевшее сердце. Такие речи о себе, о своей жизни она слышала впервые, и они будили в ней давно уснувшие, неясные думы, тихо раздували угасшие чувства смутного недовольства жизнью, - думы и чувства дальней молодости. Она говорила о жизни с подругами, говорила подолгу, обо всем, но все - и она сама - только жаловались, никто не объяснял, почему жизнь так тяжела и трудна. А вот теперь перед нею сидит ее сын, и то, что говорят его глаза, лицо, слова, - все это задевает за сердце, наполняя его чувством гордости за сына, который верно понял жизнь своей матери, говорит ей о ее страданиях, жалеет ее.

Матерей - не жалеют.

Она это знала. Все, что говорил сын о женской жизни, - была горькая знакомая правда, и в груди у нее тихо трепетал клубок ощущений, все более согревавший ее незнакомой лаской.

- Что же ты хочешь делать? - спросила она, перебивая его речь.

- Учиться, а потом - учить других. Нам, рабочим, надо учиться. Мы должны узнать, должны понять - отчего жизнь так тяжела для нас.

Ей было сладко видеть, что его голубые глаза, всегда серьезные и строгие, теперь горели так мягко и ласково. На ее губах явилась довольная, тихая улыбка, хотя в морщинах щек еще дрожали слезы. В ней колебалось двойственное чувство гордости сыном, который так хорошо видит горе жизни, но она не могла забыть о его молодости и о том, что он говорит не так, как все, что он один решил вступить в спор с этой привычной для всех - и для нее - жизнью. Ей хотелось сказать ему: "Милый, что ты можешь сделать?"

Но она боялась помешать себе любоваться сыном, который вдруг открылся перед нею таким умным... хотя немного чужим для нее.

Павел видел улыбку на губах матери, внимание на лице, любовь в ее глазах; ему казалось, что он заставил ее понять свою правду, и юная гордость силою слова возвышала его веру в себя. Охваченный возбуждением, он говорил, то усмехаясь, то хмуря брови, порою в его словах звучала ненависть, и когда мать слышала ее звенящие, жесткие слова, она, пугаясь, качала головой и тихо спрашивала сына:

- Так ли, Паша?

- Так! - отвечал он твердо и крепко. И рассказывал ей о людях, которые, желая добра народу, сеяли в нем правду, а за это враги жизни ловили их, как зверей, сажали в тюрьмы, посылали на каторгу...

- Я таких людей видел! - горячо воскликнул он. - Это лучшие люди на земле!

В ней эти люди возбуждали страх, она снова хотела спросить сына: "Так ли?"

Но не решалась и, замирая, слушала рассказы о людях, непонятных ей, научивших ее сына говорить и думать столь опасно для него. Наконец она сказала ему:

- Скоро светать будет, лег бы ты, уснул!

- Да, я сейчас лягу! - согласился он. И, наклонясь к ней, спросил: - Поняла ты меня?

- Поняла! - вздохнув, ответила она. Из глаз ее снова покатились слезы, и, всхлипнув, она добавила:

- Пропадешь ты!

Он встал, прошелся по комнате, потом сказал:

- Ну вот, ты теперь знаешь, что я делаю, куда хожу, я тебе все сказал! Я прошу тебя, мать, если ты меня любишь, - не мешай мне!..

- Голубчик ты мой! - воскликнула она. - Может, лучше бы для меня не знать ничего!

Он взял ее руку и крепко стиснул в своих.

Ее потрясло слово "мать", сказанное им с горячей силой, и это пожатие руки, новое и странное.

- Ничего я не буду делать! - прерывающимся голосом сказала она. - Только береги ты себя, береги! Не зная, чего нужно беречься, она тоскливо прибавила:

- Худеешь ты все...

И, обняв его крепкое, стройное тело ласкающим, теплым взглядом, заговорила торопливо и тихо:

- Бог с тобой! Живи как хочешь, не буду я тебе мешать. Только об одном прошу - не говори с людьми без страха! Опасаться надо людей - ненавидят все друг друга! Живут жадностью, живут завистью. Все рады зло сделать. Как начнешь ты их обличать да судить - возненавидят они тебя, погубят!

Сын стоял в дверях, слушая тоскливую речь, а когда мать кончила, он, улыбаясь, сказал:

- Люди плохи, да. Но когда я узнал, что на свете есть правда, - люди стали лучше!..

Он снова улыбнулся и продолжал:

- Сам не понимаю, как это вышло! С детства всех боялся, стал подрастать - начал ненавидеть, которых за подлость, которых - не знаю за что, так просто! А теперь все для меня по-другому встали, - жалко всех, что ли? Не могу понять, но сердце стало мягче, когда узнал, что не все виноваты в грязи своей...

Он замолчал, точно прислушиваясь к чему-то в себе, потом негромко и вдумчиво сказал:

- Вот как дышит правда!

Она взглянула на него и тихо молвила:

- Опасно ты переменился, о, господи!

9

Когда он лег и уснул, мать осторожно встала со своей постели и тихо подошла к нему. Павел лежал кверху грудью, и на белой подушке четко рисовалось его смуглое, упрямое и строгое лицо. Прижав руки к груди, мать, босая и в одной рубашке, стояла у его постели, губы ее беззвучно двигались, а из глаз медленно и ровно одна за другой текли большие мутные слезы.

V

И снова они стали жить молча, далекие и близкие друг другу. Однажды среди недели, в праздник, Павел, уходя из дома, сказал матери:

- В субботу у меня будут гости из города.

- Из города? - повторила мать и - вдруг - всхлипнула.

- Ну, о чем, мамаша? - недовольно воскликнул Павел. Она, утирая лицо фартуком, ответила вздыхая:

- Не знаю, - так уж...

- Боишься?

- Боюсь! - созналась она.

Он наклонился к ее лицу и сердито - точно его отец - проговорил:

- От страха все мы и пропадаем! А те, кто командуют нами, пользуются нашим страхом и еще больше запугивают нас. Мать тоскливо взвыла:

- Не сердись! Как мне не бояться! Всю жизнь в страхе жила, - вся душа обросла страхом! Негромко и мягче он сказал:

- Ты прости меня, - иначе нельзя! И ушел.

Три дня у нее дрожало сердце, замирая каждый раз, как она вспоминала, что в дом придут какие-то чужие люди, страшные. Это они указали сыну дорогу, по которой он идет...

В субботу, вечером, Павел пришел с фабрики, умылся, переоделся и, снова уходя куда-то, сказал, не глядя на мать:

- Придут, - скажи, что я сейчас воротчусь. И, пожалуйста, не бойся...

Она бессильно опустилась на лавку. Сын хмуро взглянул на нее и предложил:

- Может быть, ты... уйдешь куда-нибудь?

Это ее обидело. Отрицательно качнув головой, она сказала:

- Нет. Зачем же?

Был конец ноября. Днем на мерзлую землю выпал сухой мелкий снег, и теперь было слышно, как он скрипит под ногами уходившего сына. К стеклам окна неподвижно прислонилась густая тьма, враждебно подстерегая что-то. Мать, упираясь руками в лавку, сидела и, глядя на дверь, ждала...

Ей казалось, что во тьме со всех сторон к дому осторожно крадутся, согнувшись и оглядываясь по сторонам, люди, странно одетые, недобрые. Вот кто-то уже ходит вокруг дома, шарит руками по стене.

Стал слышен свист. Он извивался в тишине тонкой струйкой, печальный и мелодичный, задумчиво плутал в пустыне тьмы, искал чего-то, приближался. И вдруг исчез под окном, точно воткнувшись в дерево стены.

В сенях зашаркали чьи-то ноги, мать вздрогнула и, напряженно подняв брови, встала.

Дверь отворили. Сначала в комнату всунулась голова в большой мохнатой шапке, потом, согнувшись, медленно пролезло длинное тело, выпрямилось, не торопясь подняло правую руку и, шумно вздохнув, густым, грудным голосом сказало:

- Добрый вечер!

Мать молча поклонилась.

- А Павла дома нету?

Человек медленно снял меховую куртку, поднял одну ногу, смахнул шапкой снег с сапога, потом то же сделал с другой ногой, бросил шапку в угол и, качаясь на длинных ногах, пошел в комнату. Подошел к стулу, осмотрел его, как бы убеждаясь в прочности, наконец сел и, прикрыв рот рукой, зевнул. Голова у него была правильно круглая и гладко острижена, бритые щеки и длинные усы концами вниз. Внимательно осмотрев комнату большими выпуклыми глазами серого цвета, он положил ногу на ногу и, качаясь на стуле, спросил:

- Что ж, это ваша хата, или - нанимаете? Мать, сидя против него, ответила:

- Нанимаем.

- Неважная хата! - заметил он.

- Паша скоро придет, вы подождите! - тихо попросила мать.

- Да я уже и жду! - спокойно сказал длинный человек. Его спокойствие, мягкий голос и простота лица ободряли мать. Человек смотрел на нее открыто, доброжелательно, в глубине его прозрачных глаз играла веселая искра, а во всей фигуре, угловатой, сутулой, с длинными ногами, было что-то забавное и располагающее к нему. Одет он был в синюю рубашку и черные шаровары, сунутые в сапоги. Ей захотелось спросить его - кто он, откуда, давно ли знает ее сына, но вдруг он весь покачнулся и сам спросил ее:

- Кто ж это лоб пробил вам, ненько?

Спросил он ласково, с ясной улыбкой в глазах, но - женщину обидел этот вопрос. Она поджала губы и, помолчав, с холодной вежливостью осведомилась:

- А вам какое дело до этого, батюшка мой? Он мотнулся к ней всем телом:

- Да вы не серчайте, чего же! Я потому спросил, что у матери моей приемной тоже голова была пробита, совсем вот так, как ваша. Ей, видите, сожитель пробил, сапожник, колодкой. Она была прачка, а он сапожник. Она, - уже после того как приняла меня за сына, - нашла его где-то, пьяницу, на свое великое горе. Бил он ее, скажу вам! У меня со страху кожа лопалась...

Мать почувствовала себя обезоруженной его откровенностью, и ей подумалось, что, пожалуй, Павел рассердится на нее за неласковый ответ этому чудаку. Виновато улыбаясь, она сказала:

- Я не рассердилась, а уж очень вы сразу... спросили. Муженек это угостил меня, царство ему небесное! Вы не татарин будете?

Человек дрыгнул ногами и так широко улыбнулся, что у него даже уши подвинулись к затылку. Потом он серьезно сказал:

- Нет еще.

- Говор у вас как будто не русский! - объяснила мать, улыбаясь, поняв его шутку.

- Он - лучше русского! - весело кивнув головой, сказал гость. - Я хохол, из города Канева.

- А давно здесь?

- В городе жил около года, а теперь перешел к вам на фабрику, месяц тому назад. Здесь людей хороших нашел, - сына вашего и других. Здесь - поживу! - говорил он, дергая усы.

Он ей нравился, и, повинуясь желанию заплатить ему чем-нибудь за его слова о сыне, она предложила:

- Может, чайку выпьете?

- Что же я один угощаться буду? - ответил он, подняв плечи. - Вот уже когда все соберутся, вы и почествуйте...

Он напомнил ей об ее страхе.

"Кабы все такие были!" - горячо пожелала она.

Снова раздались шаги в сенях, дверь торопливо отворилась - мать снова встала. Но, к ее удивлению, в кухню вошла девушка небольшого роста, с простым лицом крестьянки и толстой косой светлых волос. Она тихо спросила:

- Не опоздала я?

- Да нет же! - ответил хохол, выглядывая из комнаты. - Пешком?

- Конечно! Вы - мать Павла Михайловича? Здравствуйте! Меня зовут - Наташа...

- А по батюшке? - спросила мать.

- Васильевна. А вас?

- Пелагея Ниловна.

- Ну вот мы и знакомы...

- Да! - сказала мать, легко вздохнув и с улыбкой рассматривая девушку.

Хохол помогал ей раздеваться и спрашивал:

- Холодно?

- В поле - очень! Ветер...

Голос у нее был сочный, ясный, рот маленький, пухлый, и вся она была круглая, свежая. Раздевшись, она крепко потерла румяные щеки маленькими, красными от холода руками и быстро прошла в комнату, звучно топая по полу каблуками ботинок.

"Без галош ходит!" - мелькнуло в голове матери.

- Да-а, - протянула девушка, вздрагивая. - Иззябла я... ух как!

- А вот я вам сейчас самоварчик согрею! - заторопилась мать, уходя в кухню. - Сейчас...

Ей показалось, что она давно знает эту девушку и любит ее хорошей, жалостливой любовью матери. Улыбаясь, она прислушивалась к разговору в комнате.

- Вы что скучный, Находка? - спрашивала девушка.

- А - так, - негромко ответил хохол. - У вдовы глаза хорошие, мне и подумалось, что, может, у матери моей такие же? Я, знаете, о матери часто думаю, и все мне кажется, что она жива.

- Вы говорили - умерла?

- То - приемная умерла. А я - о родной. Кажется мне, что она где-нибудь в Киеве милостыню собирает. И водку пьет. А пьяную ее полицейские по щекам бьют.

12

"Ах ты, сердечный!" - подумала мать и вздохнула. Наташа заговорила что-то быстро, горячо и негромко. Снова

раздался звучный голос хохла:

- Э, вы еще молоды, товарищ, мало луку ели! Родить - трудно, научить человека добру еще труднее...

"Ишь ты!" - внутренно воскликнула мать, и ей захотелось сказать хохлу что-то ласковое. Но дверь неторопливо отворилась, и вошел Николай Весовщиков, сын старого вора Данилы, известный всей слободе нелюдим. Он всегда угрюмо сторонился людей, и над ним издевались за это. Она удивленно спросила его:

- Ты что, Николай?

Он вытер широкой ладонью рябое скуластое лицо и, не здороваясь, глухо спросил:

- Павел дома?

- Нет.

Он заглянул в комнату, пошел туда, говоря:

- Здравствуйте, товарищи...

"Этот?" - неприязненно подумала мать и очень удивилась, видя, что Наташа протягивает ему руку ласково и радостно.

Потом пришли двое парней, почти еще мальчики. Одного из них мать знала, - это племянник старого фабричного рабочего Сизова - Федор, остролицый, с высоким лбом и курчавыми волосами. Другой, гладко причесанный и скромный, был незнаком ей, но тоже не страшен. Наконец явился Павел и с ним два молодых человека, она знала их, оба - фабричные. Сын ласково сказал ей:

- Самовар поставила? Вот спасибо!

- Может, водочки купить? - предложила она, не зная, как выразить ему свою благодарность за что-то, чего еще не понимала.

- Нет, это лишнее! - отозвался Павел, дружелюбно улыбаясь ей.

Ей вдруг подумалось, что сын нарочно преувеличил опасность собрания, чтобы подшутить над ней.

- Вот это и есть - запрещенные люди? - тихонько спросила она.

- Эти самые! - ответил Павел, проходя в комнату.

- Эх ты!.. - проводила она его ласковым восклицанием, а про себя снисходительно подумала: "Дитя еще!"

VI

Самовар вскипел, мать внесла его в комнату. Гости сидели тесным кружком у стола, а Наташа, с книжкой в руках, поместилась в углу, под лампой.

- Чтобы понять, отчего люди живут так плохо... - говорила Наташа.

- И отчего они сами плохи, - вставил хохол.

- ...Нужно посмотреть, как они начали жить...

- Посмотрите, милые, посмотрите! - пробормотала мать, заваривая чай. Все замолчали.

- Вы что, мамаша? - спросил Павел, хмуря брови.

- Я? - Она оглянулась и, видя, что все смотрят на нее, смущенно объяснила: - Я так, про себя, - поглядите, мол! Наташа засмеялась, и Павел усмехнулся, а хохол сказал:

- Спасибо вам, ненько, за чай!

- Не пили, а уж благодарите! - отозвалась она, и взглянув на сына, спросила: - Я ведь не помешаю? Ответила Наташа:

- Как же вы, хозяйка, можете помешать гостям? И детски жалобно попросила:

- Голубушка! Дайте мне скорее чаю! Вся трясусь, страшно ноги иззябли!

- Сейчас, сейчас! - торопливо воскликнула мать. Выпив чашку чая, Наташа шумно вздохнула, забросила косу за плечо и начала читать книгу в желтой обложке, с картинками. Мать, стараясь не шуметь посудой, наливая чай, вслушивалась в плавную речь девушки. Звучный голос сливался с тонкой, задумчивой песней самовара, в комнате красивой лентой вился рассказ о диких людях, которые жили в пещерах и убивали камнями зверей. Это было похоже на сказку, и мать несколько раз взглянула на сына, желая его спросить - что же в этой истории запретного? Но скоро она утомилась следить за рассказом и стала рассматривать гостей, незаметно для сына и для них.

Павел сидел рядом с Наташей, он был красивее всех. Наташа, низко наклонясь над книгой, часто поправляла сползавшие ей на виски волосы. Взмахивая головою и понизив голос, говорила что-то от себя, не глядя в книгу, ласково скользя глазами по лицам слушателей. Хохол навалился широкою грудью на угол стола, косил глазами, стараясь рассмотреть издерганные концы своих усов. Весовщиков сидел на стуле прямо, точно деревянный, упираясь ладонями в колена, и его рябое лицо без бровей, с тонкими губами, было неподвижно, как маска. Не мигая узкими глазами, он упорно смотрел на свое лицо, отраженное в блестящей меди самовара, и, казалось, не дышал. Маленький Федя, слушая чтение, беззвучно двигал губами, точно повторяя про себя слова книги, а его товарищ согнулся, поставив локти на колена, и, подпирая скулы ладонями, задумчиво улыбался. Один из парней, пришедших с Павлом, был рыжий, кудрявый, с веселыми зелеными глазами, ему, должно быть, хотелось что-то сказать, и он нетерпеливо двигался; другой, светловолосый, коротко остриженный, гладил себя ладонью по голове и смотрел в пол, лица его не было видно. В комнате было как-то особенно хорошо. Мать чувствовала это особенное, неведомое ей и, под журчание голоса Наташи, вспоминала шумные вечеринки своей молодости, грубые слова парней, от которых всегда пахло перегорелой водкой, их циничные шутки. Вспоминала, - и щемящее чувство жалости к себе тихо трогало ее сердце.

Припомнилось сватовство покойника мужа. На одной из вечеринок он поймал ее в темных сенях и, прижав всем телом к стене, спросил глухо и сердито:

- Замуж за меня пойдешь?

Ей было больно и обидно, а он больно мял ее груди, сопел и дышал ей в лицо, горячо и влажно. Она попробовала вывернуться из его рук, рванулась в сторону.

- Куда! - зарычал он. - Ты - отвечай, ну?

Задыхаясь от стыда и обиды, она молчала.

Кто-то открыл дверь в сени, он не спеша выпустил ее, сказав:

- В воскресенье сваху пришлю...

И прислал. Мать закрыла глаза, тяжело вздохнув.

14

- Мне не то надо знать, как люди жили, а как надо жить! - раздался в комнате недовольный голос Весовщикова.

- Вот именно! - поддержал его рыжий, вставая.

- Не согласен! - крикнул Федя.

Вспыхнул спор, засверкали слова, точно языки огня в костре. Мать не понимала, о чем кричат. Все лица загорелись румянцем возбуждения, но никто не злился, не говорил знакомых ей резких слов.

"Барышни стесняются!" - решила она.

Ей нравилось серьезное лицо Наташи, внимательно наблюдавшей за всеми, точно эти парни были детьми для нее.

- Подождите, товарищи! - вдруг сказала она. И все они

замолчали, глядя на нее.

- Правы те, которые говорят - мы должны все знать. Нам нужно зажечь себя самих светом разума, чтобы темные люди видели нас, нам нужно на все ответить честно и верно. Нужно знать всю правду, всю ложь...

Хохол слушал и качал головою в такт ее словам. Весовщиков, рыжий и приведенный Павлом фабричный стояли все трое тесной группой и почему-то не нравились матери.

Когда Наташа замолчала, встал Павел и спокойно спросил:

- Разве мы хотим быть только сытыми? Нет! - сам себе ответил он, твердо глядя в сторону троих. - Мы должны показать тем, кто сидит на наших шеях и закрывает нам глаза, что мы все видим, - мы не глупы, не звери, не только есть хотим, - мы хотим жить, как достойно людей! Мы должны показать врагам, что наша каторжная жизнь, которую они нам навязали, не мешает нам сравняться с ними в уме и даже встать выше их!..

Мать слушала его, и в груди ее дрожала гордость - вот как он складно говорит!

- Сытых немало, честных нет! - говорил хохол. - Мы должны построить мостик через болото этой гниючей жизни к будущему царству доброты сердечной, вот наше дело, товарищи!

- Пришла пора драться, так некогда руки лечить! - глухо возразил Весовщиков.

Было уже за полночь, когда они стали расходиться. Первыми ушли Весовщиков и рыжий, это снова не понравилось матери.

"Ишь, заторопились!" - недружелюбно кланяясь им, подумала она.

- Вы проводите меня, Находка? - спросила Наташа.

- А как же! - ответил хохол.

Когда Наташа одевалась в кухне, мать сказала ей:

- Чулочки-то у вас тонки для такого времени! Уж вы позвольте, я вам шерстяные свяжу?

- Спасибо, Пелагея Ниловна! Они кусаются, шерстяные! - ответила Наташа, смеясь.

- А я вам такие, что не будут кусаться! - сказала Власова. Наташа смотрела на нее, немного прищурив глаза, и этот пристальный взгляд сконфузил мать.

- Вы извините мою глупость, - я ведь от души! - тихо добавила она.

- Славная вы какая! - тоже негромко отозвалась Наташа, быстро пожав ее руку.

- Доброй ночи, ненько! - заглянув ей в глаза, сказал хохол, согнулся и вышел в сени вслед за Наташей.

15

Мать посмотрела на сына - он стоял у двери в комнату и улыбался.

- Ты что смеешься? - смущенно спросила она.

- Так, - весело!

- Конечно, я старая и глупая, но хорошее и я понимаю! - с легкой обидой заметила она.

- Вот и славно! - отозвался он. - Вы бы ложились, пора!

- Сейчас лягу!

Она суетилась вокруг стола, убирая посуду, довольная, даже вспотев от приятного волнения, - она была рада, что все было так хорошо и мирно кончилось.

- Хорошо ты придумал, Павлуша! - говорила она. - Хохол очень милый! И барышня, - ах, какая умница! Кто такая?

- Учительница! - кратко ответил Павел, расхаживая по комнате.

- То-то - бедная! Одета плохо, - ах, как плохо! Долго ли простудиться? Родители-то где у ней?..

- В Москве! - сказал Павел и, остановясь против матери, серьезно, негромко заговорил:

- Вот, смотри: ее отец - богатый, торгует железом, имеет несколько домов. За то, что она пошла этой дорогой, он - прогнал ее. Она воспитывалась в тепле, ее баловали всем, чего она хотела, а сейчас вот пойдет семь верст ночью, одна...

Это поразило мать. Она стояла среда комнаты и, удивленно двигая бровями, молча смотрела на сына. Потом тихо спросила:

- В город пойдет?

- В город.

- Ай-ай! И - не боится?

- Вот - не боится! - усмехнулся Павел.

- Да зачем? Ночевала бы здесь, - легла бы со мной!

- Неудобно! Ее могут увидеть завтра утром здесь, а это не нужно нам.

Мать, задумчиво взглянув в окно, тихо спросила:

- Не понимаю я, Паша, что тут - опасного, запрещенного? Ведь ничего дурного нет, а?

Она не была уверена в этом, ей хотелось услышать от сына утвердительный ответ. Он, спокойно глядя ей в глаза, твердо заявил:

- Дурного - нет. А все-таки для всех нас впереди - тюрьма. Ты уж так и знай...

У нее дрогнули руки. Упавшим голосом она проговорила:

- А может быть, - бог даст, как-нибудь обойдется?..

- Нет! - ласково сказал сын. - Я тебя обманывать не могу. Не обойдется!

Он улыбнулся:

- Ложись, устала ведь. Покойной ночи!

Оставшись одна, она подошла к окну и встала перед ним, глядя на улицу. За окном было холодно и мутно. Играл ветер, сдувая снег с крыш маленьких сонных домов, бился о стены и что-то торопливо шептал, падал на землю и гнал вдоль улицы белые облака сухих снежинок...

- Иисусе Христе, помилуй нас! - тихо прошептала мать. В сердце закипали слезы и, подобно ночной бабочке, слепо и жалобно трепетало ожидание горя, о котором так спокойно, уверенно говорил сын. Перед глазами ее встала плоская снежная равнина. Холодно и тонко посвистывая, носится, мечется ветер, белый,

16

косматый. Посреди равнины одиноко идет, качаясь, небольшая, темная фигурка девушки. Ветер путается у нее в ногах, раздувает юбку, бросает ей в лицо колючие снежинки. Трудно идти, маленькие ноги вязнут в снегу. Холодно и боязно. Девушка наклонилась вперед и - точно былинка среди мутной равнины, в резвой игре осеннего ветра. Справа от нее, на болоте, темной стеной стоит лес, там уныло шумят тонкие голые березы и осины. Где-то далеко впереди тускло мелькают огни города...

- Господи - помилуй! - прошептала мать, вздрогнув от страха...

VII

Дни скользили один за другим, как бусы четок, слагаясь в недели, месяцы. Каждую субботу к Павлу приходили товарищи, каждое собрание являлось ступенью длинной пологой лестницы, - она вела куда-то вдаль, медленно поднимая людей.

Появлялись новые люди. В маленькой комнате Власовых становилось тесно и душно. Приходила Наташа, иззябшая, усталая, но всегда неисчерпаемо веселая и живая. Мать связала ей чулки и сама надела на маленькие ноги. Наташа сначала смеялась, а потом вдруг замолчала, задумалась и тихонько сказала:

- У меня няня была, - тоже удивительно добрая! Как странно, Пелагея Ниловна, - рабочий народ живет такой трудной, такой обидной жизнью, а ведь у него больше сердца, больше доброты, чем у тех!

И махнула рукой, указывая куда-то вдаль, очень далеко от нее.

- Вот какая вы! - сказала Власова. - Родителей лишились и всего, - она не умела докончить своей мысли, вздохнула и замолчала, глядя в лицо Наташи, чувствуя к ней благодарность за что-то. Она сидела на полу перед ней, а девушка задумчиво улыбалась, наклонив голову.

- Родителей лишилась? - повторила она. - Это - ничего! Отец у меня такой грубый, брат тоже. И - пьяница. Старшая сестра - несчастная... Вышла замуж за человека много старше ее. Очень богатый, скучный, жадный. Маму - жалко! Она у меня простая, как вы. Маленькая такая, точно мышка, так же быстро бегает и всех боится. Иногда - так хочется видеть ее...

- Бедная вы моя! - грустно качая головой, сказала мать. Девушка быстро вскинула голову и протянула руку, как бы отталкивая что-то.

- О нет! Я порой чувствую такую радость, такое счастье! У нее побледнело лицо и синие глаза ярко вспыхнули. Положив руки на плечи матери, она глубоким голосом сказала тихо и внушительно:

- Если бы вы знали... если бы вы поняли, какое великое дело делаем мы!..

Что-то близкое зависти коснулось сердца Власовой. Поднимаясь с пола, она грустно проговорила:

- Стара уж я для этого, неграмотна...

...Павел говорил все чаще, больше, все горячее спорил и - худел. Матери казалось, что когда он говорит с Наташей или смотрит на нее, - его строгие глаза блестят мягче, голос звучит ласковее и весь он становится проще.

"Дай господи!" - думала она. И улыбалась.

Всегда на собраниях, чуть только споры начинали принимать слишком горячий и бурный характер, вставая хохол и, раскачиваясь, точно язык колокола, говорил своим звучным, гудящим голосом что-то простое и доброе, отчего все становились спокойнее и серьезнее. Весовщиков постоянно угрюмо торопил всех куда-то, он и рыжий, которого звали Самойлов, первые начинали все споры. С ними соглашался круглоголовый, белобрысый, точно вымытый щелоком, Иван Букин. Яков Сомов, гладкий и чистый, говорил мало, тихим, серьезным голосом, он и большелобый Федя Мазин всегда стояли в спорах на стороне Павла и хохла.

Иногда вместо Наташи являлся из города Николай Иванович, человек в очках, с маленькой светлой бородкой, уроженец какой-то дальней губернии, - он говорил особенным - на "о" - говорком. Он вообще весь был какой-то далекий. Рассказывал он о простых вещах - о семейной жизни, о детях, о торговле, о полиции, о ценах на хлеб и мясо - обо всем, чем люди живут изо дня в день. И во всем он открывал фальшь, путаницу, что-то глупое, порою смешное, всегда - явно невыгодное людям. Матери казалось, что он прибыл откуда-то издалека, из другого царства, там все живут честной и легкой жизнью, а здесь - все чужое ему, он не может привыкнуть к этой жизни, принять ее как необходимую, она не нравится ему и возбуждает в нем спокойное, упрямое желание перестроить все на свой лад. Лицо у него было желтоватое, вокруг глаз тонкие, лучистые морщинки, голос тихий, а руки всегда теплые. Здороваясь с Власовой, он обнимал всю ее руку крепкими пальцами, и после такого рукопожатия на душе становилось легче, спокойнее.

Являлись и еще люди из города, чаще других - высокая стройная барышня с огромными глазами на худом, бледном лице. Ее звали Сашенька. В ее походке и движениях было что-то мужское, она сердито хмурила густые темные брови, а когда говорила - тонкие ноздри ее прямого носа вздрагивали.

Сашенька первая сказала громко и резко:

- Мы - социалисты...

Когда мать услыхала это слово, она в молчаливом испуге уставилась в лицо барышни. Она слышала, что социалисты убили царя. Это было во дни ее молодости; тогда говорили, что помещики, желая отомстить царю за то, что он освободил крестьян, дали зарок не стричь себе волос до поры, пока они не убьют его, за это их и назвали социалистами. И теперь она не могла понять - почему же социалист сын ее и товарищи его?

Когда все разошлись, она спросила Павла:

- Павлуша, разве ты социалист?

- Да! - сказал он, стоя перед нею, как всегда, прямо и твердо. - А что?

Мать тяжело вздохнула и, опустив глаза, спросила:

- Так ли, Павлуша? Ведь они - против царя, ведь они убили одного.

Павел прошелся по комнате, погладил рукой щеку и, усмехнувшись, сказал:

- Нам это не нужно!

Он долго говорил ей что-то тихим, серьезным голосом. Она смотрела ему в лицо и думала: "Он не сделает ничего худого, он не может!"

А потом страшное слово стало повторяться все чаще, острота его стерлась, и оно сделалось таким же привычным ее уху, как десятки других непонятных слов.

Но Сашенька не нравилась ей, и, когда она являлась, мать чувствовала себя тревожно, неловко...

Однажды она сказала хохлу, недовольно поджимая губы:

- Что-то уж очень строга Сашенька! Все приказывает - вы и то должны, вы и это должны... Хохол громко засмеялся.

- Верно взято! Вы, ненько, в глаз попали! Павел, а? И, подмигивая матери, сказал с усмешкой в глазах:

- Дворянство! Павел сухо заметил:

- Она хороший человек.

- Это верно! - подтвердил хохол. - Только не понимает, что она - должна, а мы - хотим и можем!

Они заспорили о чем-то непонятном.

Мать заметила также, что Сашенька наиболее строго относится к Павлу, иногда она даже кричит на него. Павел, усмехаясь, молчал и смотрел в лицо девушки тем мягким взглядом, каким ранее он смотрел в лицо Наташи. Это тоже не нравилось матери.

Иногда мать поражало настроение буйной радости, вдруг и дружно овладевавшее всеми. Обыкновенно это было в те вечера, когда они читали в газетах о рабочем народе за границей. Тогда глаза у всех блестели радостью, все становились странно, как-то по-детски счастливы, смеялись веселым, ясным смехом, ласково хлопали друг друга по плечам.

- Молодцы товарищи немцы! - кричал кто-нибудь, точно опьяненный своим весельем.

- Да здравствуют рабочие Италии! - кричали в другой раз. II, посылая эти крики куда-то вдаль, друзьям, которые не знали их и не могли понять их языка, они, казалось, были уверены, что люди, неведомые им, слышат и понимают их восторг.

Хохол говорил, блестя глазами, полный всех обнимавшего чувства любви:

- Хорошо бы написать им туда, а? Чтобы знали они, что в России живут у них друзья, которые веруют и исповедуют одну религию с ними, живут люди одних целей и радуются их победам!

И все мечтательно, с улыбками на лицах, долго говорили о французах, англичанах и шведах как о своих друзьях, о близких сердцу людях, которых они уважают, живут их радостями, чувствуют горе.

В тесной комнате рождалось чувство духовного родства рабочих всей земли. Это чувство сливало всех в одну душу, волнуя и мать: хотя было оно непонятно ей, но выпрямляло ее своей силой, радостной и юной, охмеляющей и полной надежд.

- Какие вы! - сказала она хохлу как-то раз. - Все вам товарищи - армяне, и евреи, и австрияки, - за всех печаль и радость!

- За всех, моя ненько, за всех! - воскликнул хохол. - Для нас нет наций, нет племен, есть только товарищи, только враги. Все рабочие - наши товарищи, все богатые, все правительства - наши враги. Когда окинешь добрыми глазами землю, когда увидишь, как нас, рабочих, много, сколько силы мы несем, - такая радость обнимает сердце, такой великий праздник в груди! И так же, ненько, чувствует француз и немец, когда они взглянут на жизнь, и так же радуется итальянец. Мы все - дети одной матери - непобедимой мысли о братстве рабочего народа всех стран земли. Она греет нас, она солнце на небе справедливости, а это небо - в сердце рабочего, и кто бы он ни был, как бы ни называл себя, социалист - наш брат по духу всегда, ныне и присно и во веки веков!

Эта детская, но крепкая вера все чаще возникала среди них, все возвышалась и росла в своей могучей силе. И когда мать видела ее, она невольно чувствовала, что воистину в мире родилось что-то великое и светлое, подобное солнцу неба, видимого ею.

Часто пели песни. Простые, всем известные песни пели громко и весело, но иногда запевали новые, как-то особенно складные, но невеселые и необычные по напевам. Их пели вполголоса, серьезно, точно церковное. Лица певцов бледнели, разгорались, и в звучных словах чувствовалась большая сила.

Особенно одна из новых песен тревожила и волновала женщину. В этой песне не слышно было печального раздумья души, обиженной и одиноко блуждающей по темным тропам горестных недоумений, стонов души, забитой нуждой, запуганной страхом, безличной и бесцветной. И не звучали в ней тоскливые вздохи силы, смутно жаждущей простора, вызывающие крики задорной удали, безразлично готовой сокрушить и злое и доброе. В ней не было слепого чувства мести и обиды, которое способно все разрушить, бессильное что-нибудь создать, - в этой песне не слышно было ничего от старого, рабьего мира.

Резкие слова и суровый напев ее не нравились матери, но за словами и напевом было нечто большее, оно заглушало звук и слово своею силой и будило в сердце предчувствие чего-то необъятного для мысли. Это нечто она видела на лицах, в глазах молодежи, она чувствовала в их грудях и, поддаваясь силе песни, не умещавшейся в словах и звуках, всегда слушала ее с особенным вниманием, с тревогой более глубокой, чем все другие песни.

Эту песню пели тише других, но она звучала сильнее всех и обнимала людей, как воздух мартовского дня - первого дня грядущей весны.

- Пора нам это на улице запеть! - угрюмо говорил Весовщиков.

Когда его отец снова что-то украл и сел в тюрьму, Николай спокойно заявил товарищам:

- Теперь у меня можно собираться...

Почти каждый вечер после работы у Павла сидел кто-нибудь из товарищей, и они читали, что-то выписывали из книг, озабоченные, не успевшие умыться. Ужинали и пили чай с книжками в руках, и все более непонятны для матери были их речи.

- Нам нужна газета! - часто говорил Павел. Жизнь становилась торопливой и лихорадочной, люди все быстрее перебегали от одной книги к другой, точно пчелы с цветка па цветок.

- Поговаривают про нас! - сказал однажды Весовщиков - Должны мы скоро провалиться...

- На то и перепел, чтобы в сети попасть! - отозвался хохол. Он все больше нравился матери. Когда он называл ее "ненько", это слово точно гладило ее щеки мягкой, детской рукой. По воскресеньям, если Павлу было некогда, он колол дрова, однажды пришел с доской на плече и, взяв топор, быстро и ловко переменил сгнившую ступень на крыльце, другой раз так же незаметно починил завалившийся забор. Работая, он свистел, и свист у него был красиво печальный.

Однажды мать сказала сыну:

- Давай возьмем хохла себе в нахлебники? Лучше будет обоим вам - не бегать друг к другу.

- Зачем вам стеснять себя? - спросил Павел, пожимая плечами.

- Ну, вот еще! Всю жизнь стеснялась, не зная для чего, - для хорошего человека можно!

- Делайте как хотите! - отозвался сын. - Коли он переедет - я буду рад...

И хохол перебрался к ним.

VIII

Маленький дом на окраине слободки будил внимание людей; стены его уже щупали десятки подозрительных взглядов. Над ним беспокойно реяли пестрые крылья молвы, - люди старались спугнуть, обнаружить что-то, притаившееся за стенами дома над оврагом. По ночам заглядывали в окна, иногда кто-то стучал в стекло и быстро, пугливо убегал прочь.

Однажды Власову остановил на улице трактирщик Бегунцов, благообразный старичок, всегда носивший черную шелковую косынку на красной дряблой шее, а на груди толстый плюшевый жилет лилового цвета. На его носу, остром и блестящем, сидели черепаховые очки, и за это его звали - Костяные Глаза.

Остановив Власову, он одним дыханием и не ожидая ответов закидал ее трескучими и сухими словами:

- Пелагея Ниловна, как здравствуете? Сынок как? Женить не собираетесь, а? Юноша в полной силе для супружества. Женить сына пораньше - родителям спокойнее. В семье человек лучше сохраняется и духом и плотию, в семье он - вроде гриба в уксусе! Я бы на вашем месте женил его. Время наше требует строгого надзора за существом человека, люди начинают жить из своей головы. В мыслях разброд пошел, и поступки достойны порицания. Божию церковь молодежь обходит, публичных мест чуждается и, собираясь тайно, по углам - шепчет. Зачем шепчут, позвольте узнать? Зачем бегут людей? Все, чего человек не смеет сказать при людях - в трактире, например, - что это такое есть? Тайна! Тайне же место - наша святая, равноапостольная церковь. Все же другие тайности, по углам совершаемые, - от заблуждения ума! Желаю вам доброго здоровья!

Вычурно изогнутой рукой он снял картуз, взмахнул им в воздухе и ушел, оставив мать в недоумении.

Соседка Власовых, Марья Корсунова, вдова кузнеца, торговавшая у ворот фабрики съестным, встретив мать на базаре, тоже сказала:

- Поглядывай за сыном, Пелагея!

- Что такое? - спросила мать.

- Слух идет! - таинственно сообщила Марья. - Нехороший, мать ты моя! Будто он устраивает артель такую, вроде хлыстов. Секты - называется это. Сечь будут друг друга, как хлысты...

- Полно, Марья, ерунду пороть!

- Не тот врет, кто порет, а тот, кто шьет! - отозвалась торговка.

Мать передавала сыну все эти разговоры, он молча пожимал плечами, а хохол смеялся своим густым, мягким смехом.

- Девицы тоже очень обижаются на вас! - говорила она. - Женихи вы для всякой девушки завидные и работники все хорошие, непьющие, а внимания на девиц не обращаете! Говорят, будто ходят к вам из города барышни зазорного поведения...

- Ну, конечно! - брезгливо сморщив лицо, воскликнул Павел.

- На болоте все гнилью пахнет! - вздохнув, молвил хохол. - А вы бы, ненько, объяснили им, дурочкам, что такое замужество, чтобы не торопились они изломать себе кости...

- Эх, батюшка! - сказала мать. - Они горе видят, они понимают, да ведь деваться им некуда, кроме этого!

- Плохо понимают, а то бы нашли путь! - заметил Павел.

Мать взглянула на его строгое лицо.

- А вы - поучите их! Позвали бы которых поумнее к себе...

- Это неудобно! - сухо отозвался сын.

- А если попробовать? - спросил хохол. Павел помолчал и ответил:

- Начнутся прогулки парочками, потом некоторые поженятся, вот и все!

Мать задумалась. Монашеская суровость Павла смущала ее. Она видела, что его советов слушаются даже те товарищи, которые - как хохол - старше его годами, но ей казалось, что все боятся его и никто не любит за эту сухость.

Как-то раз, когда она легла спать, а сын и хохол еще читали, она подслушала сквозь тонкую переборку их тихий разговор.

- Нравится мне Наташа, знаешь? - вдруг тихо воскликнул хохол.

- Знаю! - не сразу ответил Павел.

Было слышно, как хохол медленно встал и начал ходить. По полу шаркали его босые ноги. И раздался тихий, заунывный свист. Потом снова загудел его голос:

- А замечает она это? Павел молчал.

- Как ты думаешь? - понизив голос, спросил хохол.

- Замечает! - ответил Павел. - Поэтому и отказалась заниматься у нас...

Хохол тяжело возил ноги по полу, и снова в комнате дрожал его тихий свист. Потом он спросил:

- А если я скажу ей...

- Что?

- Что вот я... - тихо начал хохол.

- Зачем? - прервал его Павел.

Мать услышала, что хохол остановился, и почувствовала, что он усмехается.

- Да я, видишь, полагаю, что если любишь девушку, то надо же ей сказать об этом, иначе не будет никакого толка! Павел громко захлопнул книгу. Был слышен его вопрос:

- А какого толка ты ждешь? Оба долго молчали.

- Ну? - спросил хохол.

- Надо, Андрей, ясно представлять себе, чего хочешь, - заговорил Павел медленно.- Положим, и она тебя любит, - я этого не думаю, - но, положим, так! И вы - поженитесь. Интересный брак - интеллигентка и рабочий! Родятся дети, работать тебе надо будет одному... и - много. Жизнь ваша станет жизнью из-за куска хлеба, для детей, для квартиры; для дела - вас больше нет. Обоих нет!

Стало тихо. Потом Павел заговорил как будто мягче:

- Ты лучше брось все это, Андрей. И не смущай ее...

Тихо. Отчетливо стучит маятник часов, мерно отсекая секунды.

Хохол сказал:

- Половина сердца - любит, половина ненавидит, разве ж это сердце, а?

Зашелестели страницы книги - должно быть, Павел снова начал читать. Мать лежала, закрыв глаза, и боялась пошевелиться. Ей было до слез жаль хохла, но еще более - сына. Она думала о нем:

"Милый ты мой..."

Вдруг хохол спросил:

- Так - молчать?

- Это - честнее, - тихо сказал Павел.

По этой дороге и пойдем! - сказал хохол. И через несколько секунд продолжал грустно и тихо:

Трудно тебе будет, Паша, когда ты сам вот так...

Мне уже трудно...

О стены дома шаркал ветер. Четко считал уходящее время маятник часов.

- Над этим - не посмеешься! - медленно проговорил хохол. Мать ткнулась лицом в подушку и беззвучно заплакала. Наутро Андрей показался матери ниже ростом и еще милее. А сын, как всегда, худ, прям и молчалив. Раньше мать называла хохла Андрей Онисимович, а сегодня, не замечая, сказала ему:

- Вам, Андрюша, сапоги-то починить надо бы, - так вы ноги простудите!

- А я в получку новые куплю! - ответил он. засмеялся и вдруг, положив ей на плечо свою длинную руку, спросил: - А может, вы и есть родная моя мать? Только вам не хочется в том признаться людям, как я очень некрасивый, а?

Она молча похлопала его по руке. Ей хотелось сказать ему много ласковых слов, но сердце ее было стиснуто жалостью, и слова не шли с языка.

IX

В слободке говорили о социалистах, которые разбрасывают написанные синими чернилами листки. В этих листках зло писали о порядках на фабрике, о стачках рабочих в Петербурге и в южной России, рабочие призывались к объединению и борьбе за свои интересы.

Пожилые люди, имевшие на фабрике хороший заработок, ругались:

- Смутьяны! За такие дела надо морду бить! И носили листки в контору. Молодежь читала прокламации с увлечением:

- Правда!

Большинство, забитое работой и ко всему равнодушное, лениво отзывалось:

- Ничего не будет, - разве можно? Но листки волновали людей, и, если их не было неделю, люди уже говорили друг другу:

- Бросили, видно, печатать...

23

А в понедельник листки снова появлялись, и снова рабочие глухо шумели.

В трактире и на фабрике замечали новых, никому не известных людей. Они выспрашивали, рассматривали, нюхали и сразу бросались всем в глаза, одни - подозрительной осторожностью, другие - излишней навязчивостью.

Мать понимала, что этот шум поднят работой ее сына. Она видела, как люди стягивались вокруг него, - и опасения за судьбу Павла сливались с гордостью за него.

Как-то вечером Марья Корсунова постучала с улицы в окно, и, когда мать открыла раму, она громким шепотом заговорила:

- Держись, Пелагея, доигрались голубчики! Ночью сегодня обыск решен у вас, у Мазина, у Весовщикова...

Толстые губы Марьи торопливо шлепались одна о другую, мясистый нос сопел, глаза мигали и косились из стороны в сторону, выслеживая кого-то на улице.

- А я ничего не знаю, и ничего я тебе не говорила и даже не видела тебя сегодня, - слышишь?

Она исчезла.

Мать, закрыв окно, медленно опустилась на стул. Но сознание опасности, грозившей сыну, быстро подняло ее на ноги, она живо оделась, зачем-то плотно окутала голову шалью и побежала к Феде Мазину, - он был болен и не работал. Когда она пришла к нему, он сидел под окном, читая книгу, и качал левой рукой правую, оттопырив большой палец. Узнав новость, он быстро вскочил, его лицо побледнело.

- Вот те и раз... - пробормотал он.

- Что надо делать-то? - дрожащей рукой отирая с лица пот, спрашивала Власова.

- Погодите, - вы не бойтесь! - ответил Федя, поглаживая здоровой рукой курчавые волосы.

- Да ведь вы сами-то боитесь! - воскликнула она.

- Я? - Щеки его вспыхнули румянцем, и, смущенно улыбаясь, он сказал: - Да-а, черт... Надо Павлу сказать. Я сейчас пошлю к нему! Вы идите, - ничего! Ведь бить не будут?

Возвратясь домой, она собрала все книжки и, прижав их к груди, долго ходила по дому, заглядывая в печь, под печку, даже в кадку с водой. Ей казалось, что Павел сейчас же бросит работу и придет домой, а он не шел. Наконец, усталая, она села в кухне на лавку, подложив под себя книги, и так, боясь встать, просидела до поры, пока не пришли с фабрики Павел в хохол.

- Знаете? - воскликнула она, не вставая.

- Знаем! - улыбаясь, сказал Павел. - Боишься?

- Так боюсь, так боюсь!..

- Не надо бояться! - сказал хохол. - Это - ничему не помогает.

- Даже самовар не поставила! - заметил Павел.

Мать встала и, указывая на книжки, виновато объяснила:

- Да я вот все с ними...

Сын и хохол засмеялись, это ободрило ее. Павел отобрал несколько книг и понес их прятать на двор, а хохол, ставя самовар, говорил:

- Совсем ничего нет страшного, ненько, только стыдно за людей, что они пустяками занимаются. Придут взрослые мужчины с саблями на боку, со шпорами на сапогах и роются везде. Под кровать заглянут и под печку, погреб есть - в погреб полезут, на чердак сходят. Там им на рожи паутина садится, они фыркают. Скучно им, стыдно, оттого они делают вид, будто очень злые люди и сердятся на вас. Поганая работа, они же понимают! Один раз порыли у меня все, сконфузились и ушли просто, а другой раз захватили и меня с собой. Посадили в тюрьму, месяца четыре сидел я. Сидишь-сидишь, позовут к себе, проведут по улице с солдатами, спросят что-нибудь. Народ они неумный, говорят несуразное такое, поговорят - опять велят солдатам в тюрьму отвести. Так и водят туда и сюда, - надо же им жалованье свое оправдать! А потом выпустят на волю, - вот и все!

- Как вы всегда говорите, Андрюша! - воскликнула мать. Стоя на коленях около самовара, он усердно дул в трубу, но тут поднял свое лицо, красное от напряжения, и, обеими руками расправляя усы, спросил:

- А как говорю?

- Да будто вас никто никогда не обижал...

Он встал и, тряхнув головой, заговорил улыбаясь:

- Разве же есть где на земле необиженная душа? Меня столько обижали, что я уже устал обижаться. Что поделаешь, если люди не могут иначе? Обиды мешают дело делать, останавливаться около них - даром время терять. Такая жизнь! Я прежде, бывало, сердился на людей, а подумал, вижу - не стоит. Всякий боится, как бы сосед не ударил, ну и старается поскорее сам в ухо дать. Такая жизнь, ненько моя!

Речь его лилась спокойно и отталкивала куда-то в сторону тревогу ожидания обыска, выпуклые глаза светло улыбались, и весь он, хотя и нескладный, был такой гибкий.

Мать вздохнула и тепло пожелала ему:

- Дал бы вам бог счастья, Андрюша! Хохол широко шагнул к самовару, снова сел на корточки перед ним и тихо пробормотал:

- Дадут счастья - не откажусь, просить - не стану!

Вошел Павел со двора, уверенно сказал:

- Не найдут! - и стал умываться.

Потом, крепко и тщательно вытирая руки, заговорил:

- Если вы, мамаша, покажете им, что испугались, они подумают: значит, в этом доме что-то есть, коли она так дрожит. Вы ведь понимаете - дурного мы не хотим, на нашей стороне правда, и всю жизнь мы будем работать для нее - вот вся наша вина! Чего же бояться?

Я, Паша, скреплюсь, - пообещала она. И вслед за тем у нее тоскливо вырвалось: Уж скорее бы приходили они!

А они не пришли в эту ночь, и наутро, предупреждая возможность шуток над ее страхом, мать первая стала шутить над собой:

- Прежде страха испугалась!

X

Они явились почти через месяц после тревожной ночи. У Павла сидел Николай Весовщиков, и, втроем с Андреем, они говорили о своей газете. Было поздно, около полуночи. Мать уже легла и, засыпая, сквозь дрему слышала озабоченные, тихие голоса. Вот Андрей, осторожно шагая, прошел через кухню, тихо притворил за собой дверь. В сенях загремело железное ведро. И вдруг дверь широко распахнулась - хохол шагнул в кухню, громко шепнув:

- Шпоры звенят!

Мать вскочила с постели, дрожащими руками хватая платье, но в двери из комнаты явился Павел и спокойно сказал:

- Вы лежите, - вам нездоровится! В сенях был слышен осторожный шорох. Павел подошел к двери и, толкнув ее рукой, спросил:

- Кто там?

В дверь странно быстро ввернулась высокая серая фигура, за ней другая, двое жандармов оттеснили Павла, встали по бокам у него, и прозвучал высокий, насмешливый голос:

- Не те, кого Вы ждали, а?

Это сказал высокий, тонкий офицер с черными редкими усами. У постели матери появился слободский полицейский Федякин и, приложив одну руку к фуражке, а другою указывая в лицо матери, сказал, сделав страшные глаза:

- Вот это мать его, ваше благородие! - И, махнув рукой на Павла, прибавил: - А это - он самый!

- Павел Власов? - спросил офицер, прищурив глаза, и, когда Павел молча кивнул головой, он заявил, крутя ус: - Я должен произвести обыск у тебя. Старуха, встань! Там - кто? - спросил он, заглядывая в комнату, и порывисто шагнул к двери.

- Ваши фамилии? - раздался его голос.

Из сеней вышли двое понятых - старый литейщик Тверяков и его постоялец, кочегар Рыбин, солидный черный мужик. Он густо и громко сказал:

- Здравствуй, Ниловна!

Она одевалась и, чтобы придать себе бодрости, тихонько говорила:

- Что уж это! Приходят ночью, - люди спать легли, а они приходят!..

В комнате было тесно и почему-то сильно пахло ваксой. Двое жандармов и слободский пристав Рыскин, громко топая ногами, снимали с полки книги и складывали их на стол перед офицером. Другие двое стучали кулаками по стенам, заглядывали под стулья, один неуклюже лез на печь. Хохол и Весовщиков, тесно прижавшись друг к другу, стояли в углу. Рябое лицо Николая покрылось красными пятнами, его маленькие серые глаза не отрываясь смотрели на офицера. Хохол крутил усы, и, когда мать вошла в комнату, он, усмехнувшись, ласково кивнул ей головой.

Стараясь подавить свой страх, она двигалась не боком, как всегда, а прямо, грудью вперед, - это придавало ее фигуре смешную и напыщенную важность. Она громко топала ногами, а брови у нее дрожали...

Офицер быстро хватал книги тонкими пальцами белой руки, перелистывал их, встряхивал и ловким движением кисти отбрасывал в сторону. Порою книга мягко

26

шлепалась на пол. Все молчали, было слышно тяжелое сопение вспотевших жандармов, звякали шпоры, иногда раздавался негромкий вопрос:

- Здесь смотрел?

Мать встала рядом с Павлом у стены, сложила руки па груди, как это сделал он, и тоже смотрела на офицера. У нее вздрагивало под коленями и глаза застилал сухой туман.

Вдруг среди молчания раздался режущий ухо голос Николая:

- А зачем это нужно - бросать книги на пол? Мать вздрогнула. Тверяков качнул головой, точно его толкнули в затылок, а Рыбин крякнул и внимательно посмотрел на Николая.

Офицер прищурил глаза и воткнул их на секунду в рябое неподвижное лицо. Пальцы его еще быстрее стали перебрасывать страницы книг. Порою он так широко открывал свои большие серые глаза, как будто ему было невыносимо больно и он готов крикнуть громким криком бессильной злобы на эту боль.

- Солдат! - снова сказал Весовщиков. - Подними книги... Все жандармы обернулись к нему, потом посмотрели на офицера. Он снова поднял голову и, окинув широкую фигуру Николая испытующим взглядом, протянул в нос:

- Н-но... поднимите...

Один жандарм нагнулся и, искоса глядя на Весовщикова, стал подбирать с пола растрепанные книги...

- Молчать бы Николаю-то! - тихо шепнула мать Павлу. Он пожал плечами. Хохол опустил голову.

- Кто это читает Библию?

- Я! - сказал Павел.

- А чьи все эти книги?

- Мои! - ответил Павел.

- Так! - сказал офицер, откидываясь на спинку стула. Хрустнул пальцами тонких рук, вытянул под столом ноги, поправил усы и спросил Николая:

- Это ты - Андрей Находка?

- Я! - ответил Николай, подвигаясь вперед. Хохол вытянул руку, взял его за плечо и отодвинул назад.

- Он ошибся! Я - Андрей!..

Офицер, подняв руку и грозя Весовщикову маленьким пальцем, сказал:

- Смотри ты у меня! Он начал рыться в своих бумагах.

С улицы в окно бездушными глазами смотрела светлая, лунная ночь. Кто-то медленно ходил за окном, скрипел снег.

- Ты, Находка, привлекался уже к дознанию по политическим преступлениям? - спросил офицер.

- В Ростове привлекался и в Саратове... Только там жандармы говорили мне - "вы"...

Офицер мигнул правым глазом, потер его и, оскалив мелкие зубы, заговорил:

- А не известно ли вам, Находка, именно вам, - кто те мерзавцы, которые разбрасывают на фабрике преступные воззвания, а?

Хохол покачнулся на ногах и, широко улыбаясь, хотел что-то сказать, но - вновь прозвучал раздражающий голос Николая:

- Мы мерзавцев первый раз видим... Наступило молчание, все остановились на секунду. Шрам на лице матери побелел, и правая бровь всползла кверху. У Рыбина странно задрожала его черная борода; опустив глаза, он стал медленно расчесывать ее пальцами.

- Выведите вон этого скота! - сказал офицер. Двое жандармов взяли Николая под руки, грубо повели его в кухню. Там он остановился, крепко упираясь ногами в пол, и крикнул:

- Стойте... я оденусь!

Со двора явился пристав и сказал:

- Ничего нет, все осмотрели!

- Ну, разумеется! - воскликнул офицер усмехаясь. - Здесь - опытный человек...

Мать слушала его слабый, вздрагивающий и ломкий голос и, со страхом глядя в желтое лицо, чувствовала в этом человеке врага без жалости, с сердцем, полным барского презрения к людям. Она мало видела таких людей и почти забыла, что они есть.

"Вот кого потревожили!" - думала она.

- Вас, господин Андрей Онисимов Находка, незаконнорожденный, я арестую!

- За что? - спокойно спросил хохол.

- Это я вам после скажу! - со злой вежливостью ответил офицер. II, обратясь к Власовой, спросил: - Ты грамотна?

- Нет! - ответил Павел,

- Я не тебя спрашиваю! - строго сказал офицер и снова спросил: - Старуха, - отвечай!

Мать, невольно отдаваясь чувству ненависти к этому человеку, вдруг, точно прыгнув в холодную воду, охваченная дрожью, выпрямилась, шрам ее побагровел, и бровь низко опустилась.

- Вы не кричите! - заговорила она, протянув к нему руку. - Вы еще молодой человек, вы горя не знаете...

- Успокойтесь, мамаша! - остановил ее Павел.

- Погоди, Павел! - крикнула мать, порываясь к столу. - Зачем вы людей хватаете?

- Это вас не касается, - молчать! - крикнул офицер, вставая. - Введите арестованного Весовщикова!

И начал читать какую-то бумагу, подняв ее к лицу. Ввели Николая.

- Шапку снять! - крикнул офицер, прервав чтение. Рыбин подошел к Власовой и, толкнув ее плечом, тихонько сказал:

- Не горячись, мать...

- Как же я сниму шапку, если меня за руки держат? - спросил Николай, заглушая чтение протокола. Офицер бросил бумагу на стол.

- Подписать!

Мать смотрела, как подписывают протокол, ее возбуждение погасло, сердце упало, на глаза навернулись слезы обиды, бессилия. Этими слезами она плакала двадцать лет своего замужества, но последние годы почти забыла их разъедающий вкус; офицер посмотрел на нее и, брезгливо сморщив лицо, заметил:

- Вы преждевременно ревете, сударыня! Смотрите, вам не хватит слез впоследствии!

Снова озлобляясь, она сказала:

- У матери на все слез хватит, на все! Коли у вас есть мать - она это знает, да!

Офицер торопливо укладывал бумаги в новенький портфель с блестящим замком.

- Марш! - скомандовал он.

- До свиданья, Андрей, до свиданья, Николай! - тепло и тихо говорил Павел, пожимая товарищам руки.

- Вот именно - до свиданья! - усмехаясь, повторил офицер. Весовщиков тяжело сопел. Его толстая шея налилась кровью, глаза сверкали жесткой злобой. Хохол блестел улыбками, кивал головой и что-то говорил матери, она крестила его и тоже говорила:

- Бог видит правых...

Наконец толпа людей в серых шинелях вывалилась в сени и, прозвенев шпорами, исчезла. Последним вышел Рыбин, он окинул Павла внимательным взглядом темных глаз, задумчиво сказал:

- Н-ну, прощайте!

И, покашливая в бороду, неторопливо вышел в сени.

Заложив руки за спину, Павел медленно ходил по комнате, перешагивая через книги и белье, валявшееся па полу, говорил угрюмо:

- Видишь, - как это делается?..

Недоуменно рассматривая развороченную комнату, мать тоскливо прошептала:

- Зачем Николай грубил ему?..

- Испугался, должно быть, - тихо сказал Павел.

- Пришли, схватили, увели, - бормотала мать, разводя руками.

Сын остался дона, сердце ее стало биться спокойнее, а мысль стояла неподвижно перед фактом и не могла обнять его.

- Насмехается этот желтый, грозит...

- Хорошо, мать! - вдруг решительно сказал Павел. - Давай, уберем все это...

Он сказал ей "мать" и "ты", как говорил только тогда, когда вставал ближе к ней. Она подвинулась к нему, заглянула в его лицо и тихонько спросила:

- Обидели тебя?

- Да! - ответил он. - Это тяжело! Лучше бы с ними... Ей показалось, что у него на глазах слезы, и, желая утешить, смутно чувствуя его боль, она, вздохнув, сказала:

- Погоди, возьмут и тебя!..

- Возьмут! - отозвался он. Помолчав, мать грустно заметила:

- Экий ты, Паша, суровый! Хоть бы ты когда-нибудь утешил меня! А то - я скажу страшно, а ты еще страшнее. Он взглянул на нее, подошел и тихо проговорил:

- Не умею я, мама! Надо тебе привыкнуть к этому. Она вздохнула и, помолчав, заговорила, сдерживая дрожь страха:

- А может, они пытают людей? Рвут тело, ломают косточки? Как подумаю я об этом, Паша, милый, страшно!..

- Они душу ломают... Это больнее - когда душу грязными руками...

29

XI

На другой день стало известно, что арестованы Букин, Самойлов, Сомов и еще пятеро. Вечером забегал Федя Мазин - у него тоже был обыск, и, довольный этим, он чувствовал себя героем.

- Боялся, Федя? - спросила мать.

Он побледнел, лицо его заострилось, ноздри дрогнули.

- Боялся, что ударит офицер! Он - чернобородый, толстый, пальцы у него в шерсти, а на носу - черные очки, точно - безглазый. Кричал, топал ногами! В тюрьме сгною, говорит! А меня никогда не били, ни отец, ни мать, я - один сын, они меня любили.

Он закрыл на миг глаза, сжал губы, быстрым жестом обеих рук взбил волосы на голове и, глядя на Павла покрасневшими глазами, сказал:

- Если меня когда-нибудь ударят, я весь, как нож, воткнусь в человека, - зубами буду грызть, - пусть уж сразу добьют!

- Тонкий ты, худенький! - воскликнула мать. - Куда тебе драться?

- Буду! - тихо ответил Федя. Когда он ушел, мать сказала Павлу:

- Этот раньше всех сломится!.. Павел промолчал.

Через несколько минут дверь в кухню медленно отворилась, вошел Рыбин.

- Здравствуйте! - усмехаясь, молвил он. - Вот - опять я. Вчера привели, а сегодня - сам пришел! - Он сильно потряс руку Павла, взял мать за плечо и спросил:

- Чаем напоишь?

Павел молча рассматривал его смуглое широкое лицо в густой черной бороде и темные глаза. В спокойном взгляде светилось что-то значительное.

Мать ушла в кухню ставить самовар. Рыбин сел, погладил бороду и, положив локти на стол, окинул Павла темным взглядом.

- Так вот! - сказал он, как бы продолжая прорванный разговор. - Мне с тобой надо поговорить открыто. Я тебя долго оглядывал. Живем мы почти рядом; вижу - народу к тебе ходит много, а пьянства и безобразия нет. Это первое. Если люди не безобразят, они сразу заметны - что такое? Вот. Я сам глаза людям намял тем, что живу в стороне.

Речь его лилась тяжело, но свободно, он гладил бороду черной рукою и пристально смотрел в лицо Павла.

- Заговорили про тебя. Мои хозяева зовут еретиком - в церковь ты не ходишь. Я тоже не хожу. Потом явились листки эти. Это ты их придумал?

- Я! - ответил Павел.

- Уж и ты! - тревожно воскликнула мать, выглядывая из кухни. - Не один ты!

Павел усмехнулся. Рыбин тоже.

- Так! - сказал он.

Мать громко потянула носом воздух и ушла, немного обиженная тем, что они не обратили внимания на ее слова.

- Листки - это хорошо придумано. Они народ беспокоят. Девятнадцать было?

- Да! - ответил Павел.

- Значит, - все я читал! Так. Есть в них непонятное, есть лишнее, - ну, когда человек много говорит, ему слов с десяток и зря сказать приходится...

Рыбин улыбнулся, - зубы у него были белые и крепкие.

- Потом - обыск. Это меня расположило больше всего. И ты, и хохол, и Николаи - все вы обнаружились...

Не находя нужного слова, он замолчал, взглянул в окно, постукал пальцами по столу:

- Обнаружили решение ваше. Дескать, ты, ваше благородие, делай свое дело, а мы будем делать - свое. Хохол тоже хороший парень. Иной раз слушаю я, как он на фабрике говорит, и думаю - этого не сомнешь, его только смерть одолеет. Жилистый человек! Ты мне, Павел, веришь?

- Верю! - сказал Павел, кивнув головой.

- Вот. Гляди - мне сорок лет, я вдвое старше тебя, в двадцать раз больше видел. В солдатах три года с лишком шагал, женат был два раза, одна померла, другую бросил. На Кавказе был, духоборцев знаю. Они, брат, жизнь не одолеют, нет!

Мать жадно слушала его крепкую речь; было приятно видеть, что к сыну пришел пожилой человек и говорит с ним, точно исповедуется. Но ей казалось, что Павел ведет себя слишком сухо с гостем, и, чтобы смягчить его отношение, она спросила Рыбина:

- Может, поесть хочешь, Михайло Иванович?

- Спасибо, мать! Я поужинал. Так вот, Павел, ты, значит, думаешь, что жизнь идет незаконно?

Павел встал и начал ходить по комнате, заложив руки за спину.

- Она верно идет! - говорил он. - Вот она привела вас ко мне с открытой душой. Нас, которые всю жизнь работают, она соединяет понемногу; будет время - соединит всех! Несправедливо, тяжело построена она для нас, но сама же и открывает нам глаза на свой горький смысл, сама указывает человеку, как ускорить ее ход.

- Верно! - прервал его Рыбин. - Человека надо обновить. Если опаршивеет - своди его в баню, - вымой, надень чистую одежду - выздоровеет! Так! А как же изнутри очистить человека? Вот!

Павел заговорил горячо и резко о начальстве, о фабрике, о том, как за границей рабочие отстаивают свои права. Рыбин порой ударял пальцем по столу, как бы ставя точку. Не однажды он восклицал:

- Так!

И раз, засмеявшись, тихо сказал:

- Э-эх, молод ты! Мало знаешь людей!

Тогда Павел, остановясь против него, серьезно заметил:

- Не будем говорить о старости и о молодости! Посмотрим лучше, чьи мысли вернее.

- Значит, по-твоему, и богом обманули нас? Так. Я тоже думаю, что религия наша - фальшивая.

Тут вмешалась мать. Когда сын говорил о боге и обо всем, что она связывала с своей верой в него, что было дорого и свято для нее, она всегда искала встретить его глаза; ей хотелось молча попросить сына, чтобы он не царапал ей сердце острыми и резкими словами неверия. Но за неверием его ей чувствовалась вера, и это успокаивало ее.

"Где мне понять мысли его?" - думала она.

31

Ей казалось, что Рыбину, пожилому человеку, тоже неприятно и обидно слушать речи Павла. Но, когда Рыбин спокойно поставил Павлу свой вопрос, она не стерпела и кратко, но настойчиво сказала:

- Насчет господа - вы бы поосторожнее! Вы - как хотите! - Переведя дыхание, она с силой, еще большей, продолжала: - А мне, старухе, опереться будет не на что в тоске моей, если вы господа бога у меня отнимете!

Глаза ее налились слезами. Она мыла посуду, и пальцы у нее дрожали.

- Вы нас не поняли, мамаша! - тихо и ласково сказал Павел.

- Ты прости, мать! - медленно и густо прибавил Рыбин и, усмехаясь, посмотрел на Павла. - Забыл я, что стара ты для того, чтобы тебе бородавки срезывать...

- Я говорил, - продолжал Павел, - не о том добром и милостивом боге, в которого вы веруете, а о том, которым попы грозят нам, как палкой, - о боге, именем которого хотят заставить всех людей подчиниться злой воле немногих...

- Вот так, да! - воскликнул Рыбин, стукнув пальцами по столу. - Они и бога подменили нам, они все, что у них в руках, против нас направляют! Ты помни, мать, бог создал человека по образу и подобию своему, - значит, он подобен человеку, если человек ему подобен! А мы - не богу подобны, но диким зверям. В церкви нам пугало показывают... Переменить бога надо, мать, очистить его! В ложь и в клевету одели его, исказили лицо ему, чтобы души нам убить!..

Он говорил тихо, но каждое слово его речи падало на голову матери тяжелым, оглушающим ударом. И его лицо, в черной раме бороды, большое, траурное, пугало ее. Темный блеск глаз был невыносим, он будил ноющий страх в сердце.

- Нет, я лучше уйду! - сказала она, отрицательно качая головой. - Слушать это - нет моих сил!

И быстро ушла в кухню, сопровождаемая словами Рыбина:

- Вот, Павел! Не в голове, а в сердце - начало! Это есть такое место в душе человеческой, на котором ничего другого не вырастет...

- Только разум освободит человека! - твердо сказал Павел.

- Разум силы не дает! - возражал Рыбин громко и настойчиво. - Сердце дает силу, - а не голова, вот!

Мать разделась и легла в постель, не молясь. Ей было холодно, неприятно. И Рыбин, который показался ей сначала таким солидным, умным, теперь возбуждал у нее чувство вражды.

"Еретик! Смутьян! - думала она, слушая его голос. - Тоже, - пришел, - понадобилось!"

А он говорил уверенно и спокойно:

- Свято место не должно быть пусто. Там, где бог живет, - место наболевшее. Ежели выпадает он из души, - рана будет в ней - вот! Надо, Павел, веру новую придумать... надо сотворить бога - друга людям!

- Вот - был Христос! - воскликнул Павел.

- Христос был не тверд духом. Пронеси, говорит, мимо меня чашу. Кесаря признавал. Бог не может признавать власти человеческой над людьми, он - вся власть! Он душу свою не делит: это - божеское, это - человеческое... А он - торговлю признавал, брак признавал. И смоковницу проклял неправильно, - разве

32

по своей воле не родила она? Душа тоже не по своей воле добром неплодна, - сам ли я посеял злобу в ней? Вот!

В комнате непрерывно звучали два голоса, обнимаясь и борясь друг с другом в возбужденной игре. Шагал Павел, скрипел пол под его ногами. Когда он говорил, все звуки тонули в его речи, а когда спокойно и медленно лился тяжелый голос Рыбина, - был слышен стук маятника и тихий треск мороза, щупавшего стены дома острыми когтями.

- Скажу тебе по-своему, по-кочегарски: бог - подобен огню. Так! Живет он в сердце. Сказано: бог - слово, а слово - дух...

- Разум! - настойчиво сказал Павел.

- Так! Значит - бог в сердце и в разуме, а - не в церкви! Церковь - могила бога.

Мать заснула и не слышала, когда ушел Рыбин. Но он стал приходить часто, и если у Павла был кто-либо из товарищей, Рыбин садился в угол и молчал, лишь изредка говоря:

- Вот. Так!

А однажды, глядя на всех из угла темным взглядом, он угрюмо сказал:

- Надо говорить о том, что есть, а что будет - нам неизвестно, - вот! Когда народ освободится, он сам увидит, как лучше. Довольно много ему в голову вколачивали, чего он не желал совсем, - будет! Пусть сам сообразит. Может, он захочет все отвергнуть, - всю жизнь и все науки, может, он увидит, что все противу него направлено, - как, примерно, бог церковный. Вы только передайте ему все книги в руки, а уж он сам ответит, - вот!

Но если Павел был один, они тотчас же вступали в бесконечный, но всегда спокойный спор, и мать, тревожно слушая их речи, следила за ними, стараясь понять - что говорят они? Порою ей казалось, что широкоплечий, чернобородый мужик и ее сын, стройный, крепкий, - оба ослепли. Они тычутся из стороны в сторону в поисках выхода, хватаются за все сильными, но слепыми руками, трясут, передвигают с места на место, роняют на пол и давят упавшее ногами. Задевают за все, ощупывают каждое и отбрасывают от себя, не теряя веры и надежды...

Они приучили ее слышать слова, страшные своей прямотой и смелостью, но эти слова уже не били ее с той силой, как первый раз, - она научилась отталкивать их. И порой за словами, отрицавшими бога, она чувствовала крепкую веру в него же. Тогда она улыбалась тихой, всепрощающей улыбкой. И хотя Рыбин не нравился ей, но уже не возбуждал вражды.

Раз в неделю она носила в тюрьму белье и книги для хохла. Однажды ей дали свидание с ним, и, придя домой, она умиленно рассказывала:

- Он и там - как дома. Со всеми - ласковый, все с ним шутят. Трудно ему, тяжело, а - показать не хочет...

- Так и надо! - заметил Рыбин. - Мы все в горе, как в коже, - горем дышим, горем одеваемся. Хвастать тут нечем. Не у всех замазаны глаза, иные сами их закрывают, - вот! А коли глуп - терпи!..

XII

Серый маленький дом Власовых все более и более притягивал внимание слободки. В этом внимании было много подозрительной осторожности и бессознательной вражды, но зарождалось и доверчивое любопытство. Иногда приходил какой-то человек и, осторожно оглядываясь, говорил Павлу:

- Ну-ка, брат, ты тут книги читаешь, законы-то известны тебе. Так вот, объясни ты...

И рассказывал Павлу о какой-нибудь несправедливости полиции или администрации фабрики. В сложных случаях Павел давал человеку записку в город к знакомому адвокату, а когда мог - объяснял дело сам.

Постепенно в людях возникало уважение к молодому серьезному человеку, который обо всем говорил просто и смело, глядя на все и все слушая со вниманием, которое упрямо рылось в путанице каждого частного случая и всегда, всюду находило какую-то общую, бесконечную нить, тысячами крепких петель связывавшую людей.

Особенно поднялся Павел в глазах людей после истории с "болотной копейкой".

За фабрикой, почти окружая ее гнилым кольцом, тянулось обширное болото, поросшее ельником и березой. Летом оно дышало густыми, желтыми испарениями, и на слободку с него летели тучи комаров, сея лихорадки. Болото принадлежало фабрике, и новый директор, желая извлечь из него пользу, задумал осушить его, а кстати выбрать торф. Указывая рабочим, что эта мера оздоровит местность и улучшит условия жизни для всех, директор распорядился вычитать из их заработка копейку с рубля на осушение болота.

Рабочие заволновались. Особенно обидело их, что служащие не входили в число плательщиков нового налога.

Павел был болен в субботу, когда вывесили объявление директора о сборе копейки; он не работал и не знал ничего об этом. На другой день, после обедни, к нему пришли благообразный старик, литейщик Сизов, высокий и злой слесарь Махотин и рассказали ему о решении директора.

- Собрались мы, которые постарше, - степенно говорил Сизов, - поговорили об этом, и вот, послали нас товарищи к тебе спросить, - как ты у нас человек знающий, - есть такой закон, чтобы директору нашей копейкой с комарами воевать?

- Сообрази! - сказал Махотин, сверкая узкими глазами. - Четыре года тому назад они, жулье, на баню собирали. Три тысячи восемьсот было собрано. Где они? Бани - нет!

Павел объяснил несправедливость налога и явную выгоду этой затеи для фабрики; они оба, нахмурившись, ушли. Проводив их, мать сказала, усмехаясь:

- Вот, Паша, и старики стали к тебе за умом ходить. Не отвечая, озабоченный Павел сел за стол и начал что-то писать. Через несколько минут он сказал ей:

- Я тебя прошу: поезжай в город, отдай эту записку...

- Это опасное? - спросила она.

- Да. Там печатают для нас газету. Необходимо, чтобы история с копейкой попала в номер...

- Ну-ну! - отозвалась она. - Я сейчас... Это было первое поручение, данное ей сыном. Она обрадовалась, что он открыто сказал ей, в чем дело.

- Это я понимаю, Паша! - говорила она, одеваясь. - Это уж они грабят! Как человека-то зовут, - Егор Иванович?

Она воротилась поздно вечером, усталая, но довольная.

- Сашеньку видела! - говорила она сыну. - Кланяется тебе. А этот Егор Иванович простой такой, шутник! Смешно говорит.

- Я рад, что они тебе нравятся! - тихо сказал Павел.

- Простые люди, Паша! Хорошо, когда люди простые! И все уважают тебя...

В понедельник Павел снова не пошел работать, у него болела голова. Но в обед прибежал Федя Мазин, взволнованный, счастливый, и, задыхаясь от усталости, сообщил:

- Идем! Вся фабрика поднялась. За тобой послали. Сизов и Махотин говорят, что лучше всех можешь объяснить. Что делается!

Павел молча стал одеваться.

- Бабы прибежали - визжат!

- Я тоже пойду! - заявила мать. - Что они там затеяли? Я пойду!

- Иди! - сказал Павел.

По улице шли быстро и молча. Мать задыхалась от волнения и чувствовала - надвигается что-то важное. В воротах фабрики стояла толпа женщин, крикливо ругаясь. Когда они трое проскользнули во двор, то сразу попали в густую, черную, возбужденно гудевшую толпу. Мать видела, что все головы были обращены в одну сторону, к стене кузнечного цеха, где на груде старого железа и фоне красного кирпича стояли, размахивая руками, Сизов, Махотин, Вялов и еще человек пять пожилых, влиятельных рабочих.

- Власов идет! - крикнул кто-то.

- Власов? Давай его сюда...

- Тише! - кричали сразу в нескольких местах. И где-то близко раздавался ровный голос Рыбина:

- Не за копейку надо стоять, а - за справедливость, - вот! Дорога нам не копейка наша, - она не круглее других, но - она тяжеле, - в ней крови человеческой больше, чем в директорском рубле, - вот! И не копейкой дорожим, - кровью, правдой, - вот!

Слова его падали на толпу и высекали горячие восклицания:

- Верно, Рыбин!

- Правильно, кочегар!

- Власов пришел!

Заглушая тяжелую возню машин, трудные вздохи пара и шелест проводов, голоса сливались в шумный вихрь. Отовсюду торопливо бежали люди, размахивая руками, разжигая друг друга горячими, колкими словами. Раздражение, всегда дремотно таившееся в усталых грудях, просыпалось, требовало выхода, торжествуя, летало по воздуху, все шире расправляя темные крылья, все крепче охватывая людей, увлекая их за собой, сталкивая друг с другом, перерождаясь в пламенную злобу. Над толпой колыхалась туча копоти и пыли, облитые потом лица горели, кожа щек плакала черными слезами. На темных лицах сверкали глаза, блестели зубы.

Там, где стояли Сизов и Махотин, появился Павел и прозвучал его крик:

- Товарищи!

Мать видела, что лицо у него побледнело и губы дрожат; она невольно двинулась вперед, расталкивая толпу. Ей говорили раздраженно:

- Куда лезешь?

Толкали ее. Но это не останавливало мать; раздвигая людей плечами и локтями, она медленно протискивалась все ближе к сыну, повинуясь желанию встать рядом с ним.

А Павел, выбросив из груди слово, в которое он привык вкладывать глубокий и важный смысл, почувствовал, что горло ему сжала спазма боевой радости; охватило желание бросить людям свое сердце, зажженное огнем мечты о правде.

- Товарищи! - повторил он, черпая в этом слове восторг и силу.- Мы - те люди, которые строят церкви и фабрики, куют цепи и деньги, мы - та живая сила, которая кормит и забавляет всех от пеленок до гроба...

- Вот! - крикнул Рыбин.

- Мы всегда и везде - первые в работе и на последнем месте в жизни. Кто заботится о нас? Кто хочет нам добра? Кто считает нас людьми? Никто!

- Никто! - отозвался, точно эхо, чей-то голос. Павел, овладевая собой, стал говорить проще, спокойнее, толпа медленно подвигалась к нему, складываясь в темное, тысячеглавое тело. Она смотрела в его лицо сотнями внимательных глаз, всасывала его слова.

- Мы не добьемся лучшей доли, покуда не почувствуем себя товарищами, семьей друзей, крепко связанных одним желанием - желанием бороться за наши права.

- Говори о деле! - грубо, закричали где-то рядом с матерью.

- Не мешай! - негромко раздались два возгласа в разных местах.

Закопченные лица хмурились недоверчиво, угрюмо; десятки глаз смотрели в лицо Павла серьезно, вдумчиво.

- Социалист, а - не дурак! - заметил кто-то.

- Ух! Смело говорит! - толкнув мать в плечо, сказал высокий кривой рабочий.

- Пора, товарищи, понять, что никто, кроме нас самих, не поможет нам! Один за всех, все за одного - вот наш закон, если мы хотим одолеть врага!

- Дело говорит, ребята! - крикнул Махотин.

И, широко взмахнув рукой, он потряс в воздухе кулаком.

- Надо вызвать директора! - продолжал Павел. По толпе точно вихрем ударило. Она закачалась, и десятки голосов сразу крикнули:

- Директора сюда!

- Депутатов послать за ним!

Мать протолкалась вперед и смотрела на сына снизу вверх, полна гордости: Павел стоял среди старых, уважаемых рабочих, все его слушали и соглашались с ним. Ей нравилось, что он не злится, не ругается, как другие.

Точно град на железо, сыпались отрывистые восклицания, ругательства, злые слова. Павел смотрел на людей сверху и искал среди них чего-то широко открытыми глазами.

- Депутатов!

- Сизова!

- Власова!

- Рыбина! У пего зубы страшные!

Вдруг в толпе раздались негромкие восклицания:

- Сам идет!..

Директор!..

Толпа расступилась, давая дорогу высокому человеку с острой бородкой и длинным лицом.

- Позвольте! - говорил он, отстраняя рабочих с своей дороги коротким жестом руки, но не дотрагиваясь до них. Глаза у него были прищурены, и взглядом опытного владыки людей он испытующе щупал лица рабочих. Перед ним снимали шапки, кланялись ему, - он шел, не отвечая на поклоны, и сеял в толпе тишину, смущение, конфузливые улыбки и негромкие восклицания, в которых уже слышалось раскаяние детей, сознающих, что они нашалили.

Вот он прошел мимо матери, скользнув по ее лицу строгими глазами, остановился перед грудой железа. Кто-то сверху протянул ему руку - он не взял ее, свободно, сильным движением тела влез наверх, встал впереди Павла и Сизова и спросил:

Это - что за сборище? Почему бросили работу? Несколько секунд было тихо. Головы людей покачивались, точно колосья. Сизов, махнув в воздухе картузом, повел плечами и опустил голову.

- Спрашиваю! - крикнул директор. Павел встал рядом с ним и громко сказал, указывая на Сизова и Рыбина:

- Мы трое уполномочены товарищами потребовать, чтобы вы отменили свое распоряжение о вычете копейки...

- Почему? - спросил директор, не взглянув на Павла.

- Мы не считаем справедливым такой налог на нас! - громко сказал Павел.

- Вы что же, в моем намерении осушить болото видите только желание эксплуатировать рабочих, а не заботу об улучшении их быта? Да?

- Да! - ответил Павел.

- И вы тоже? - спросил директор Рыбина.

- Все одинаково! - ответил Рыбин.

- А вы, почтенный? - обратился директор к Сизову.

- Да и я тоже попрошу: уж вы оставьте копеечку-то при нас!

И, снова наклонив голову, Сизов виновато улыбнулся. Директор медленно обвел глазами толпу, пожал плечами. Потом испытующе оглядел Павла и заметил ему:

- Вы кажетесь довольно интеллигентным человеком - неужели и вы не понимаете пользу этой меры? Павел громко ответил:

- Если фабрика осушит болото за свой счет - это все поймут!

- Фабрика не занимается филантропией! - сухо заметил директор. - Я приказываю всем немедленно встать на работу!

И он начал спускаться вниз, осторожно ощупывая ногой железо и не глядя ни на кого.

В толпе раздался недовольный гул.

- Что? - спросил директор, остановясь. Все замолчали, только откуда-то издали раздался одинокий голос:

- Работай сам!

- Если через пятнадцать минут вы не начнете работать - я прикажу записать всем штраф! - сухо и внятно ответил директор.

Он снова пошел сквозь толпу, но теперь сзади него возникал глухой ропот, и чем глубже уходила его фигура, тем выше поднимались крики.

- Говори с ним!

- Вот те и права! Эх, судьбишка... Обращались к Павлу, крича ему:

- Эй, законник, что делать теперь?

- Говорил ты, говорил, а он пришел - все стер!

- Ну-ка, Власов, как быть?

Когда крики стали настойчивее, Павел заявил:

- Я предлагаю, товарищи, бросить работу до поры, пока он не откажется от копейки...

Возбужденно запрыгали слова:

- Нашел дураков!

- Стачка?

- Из-за копейки-то?

- А что? Ну и стачка!

- Всех за это - в шею...

- А кто работать будет?

- Найдутся!

- Иуды?

XIII

Павел сошел вниз и встал рядом с матерью. Все вокруг загудели, споря друг с другом, волнуясь, вскрикивая.

- Не свяжешь стачку! - сказал Рыбин, подходя к Павлу. - Хоть и жаден народ, да труслив. Сотни три встанут на твою сторону, не больше. Этакую кучу навоза на одни вилы не поднимешь...

Павел молчал. Перед ним колыхалось огромное, черное лицо толпы и требовательно смотрело ему в глаза. Сердце стучало тревожно. Власову казалось, что его слова исчезли бесследно в людях, точно редкие капли дождя, упавшие на землю, истощенную долгой засухой.

Он пошел домой грустный, усталый. Сзади него шли мать и Сизов, а рядом шагал Рыбин и гудел в ухо:

- Ты хорошо говоришь, да - не сердцу, - вот! Надо в сердце, в самую глубину искру бросить. Не возьмешь людей разумом, не по ноге обувь - тонка, узка!

Сизов говорил матери:

- Пора нам, старикам, на погост, Ниловна! Начинается новый народ. Что мы жили? На коленках ползали и все в землю кланялись. А теперь люди, - не то опамятовались, не то - еще хуже ошибаются, ну - не похожи на нас. Вот она, молодежь-то, говорит с директором, как с равным... да-а! До увидания, Павел

Михайлов, хорошо ты, брат, за людей стоишь! Дай бог тебе, - может, найдешь ходы-выходы, - дай бог!

Он ушел.

- Да, умирайте-ка! - бормотал Рыбин. - Вы уж и теперь не люди, а - замазка, вами щели замазывать. Видел ты, Павел, кто кричал, чтобы тебя в депутаты? Те, которые говорят, что ты социалист, смутьян, - вот! - они! Дескать, прогонят его - туда ему и дорога.

- Они по-своему правы! - сказал Павел.

- И волки правы, когда товарища рвут...

Лицо у Рыбина было угрюмое, голос необычно вздрагивал.

- Не поверят люди голому слову, - страдать надо, в крови омыть слово...

Весь день Павел ходил сумрачный, усталый, странно обеспокоенный, глаза у него горели и точно искали чего-то. Мать, заметив это, осторожно спросила:

- Ты что, Паша, а?

- Голова болит, - задумчиво сказал он.

- Лег бы, - а я доктора позову...

Он взглянул на нее и торопливо ответил:

- Нет, не надо!

И вдруг тихо заговорил:

- Молод, слабосилен я, - вот что! Не поверили мне, не пошли за моей правдой, - значит - не умел я сказать ее!.. Нехорошо мне, - обидно за себя!

Она, глядя в сумрачное лицо его и желая утешить, тихонько сказала:

- Ты - погоди! Сегодня не поняли - завтра поймут...

- Должны понять! - воскликнул он.

- Ведь вот даже я вижу твою правду... Павел подошел к ней.

- Ты, мать, - хороший человек...

И отвернулся от нее. Она, вздрогнув, как обожженная тихими словами, приложила руку к сердцу и ушла, бережно унося его ласку.

Ночью, когда она спала, а он, лежа в постели, читал книгу, явились жандармы и сердито начали рыться везде, на дворе, на чердаке. Желтолицый офицер вел себя так же, как и в первый раз, - обидно, насмешливо, находя удовольствие в издевательствах, стараясь задеть за сердце. Мать, сидя в углу, молчала, не отрывая глаз от лица сына. Он старался не выдавать своего волнения, но, когда офицер смеялся, у него странно шевелились пальцы, и она чувствовала, что ему трудно не отвечать жандарму, тяжело сносить его шутки. Теперь ей не было так страшно, как во время первого обыска, она чувствовала больше ненависти к этим серым ночным гостям со шпорами на ногах, и ненависть поглощала тревогу.

Павел успел шепнуть ей:

- Меня возьмут...

Она, наклонив голову, тихо ответила:

- Понимаю...

Она понимала - его посадят в тюрьму за то, что он говорил сегодня рабочим. Но с тем, что он говорил, соглашались все, и все должны вступиться за него, значит - долго держать его не будут...

Ей хотелось обнять его, заплакать, но рядом стоял офицер и, прищурив глаза, смотрел на нее. Губы у него вздрагивали, усы шевелились - Власовой казалось, что этот человек ждет ее слез, жалоб и просьб. Собрав все силы, стараясь говорить меньше, она сжала руку сына и, задерживая дыхание, медленно, тихо сказала:

- До свиданья, Паша. Все взял, что надо?

- Все. Не скучай...

- Христос с тобой...

Когда его увели, она села на лавку и, закрыв глаза, тихо завыла. Опираясь спиной о стену, как, бывало, делал ее муж, туго связанная тоской и обидным сознанием своего бессилия, она, закинув голову, выла долго и однотонно, выливая в этих звуках боль раненого сердца. А перед нею неподвижным пятном стояло желтое лицо с редкими усами, и прищуренные глаза смотрели с удовольствием. В груди ее черным клубком свивалось ожесточение и злоба на людей, которые отнимают у матери сына за то, что сын ищет правду.

Было холодно, в стекла стучал дождь, казалось, что в ночи, вокруг дома ходят, подстерегая, серые фигуры с широкими красными лицами без глаз, с длинными руками. Ходят и чуть слышно звякают шпорами.

"Взяли бы и меня", - думала она.

Провыл гудок, требуя людей на работу. Сегодня он выл глухо, низко и неуверенно. Отворилась дверь, вошел Рыбин. Он встал перед нею и, стирая ладонью капли дождя с бороды, спросил:

- Увели?

- Увели, проклятые! - вздохнув, ответила она.

- Такое дело! - сказал Рыбин, усмехнувшись. - И меня - обыскали, ощупали, да-а. Изругали... Ну - не обидели однако. Увели, значит, Павла! Директор мигнул, жандарм кивнул, и - нет человека? Они дружно живут. Одни народ доят, а другие - за рога держат...

- Вам бы вступиться за Павла-то! - воскликнула мать, вставая. - Ведь он ради всех пошел.

- Кому вступиться? - спросил Рыбин.

- Всем

- Ишь - ты! Нет, этого не случится.

Усмехаясь, он вышел своей тяжелой походкой, увеличив горе матери суровой безнадежностью своих слов.

"Вдруг - бить будут, пытать?.."

Она представляла себе тело сына, избитое, изорванное, в крови и страх холодной глыбой ложился на грудь, давил ее. Глазам было больно.

Она не топила печь, не варила себе обед и не пила чая, только поздно вечером съела кусок хлеба. И когда легла спать - ей думалось, что никогда еще жизнь ее не была такой одинокой, голой. За последние годы она привыкла жить в постоянном ожидании чего-то важного, доброго. Вокруг нее шумно и бодро вертелась молодежь, и всегда перед нею стояло серьезное лицо сына, творца этой тревожной, но хорошей жизни. А вот нет его, и - ничего нет.

XIV

Медленно прошел день, бессонная ночь и еще более медленно другой день. Она ждала кого-то, но никто не являлся. Наступил вечер. И - ночь. Вздыхал и шаркал по стене холодный дождь, в трубе гудело, под полом возилось что-то. С крыши капала вода, и унылый звук ее падения странно сливался со стуком часов. Казалось, весь дом тихо качается, и все вокруг было ненужным, омертвело в тоске...

В окно тихо стукнули - раз, два... Она привыкла к этим стукам, они не пугали ее, но теперь вздрогнула от радостного укола в сердце. Смутная надежда быстро подняла ее на ноги. Бросив на плечи шаль, она открыла дверь...

Вошел Самойлов, а за ним еще какой-то человек, с лицом, закрытым воротником пальто, в надвинутой на брови шапке.

- Разбудили мы вас? - не здороваясь, спросил Самойлов, против обыкновения озабоченный и хмурый.

- Не спала я! - ответила она и молча, ожидающими лазами уставилась на них.

Спутник Самойлова, тяжело и хрипло вздыхая, снял шапку и, протянув матери широкую руку с короткими пальцами, сказал ей дружески, как старой знакомой:

- Здравствуйте, мамаша! Не узнали?

- Это вы? - воскликнула Власова, вдруг чему-то радуясь. - Егор Иванович?

- Аз есмь! - ответил он, наклоняя свою большую голову с длинными, как у псаломщика, волосами. Его полное лицо добродушно улыбалось, маленькие серые глазки смотрели в лицо матери ласково и ясно. Он был похож на самовар, - такой же круглый, низенький, с толстой шеей и короткими руками. Лицо лоснилось и блестело, дышал он шумно, и в груди все время что-то булькало, хрипело...

- Пройдите в комнату, я сейчас оденусь! - предложила мать.

- У нас к вам дело есть! - озабоченно сказал Самойлов, исподлобья взглянув па нее.

Егор Иванович прошел в комнату и оттуда говорил:

Сегодня утром, милая мамаша, из тюрьмы вышел известный вам Николай Иванович...

Разве он там? - спросила мать.

Два месяца и одиннадцать дней. Видел там хохла - он кланяется вам, и Павла, который - тоже кланяется, просит вас не беспокоиться и сказать вам, что на пути его местом отдыха человеку всегда служит тюрьма - так уж установлено заботливым начальством нашим. Затем, мамаша, я приступлю к делу. Вы знаете, сколько народу схватили здесь вчера?

- Нет! А разве - кроме Паши? - воскликнула мать.

- Он - сорок девятый! - перебил ее Егор Иванович спокойно. - И надо ждать, что начальство заберет еще человек с десяток! Вот этого господина тоже...

- Да, и меня! - хмуро сказал Самойлов.

Власова почувствовала, что ей стало легче дышать...

"Не один он там!" - мелькнуло у нее в голове.

Одевшись, она вошла в комнату и бодро улыбнулась гостю.

- Наверно, долго держать не будут, если так много забрали...

- Правильно! - сказал Егор Иванович. - А если мы ухитримся испортить им эту

41

обедню, так они и совсем в дураках останутся. Дело стоит так: если мы теперь перестанем доставлять на фабрику наши книжечки, жандармишки уцепятся за это грустное явление и обратят его против Павла со товарищи, иже с ним ввергнуты в узилище...

- Как же это? - тревожно крикнула мать.

- А очень просто! - мягко сказал Егор Иванович. - Иногда и жандармы рассуждают правильно. Вы подумайте: был Павел - были книжки и бумажки, нет Павла - нет ни книжек, ни бумажек! Значит, это он сеял книжечки, ага-а? Ну, и начнут они есть всех, - жандармы любят так окорнать человека, чтобы от него остались одни пустяки!

- Я понимаю, понимаю! - тоскливо сказала мать. - Ах, господи! Как же теперь?

Из кухни раздался голос Самойлова:

- Всех почти выловили, - черт их возьми!.. Теперь нам нужно дело продолжать по-прежнему, не только для дела, - а и для спасения товарищей.

- А - работать некому! - добавил Егор, усмехаясь, - Литература у нас есть превосходного качества, - сам делал!.. А как ее на фабрику внести - сие неизвестно!

- Стали обыскивать всех в воротах! - сказал Самойлов. Мать чувствовала, что от нее чего-то хотят, ждут, и торопливо спрашивала:

- Ну, так что же? Как же? Самойлов встал в дверях и сказал:

- Вы, Пелагея Ниловна, знакомы с торговкой Корсуновой...

- Знакома, ну?

- Поговорите с ней, не пронесет ли она? Мать отрицательно замахала руками.

- Ой, нет! Баба она болтливая, - нет! Как узнают, что через меня, - из этого дома, - нет, нет!

И вдруг, осененная внезапной мыслью, она тихо заговорила:

- Вы мне дайте, дайте - мне! Уж я устрою, я сама найду ход! Я Марью же и попрошу, пусть она меня в помощницы возьмет! Мне хлеб есть надо, работать надо же! Вот я и буду обеды туда носить! Уж я устроюсь!

Прижав руки к груди, она торопливо уверяла, что сделает все хорошо, незаметно, и в заключение, торжествуя, воскликнула:

- Они увидят - Павла нет, а рука его даже из острога достигает, - они увидят!

Все трое оживились. Егор, крепко потирая руки, улыбался и говорил:

- Чудесно, мамаша! Знали бы вы, как это превосходно! Прямо - очаровательно.

- Я в тюрьму, как в кресло сяду, если это удастся! - потирая руки, заметил Самойлов.

- Вы - красавица! - хрипло кричал Егор.

Мать улыбнулась. Ей было ясно: если теперь листки появятся на фабрике, - начальство должно будет понять, что не ее сын распространяет их. И, чувствуя себя способной исполнить задачу, она вся вздрагивала от радости.

- Когда пойдете на свидание с Павлом, - говорил Егор, - скажите ему, что у него хорошая мать...

- Я его раньше увижу! - усмехаясь, пообещал Самойлов.

- Вы так ему и скажите - я все, что надо, сделаю! Чтобы он знал это!..

- А если его не посадят? - спросил Егор, указывая на Самойлова.

- Ну - что же делать!

Они оба захохотали. И она, поняв свой промах, начала смеяться, тихо и смущенно, немножко лукавя.

- За своим - чужое плохо видно! - сказала она, опустив глаза.

- Это - естественно! - воскликнул Егор. - А насчет Павла вы не беспокойтесь, не грустите. Из тюрьмы он еще лучше воротится. Там отдыхаешь и учишься, а на воле у нашего брата для этого времени нет. Я вот трижды сидел и каждый раз, хотя и с небольшим удовольствием, но с несомненной пользой для ума и сердца.

- Дышите вы тяжело! - сказала она, дружелюбно глядя в его простое лицо.

- На это есть особые причины! - ответил он, подняв палец кверху. - Так, значит, решено, мамаша? Завтра мы вам доставим материален, и снова завертится пила разрушения вековой тьмы. Да здравствует свободное слово, и да здравствует сердце матери! А пока - до свиданья!

- До свиданья! - сказал Самойлов, крепко пожимая руку ей. - А я вот своей матери и заикнуться не могу ни о чем таком, - да!

- Все поймут! - сказала Власова, желая сделать приятное ему.

Когда они ушли, она заперла дверь и, встав на колени среди комнаты, стала молиться под шум дождя. Молилась без слов, одной большой думой о людях, которых ввел Павел в ее жизнь. Они как бы проходили между нею и иконами, проходили все такие простые, странно близкие друг другу и одинокие.

Рано утром она отправилась к Марье Корсуновой.

Торговка, как всегда замасленная и шумная, встретила ее сочувственно.

- Тоскуешь? - спросила она, похлопав мать по плечу жирной рукой. - Брось! Взяли, увезли, эка беда! Ничего худого тут нету. Это раньше было - за кражи в тюрьму сажали, а теперь за правду начали сажать. Павел, может, и не так что-нибудь сказал, но он за всех встал - и все его понимают, не беспокойся! Не все говорят, а все знают, кто хорош. Я все собиралась зайти к тебе, да вот некогда. Стряпаю да торгую, а умру, видно, нищей. Любовники меня одолевают, анафемы! Так и гложут, так и гложут, словно тараканы каравай. Накопишь рублей десяток, явится какой-нибудь еретик - и слижет деньги! Бедовое дело - бабой быть! Поганая должность на земле! Одной жить трудно, вдвоем - нудно!

- А я к тебе в помощницы проситься пришла! - сказала Власова, перебивая ее болтовню.

- Это как? - спросила Марья и, выслушав подругу, утвердительно кивнула головой.

- Можно! Помнишь, ты меня, бывало, от мужа моего прятала? Ну, теперь я тебя от нужды спрячу... Тебе все должны помочь, потому - твой сын за общественное дело пропадает. Хороший парень он у тебя, это все говорят, как одна душа, и все его жалеют. Я скажу - от арестов этих добра начальству не будет, - ты погляди, что на фабрике делается? Нехорошо говорят, милая! Они там, начальники, думают - укусили человека за пятку, далеко не уйдет! Ан выходит так, что десяток ударили - сотни рассердились!

Разговор кончился тем, что на другой день в обед Власова была на фабрике с двумя корчагами Марьиной стряпни, а сама Марья пошла торговать на базар.

XV

Рабочие сразу заметили новую торговку. Одни, подходя к ней, одобрительно говорили:

- За дело взялась, Ниловна?

И одни утешали, доказывая, что Павла скоро выпустят, другие тревожили ее печальное сердце словами соболезнования, третьи озлобленно ругали директора, жандармов, находя в груди ее ответное эхо. Были люди, которые смотрели на нее злорадно, а табельщик Исай Горбов сказал сквозь зубы:

- Кабы я был губернатором, я бы твоего сына - повесил! Не сбивай народ с толку!

От этой злой угрозы на нее повеяло мертвым холодом. Она ничего не сказала в ответ Исаю, только взглянула в его маленькое, усеянное веснушками лицо и, вздохнув, опустила глаза в землю.

На фабрике было неспокойно, рабочие собирались кучками, о чем-то вполголоса говорили между собой, всюду шныряли озабоченные мастера, порою раздавались ругательства, раздраженный смех.

Двое полицейских провели мимо нее Самойлова; он шел, сунув одну руку в карман, а другой приглаживая свои рыжеватые волосы.

Его провожала толпа рабочих, человек в сотню, погоняя полицейских руганью и насмешками.

- Гулять пошел, Гриша! - крикнул ему кто-то.

- Почет нашему брату! - поддержал другой. - Со стражей ходим...

И крепко выругался.

- Воров ловить, видно, невыгодно стало! - зло и громко говорил высокий и кривой рабочий. - Начали честных людей таскать...

- Хоть бы ночью таскали! - вторил кто-то из толпы. - А то днем - без стыда, - сволочи!

Полицейские шли угрюмо, быстро, стараясь ничего не видеть и будто не слыша восклицаний, которыми провожали их. Встречу им трое рабочих несли большую полосу железа и, направляя ее на них, кричали:

- Берегитесь, рыбаки!

Проходя мимо Власовой, Самойлов, усмехаясь, кивнул ей головой и сказал:

- Поволокли!

Она молча, низко поклонилась ему, ее трогали эти молодые, честные, трезвые, уходившие в тюрьму с улыбками на лицах; у нее возникала жалостливая любовь матери к ним.

Воротясь с фабрики, она провела весь день у Марьи, помогая ей в работе и слушая ее болтовню, а поздно вечером пришла к себе в дом, где было пусто, холодно и неуютно. Она долго совалась из угла в угол, не находя себе места, не зная, что делать. И ее беспокоило, что вот уже скоро ночь, а Егор Иванович не несет литературу, как он обещал.

За окном мелькали тяжелые, серые хлопья осеннего снега. Мягко приставая к стеклам, они бесшумно скользили вниз и таяли, оставляя за собой мокрый след. Она думала о сыне...

В дверь осторожно постучались, мать быстро подбежала, сняла крючок, -

вошла Сашенька. Мать давно ее не видала, и теперь первое, что бросилось ей в глаза, это неестественная полнота девушки.

- Здравствуйте! - сказала она, радуясь, что пришел человек и часть ночи она проведет не в одиночестве. - Давно не видать было вас. Уезжали?

- Нет, я в тюрьме сидела! - ответила девушка улыбаясь. - Вместе с Николаем Ивановичем, - помните его?

- Как же не помнить! - воскликнула мать. - Мне вчера Егор Иванович говорил, что его выпустили, а про вас я не знала... Никто и не сказал, что вы там...

- Да что же об этом говорить?.. Мне, - пока не пришел Егор Иванович, - переодеться надо! - сказала девушка, оглядываясь.

- Мокрая вы вся...

- Я листовки и книжки принесла...

- Давайте, давайте! - заторопилась мать.

Девушка быстро расстегнула пальто, встряхнулась, и с нее, точно листья с дерева, посыпались на пол, шелестя, пачки бумаги. Мать, смеясь, подбирала их с пола и говорила:

- А я смотрю - полная вы такая, думала, замуж вышли, ребеночка ждете. Ой-ой, сколько принесли! Неужели пешком?

- Да! - сказала Сашенька. Она теперь снова стала стройной и тонкой, как прежде. Мать видела, что щеки у нее ввалились, глаза стали огромными и под ними легли темные пятна.

- Только что выпустили вас, - вам бы отдохнуть, а вы! - вздохнув и качая головой, сказала мать.

- Нужно! - ответила девушка вздрагивая. - Скажите, как Павел Михайлович, - ничего?.. Не очень взволновался?

Спрашивая, Сашенька не смотрела на мать; наклонив голову, она поправляла волосы, и пальцы ее дрожали.

- Ничего! - ответила мать. - Да ведь он себя не выдаст.

- Ведь у него крепкое здоровье? - тихо проговорила девушка.

- Не хворал, никогда! - ответила мать. - Дрожите вы вся. Вот я чаем вас напою с вареньем малиновым.

- Это хорошо бы! Только стоит ли вам беспокоиться? Поздно. Давайте, я сама...

- Усталая-то? - укоризненно отозвалась мать, принимаясь возиться около самовара. Саша тоже вышла в кухню, села там на лавку и, закинув руки за голову, заговорила:

- Все-таки, - ослабляет тюрьма. Проклятое безделье! Нет ничего мучительнее. Знаешь, как много нужно работать, и - сидишь в клетке, как зверь...

- Кто вознаградит вас за все? - спросила мать. И, вздохнув, ответила сама себе:

- Никто, кроме господа! Вы, поди-ка, тоже не верите в него?

- Нет! - кратко ответила девушка, качнув головой.

- А я вот вам не верю! - вдруг возбуждаясь, заявила мать. И, быстро вытирая запачканные углем руки о фартук, она с глубоким убеждением продолжала: - Не понимаете вы веры вашей! Как можно без веры в бога жить такою жизнью?

В сенях кто-то громко затопал, заворчал, мать вздрогнула, девушка быстро вскочила и торопливо зашептала:

- Не отпирайте! Если это - они, жандармы, вы меня не знаете!.. Я - ошиблась домом, зашла к вам случайно, упала в обморок, вы меня раздели, нашли книги, - понимаете?

- Милая вы моя, - зачем? - умиленно спросила мать.

- Подождите! - прислушиваясь, сказала Сашенька. - Это, кажется, Егор...

Это был он, мокрый и задыхающийся от усталости.

- Ага! Самоварчик? - воскликнул он. - Это лучше всего в жизни, мамаша! Вы уже здесь, Сашенька?

Наполняя маленькую кухню хриплыми звуками, он медленно стаскивал тяжелое пальто и, не останавливаясь, говорил:

- Вот, мамаша, девица, неприятная для начальства! Будучи обижена смотрителем тюрьмы, она объявила ему, что уморит себя голодом, если он не извинится перед ней, и восемь дней не кушала, по какой причине едва не протянула ножки. Недурно? Животик-то у меня каков?

Болтая и поддерживая короткими руками безобразно отвисший живот, он прошел в комнату, затворил за собою дверь, но и там продолжал что-то говорить.

- Неужто восемь дней не кушали вы? - удивленно спросила мать.

- Нужно было, чтобы он извинился предо мной! - отвечала девушка, зябко поводя плечами. Ее спокойствие и суровая настойчивость отозвались в душе матери чем-то похожим на упрек.

"Вот как!.." - подумала она и снова спросила:

- А если бы умерли?

- Что же поделаешь! - тихо отозвалась девушка. - Он все-таки извинился. Человек не должен прощать обиду.

- Да-а... - медленно отозвалась мать. - А вот нашу сестру всю жизнь обижают...

- Я разгрузился! - объявил Егор, отворяя дверь. - Самоварчик готов? Позвольте, я его втащу...

Он поднял самовар и понес его, говоря:

- Собственноручный мой папаша выпивал в день не менее двадцати стаканов чаю, почему и прожил на сей земле безболезненно и мирно семьдесят три года. Имел он восемь пудов весу и был дьячком в селе Воскресенском...

- Вы отца Ивана сын? - воскликнула мать.

- Именно! А почему вам сие известно?

- Да я из Воскресенского!..

- Землячка? Чьих будете?

- Соседи ваши! Серегина я.

- Хромого Нила дочка? Лицо мне знакомое, ибо не однажды драл меня за уши...

Они стояли друг против друга и, осыпая один другого вопросами, смеялись. Сашенька, улыбаясь, посмотрела на них и стала заваривать чай. Стук посуды возвратил мать к настоящему.

- Ой, простите, заговорилась! Очень уж приятно земляка видеть...

- Это мне нужно просить прощения за то, что я тут распоряжаюсь! Но уж одиннадцатый час, а мне далеко идти...

- Куда идти? В город? - удивленно спросила мать.

- Да.

- Что вы? Темно, мокро, - устали вы! Ночуйте здесь! Егор Иванович в кухне ляжет, а мы с вами тут...

- Нет, я должна идти! - просто заявила девушка.

- Да, землячка, требуется, чтобы барышня исчезла. Ее здесь знают. И если она завтра покажется на улице, это будет нехорошо! - заявил Егор.

- Как же она? Одна пойдет?..

- Пойдет! - сказал Егор усмехаясь. Девушка налила себе чаю, взяла кусок ржаного хлеба, посолила и стала есть, задумчиво глядя на мать.

- Как это вы ходите? И вы, и Наташа? Я бы не пошла, - боязно! - сказала Власова.

- Да и она боится! - заметил Егор. - Вы боитесь, Саша?

- Конечно! - ответила девушка.

Мать взглянула на нее, на Егора и тихонько воскликнула:

- Какие вы... строгие!

Выпив чаю, Сашенька молча пожала руку Егора, пошла в кухню, а мать, провожая ее, вышла за нею. В кухне Сашенька сказала:

- Увидите Павла Михайловича - передайте ему мой поклон! Пожалуйста!

А взявшись за скобу двери, вдруг обернулась, негромко спросив:

- Можно поцеловать вас?

Мать молча обняла ее и горячо поцеловала.

- Спасибо! - тихо сказала девушка и, кивнув головой, ушла. Возвратись в комнату, мать тревожно взглянула в окно. Во тьме тяжело падали мокрые хлопья снега.

- А Прозоровых помните? - спросил Егор. Он сидел, широко расставив ноги, и громко дул на стакан чаю. Лицо у него было красное, потное, довольное.

- Помню, помню! - задумчиво сказала мать, боком подходя к столу. Села и, глядя на Егора печальными глазами, медленно протянула: - Ай-ай-яй! Сашенька-то? Как она дойдет?

- Устанет! - согласился Егор. - Тюрьма ее сильно пошатнула, раньше девица крепче была... К тому же воспитания она нежного... Кажется, - уже испортила себе легкие...

- Кто она такая? - тихо осведомилась мать.

- Дочь помещика одного. Отец - большой прохвост, как она говорит. Вам, мамаша, известно, что они хотят пожениться?

- Кто?

- Она и Павел... Но - вот, все не удается, - он на воле, она в тюрьме, и наоборот!

- Я этого не знала! - помолчав, ответила мать. - Паша о себе ничего не говорит...

Теперь ей стало еще больше жалко девушку, и, с невольной неприязнью взглянув на гостя, она проговорила:

- Вам бы проводить ее!..

- Нельзя! - спокойно ответил Егор. - У меня здесь куча дела, и я с утра должен буду целый день ходить, ходить, ходить. Занятие немилое, при моей одышке...

- Хорошая она девушка, - неопределенно проговорила мать, думая о том, что сообщил ей Егор. Ей было обидно услышать это не от сына, а от чужого человека, и она плотно поджала губы, низко опустив брови.

- Хорошая! - кивнул головой Егор. - Вижу я - вам ее жалко. Напрасно! У вас не

47

хватит сердца, если вы начнете жалеть всех нас, крамольников. Всем живется не очень легко, говоря правду. Вот недавно воротился из ссылки мой товарищ. Когда он ехал через Нижний - жена и ребенок ждали его в Смоленске, а когда он явился в Смоленск - они уже были в московской тюрьме. Теперь очередь жены ехать в Сибирь. У меня тоже была жена, превосходный человек, пять лет такой жизни свели ее в могилу...

Он залпом выпил стакан чаю и продолжал рассказывать. Перечислял годы и месяцы тюремного заключения, ссылки, сообщал о разных несчастиях, об избиениях в тюрьмах, о голоде в Сибири. Мать смотрела на него, слушала и удивлялась, как просто и спокойно он говорил об этой жизни, полной страданий, преследований, издевательств над людьми...

- Но - поговоримте о деле!

Голос его изменился, лицо стало серьезнее. Он начал спрашивать ее, как она думает пронести на фабрику книжки, а мать удивлялась его тонкому знанию разных мелочей.

Кончив с этим, они снова стали вспоминать о своем родном селе: он шутил, а она задумчиво бродила в своем прошлом, и оно казалось ей странно похожим на болото, однообразно усеянное кочками, поросшее тонкой, пугливо дрожащей осиной, невысокою елью и заплутавшимися среди кочек белыми березами. Березы росли медленно и, простояв лет пять на зыбкой, гнилой почве, падали и гнили. Она смотрела на эту картину, и ей было нестерпимо жалко чего-то. Перед нею стояла фигура девушки с резким, упрямым лицом. Она теперь шла среди мокрых хлопьев снега, одинокая, усталая. А сын сидит в тюрьме. Может быть, он не спит еще, думает... Но думает не о ней, о матери, - у него есть человек ближе нее. Пестрой, спутанной тучей ползли на нее тяжелые мысли и крепко обнимали сердце...

- Устали вы, мамаша! Давайте-ка ляжем спать! - сказал Егор улыбаясь.

Она простилась с ним и боком, осторожно прошла в кухню, унося в сердце едкое, горькое чувство.

Поутру, за чаем, Егор спросил ее:

- А если вас сцапают и спросят, откуда вы взяли все эти еретицкие книжки, - вы что скажете?

- "Не ваше дело" - скажу! - ответила она.

- Они с этим ни за что не согласятся! - возразил Егор. - Они глубоко убеждены, что это - именно их дело! И будут спрашивать усердно, долго!

- А я не скажу!

- А вас в тюрьму!

- Ну, что ж? Слава богу - хоть на это гожусь! - сказала она вздыхая. - Кому я нужна? Никому. А пытать не будут, говорят...

- Гм! - сказал Егор, внимательно посмотрев на нее. - Пытать - не будут. Но хороший человек должен беречь себя...

- У вас этому не научишься! - ответила мать усмехаясь. Егор, помолчав, прошелся по комнате, потом подошел к ней и сказал:

- Трудно, землячка! Чувствую я - очень трудно вам!

- Всем трудно! - махнув рукой, ответила она. - Может, только тем, которые понимают, им - полегче... Но я тоже понемножку понимаю, чего хотят хорошие-то люди...

48

- А коли вы это понимаете, мамаша, значит, всем вы им нужны - всем! - серьезно сказал Егор.

Она взглянула на него и молча усмехнулась.

В полдень она спокойно и деловито обложила свою грудь книжками и сделала это так ловко и удобно, что Егор с удовольствием щелкнул языком, заявив:

- Зер гут! как говорит хороший немец, когда выпьет ведро пива. Вас, мамаша, не изменила литература: вы остались доброй пожилой женщиной, полной и высокого роста. Да благословят бесчисленные боги ваше начинание!..

Через полчаса, согнутая тяжестью своей ноши, спокойная и уверенная, она стояла у ворот фабрики. Двое сторожей, раздражаемые насмешками рабочих, грубо ощупывали всех входящих во двор, переругиваясь с ними. В стороне стоял полицейский и тонконогий человек с красным лицом, с быстрыми глазами. Мать, передвигая коромысло с плеча на плечо, исподлобья следила за ним, чувствуя, что это шпион.

Высокий, кудрявый парень в шапке, сдвинутой на затылок, кричал сторожам, которые обыскивали его:

- Вы, черти, в голове ищите, а не в кармане! Один из сторожей ответил:

- У тебя в голове, кроме вшей, ничего нет...

- Вам и ловить вшей, а не ершей! - откликнулся рабочий. Шпион окинул его быстрым взглядом и сплюнул.

- Меня-то пропустили бы! - попросила мать. - Видите, человек с ношей, спина ломится!

- Иди, иди! - сердито крикнул сторож. - Рассуждает тоже... Мать дошла до своего места, составила корчаги на землю и, отирая пот с лица, оглянулась.

К ней тотчас же подошли слесаря братья Гусевы, и старший, Василий, хмуря брови, громко спросил:

- Пироги есть?

- Завтра принесу! - ответила она. Это был условленный пароль. Лица братьев просветлели. Иван, не утерпев, воскликнул:

- Эх ты, мать честная...

Василий присел на корточки, заглядывая в корчагу, и в то же время за пазухой у него очутилась пачка листовок.

- Иван, - громко говорил он, - не пойдем домой, давай у нее обедать! - А сам быстро засовывал книжки в голенища сапог. - Надо поддержать новую торговку...

- Надо! - согласился Иван и захохотал. Мать, осторожно оглядываясь, покрикивала:

- Щи, лапша горячая!

И, незаметно вынимая книги, пачку за пачкой, совала их в руки братьев. Каждый раз, когда книги исчезали из ее рук, перед нею вспыхивало желтым пятном, точно огонь спички в темной комнате, лицо жандармского офицера, и она мысленно со злорадным чувством говорила ему:

"На-ко тебе, батюшка..."

Передавая следующую пачку, прибавляла удовлетворенно: "На-ко..."

Подходили рабочие с чашками в руках; когда они были близко, Иван Гусев начинал громко хохотать, и Власова спокойно прекращала передачу, разливая щи и лапшу, а Гусевы шутили над ней:

- Ловко действует Ниловна!

- Нужда заставит и мышей ловить! - угрюмо заметил какой-то кочегар. - Кормильца-то - оторвали. Сволочи! Ну-ка, на три копейки лапши. Ничего, мать! Перебьешься.

- Спасибо на добром слове! - улыбнулась она ему. Он, уходя в сторону, ворчал:

- Недорого мне стоит доброе-то слово... Власова покрикивала:

- Горячее - щи, лапша, похлебка...

И думала о том, как расскажет сыну свой первый опыт, а перед нею все стояло желтое лицо офицера, недоумевающее и злое. На нем растерянно шевелились черные усы и из-под верхней, раздраженно вздернутой губы блестела белая кость крепко сжатых зубов. В груди ее птицею пела радость, брови лукаво вздрагивали, и она, ловко делая свое дело, приговаривала про себя:

- А вот - еще!..

XVI

Вечером, когда она пила чай, за окном раздалось чмоканье лошадиных копыт по грязи и прозвучал знакомый голос. Она вскочила, бросилась в кухню, к двери, по сеням кто-то быстро шел, у нее потемнело в глазах, и, прислонясь к косяку, она толкнула дверь ногой.

- Добрый вечер, ненько! - раздался знакомый голос, и на плечи ее легли сухие, длинные руки.

В сердце ее вспыхнули тоска разочарования и - радость видеть Андрея. Вспыхнули, смешались в одно большое, жгучее чувство; оно обняло ее горячей волной, обняло, подняло, и она ткнулась лицом в грудь Андрея. Он крепко сжал ее, руки его дрожали, мать молча, тихо плакала, он гладил ее волосы и говорил, точно пел:

- А не плачьте, ненько, не томите сердца! Честное слово говорю вам - скоро его выпустят! Ничего у них нет против него, все ребята молчат, как вареные рыбы...

Обняв плечи матери, он ввел ее в комнату, а она, прижимаясь к нему, быстрым жестом белки отирала с лица слезы и жадно, всей грудью, глотала его слова.

- Кланяется вам Павел, здоров и весел, как только может быть. Тесно там! Народу - больше сотни нахватали, и наших и городских, в одной камере по трое и по четверо сидят. Начальство тюремное ничего, хорошее, и устало оно - так много задали работы ему чертовы жандармы! Так оно, начальство, не очень строго командует, а все говорит: "Вы уж, господа, потише, не подводите нас!" Ну, и все идет хорошо. Разговаривают, книги друг другу передают, едой делятся. Хорошая тюрьма! Старая она, грязная, а - мягкая такая, легкая. Уголовные тоже славный народ, помогают нам много. Выпустили меня, Букина и еще четырех. Скоро и Павла выпустят, уж это верно! Дольше всех Весовщиков будет сидеть, сердятся на него очень. Ругает он всех не уставая! Жандармы смотреть на него не могут. Пожалуй, попадет он под суд или поколотят его однажды. Павел уговаривает его: "Брось, Николай! Они ведь лучше не будут, если ты обругаешь их!" А он ревет:

"Сковырну их с земли, как болячки!" Хорошо держится Павел, ровно, твердо. Скоро его выпустят, говорю вам...

- Скоро! - сказала мать, успокоенная и ласково улыбаясь. - Я знаю, скоро!

- Вот и хорошо, коли знаете! Ну, наливайте же мне чаю, говорите, как жили.

Он смотрел на нее, улыбаясь весь, такой близкий, славный, и в круглых глазах светилась любовная, немного грустная искра.

- Очень я люблю вас, Андрюша! - глубоко вздохнув, сказала мать, разглядывая его худое лицо, смешно поросшее темными кустиками волос.

- С меня немногого довольно. Я знаю, что вы меня любите, - вы всех можете любить, сердце у вас большое! - покачиваясь на стуле, говорил хохол.

- Нет, вас я особенно люблю! - настаивала она. - Была бы у вас мать, завидовали бы ей люди, что сын у нее такой...

Хохол качнул головой и крепко потер ее обеими руками.

- Где-нибудь есть и у меня мать... - тихо сказал он.

- А знаете, что я сегодня сделала? - воскликнула она и торопливо, захлебываясь от удовольствия, немножко прикрашивая, рассказала, как она пронесла на фабрику литературу.

Он сначала удивленно расширил глаза, потом захохотал, двигая ногами, колотил себя пальцами по голове и радостно кричал:

- Ого! Ну, - это не шутка! Это дело! Павел-то будет рад, а? Это - хорошо, ненько! И для Павла и для всех!

Он с восхищением щелкал пальцами, свистал и весь качался, блестел радостью и возбуждал в ней сильный, полный отзвук.

- Милый вы мой, Андрюша! - заговорила она так, как будто у нее открылось сердце и из него ручьем брызнули, играя, полные тихой радости слова. - Думала я о своей жизни - господи Иисусе Христе! Ну, зачем я жила? Побои... работа... ничего не видела, кроме мужа, ничего не знала, кроме страха! И как рос Паша - не видела, и любила ли его, когда муж жив был, - не знаю! Все заботы мои, все мысли были об одном - чтобы накормить зверя своего вкусно, сытно, вовремя угодить ему, чтобы он не угрюмился, не пугал бы побоями, пожалел бы хоть раз. Не помню, чтобы пожалел когда. Бил он меня, точно не жену бьет, а - всех, на кого зло имеет. Двадцать лет так жила, а что было до замужества - не помню! Вспоминаю - и, как слепая, ничего не вижу! Был тут Егор Иванович - мы с ним из одного села, говорит он и то и се, а я - дома помню, людей помню, а как люди жили, что говорили, что у кого случилось - забыла! Пожары помню, - два пожара. Видно, все из меня было выбито, заколочена душа наглухо, ослепла, не слышит...

Она перевела дыхание и, жадно глотая воздух, как рыба, вытащенная из воды, наклонилась вперед и продолжала, понизив голос:

- Помер муж, я схватилась за сына, - а он пошел по этим делам. Вот тут плохо мне стало и жалко его... Пропадет, как я буду жить? Сколько страху, тревоги испытала я, сердце разрывалось, когда думала о его судьбе...

Она замолчала и, тихо качая головой, проговорила значительно:

- Нечистая она, наша бабья любовь!.. Любим мы то, что нам надо. А вот смотрю я на вас, - о матери вы тоскуете, - зачем она вам? И все другие люди за народ страдают, в тюрьмы идут и в Сибирь, умирают... Девушки молодые ходят ночью, одни, по грязи, по снегу, в дождик, - идут семь верст из города к нам. Кто

51

их гонит, кто толкает? Любят они! Вот они - чисто любят! Веруют! Веруют, Андрюша! А я - не умею так! Я люблю свое, близкое!

- Вы можете! - сказал хохол и, отвернув от нее лицо, крепко, как всегда, потер руками голову, щеку и глаза. - Все любят близкое, но - в большом сердце и далекое - близко! Вы много можете. Велико у вас материнское...

- Дай господи! - тихо сказала она. - Я ведь чувствую, - хорошо так жить! Вот я вас люблю, - может, я вас люблю лучше, чем Пашу. Он - закрытый... Вот он жениться хочет на Сашеньке, а мне, матери, не сказал про это...

- Неверно! - возразил хохол. - Я знаю это. Неверно. Он ее любит, и она его - верно. А жениться - этого не будет, нет! Она бы хотела, да Павел не хочет...

- Вот как? - задумчиво и тихо сказала мать, и глаза ее грустно остановились на лице хохла. - Да. Вот как? Отказываются люди от себя...

- Павел - редкий человек! - тихонько произнес хохол. - Железный человек...

- Теперь вот - сидит он в тюрьме! - вдумчиво продолжала мать. - Тревожно это, боязно, а - не так уж! Вся жизнь не такая, и страх другой, - за всех тревожно. И сердце другое, - душа глаза открыла, смотрит: грустно ей и радостно. Не понимаю я многого, и так обидно, горько мне, что в господа бога не веруете вы! Ну, это уж - ничего не поделаешь! Но вижу - хорошие вы люди, да! И обрекли себя на жизнь трудную за народ, на тяжелую жизнь за правду. Правду вашу я тоже поняла: покуда будут богатые - ничего не добьется народ, ни правды, ни радости, ничего! Вот живу я среди вас, иной раз ночью вспомнишь прежнее, силу мою, ногами затоптанную, молодое сердце мое забитое - жалко мне себя, горько! Но все-таки лучше мне стало жить. Все больше я сама себя вижу...

Хохол встал и, стараясь не шаркать ногами, начал осторожно ходить по комнате, высокий, худой, задумчивый.

- Хорошо сказали вы! - тихо воскликнул он. - Хорошо. Был в Керчи еврей молоденький, писал он стихи и однажды написал такое:

И невинно убиенных - Сила правды воскресит!..

Его самого полиция там, в Керчи, убила, но это - не важно! Он правду знал и много посеял ее в людях. Так вот вы - невинно убиенный человек...

- Говорю я теперь, - продолжала мать, - говорю, сама себя слушаю, - сама себе не верю. Всю жизнь думала об одном - как бы обойти день стороной, прожить бы его незаметно, чтобы не тронули меня только? А теперь обо всех думаю, может, и не так понимаю я дела ваши, а все мне - близкие, всех жалко, для всех - хорошего хочется. А вам, Андрюша, - особенно!..

Он подошел к ней и сказал:

- Спасибо!

Взял ее руку в свои, крепко стиснул, потряс и быстро отвернулся в сторону. Утомленная волнением, мать, не торопясь, мыла чашки и молчала, в груди у нее тихо теплилось бодрое, греющее сердце чувство.

Хохол, расхаживая, говорил ей:

- Вот бы, ненько, Весовщикова приласкать вам однажды! Сидит у него отец в тюрьме - поганенький такой старичок. Николай увидит его из окна и ругает. Нехорошо это! Он добрый, Николай, - собак любит, мышей и всякую тварь, а людей - не любит! Вот до чего можно испортить человека!

52

- Мать у него без вести пропала, отец - вор и пьяница, - задумчиво сказала женщина.

Когда Андрей отправился спать, мать незаметно перекрестила его, а когда он лег и прошло с полчаса времени, она тихонько спросила:

- Не спите, Андрюша?
- Нет, - а что?
- Спокойной ночи!
- Спасибо, ненько, спасибо! - благодарно ответил он.

XVII

На следующий день, когда Ниловна подошла со своей ношей к воротам фабрики, сторожа грубо остановили ее и, приказав поставить корчаги на землю, тщательно осмотрели все.

- Простудите вы у меня кушанье! - спокойно заметила она, в то время как они грубо ощупывали ее платье.

- Молчи! - угрюмо сказал сторож.

Другой, легонько толкнув ее в плечо, уверенно сказал:

- Я говорю - через забор бросают! К ней первым подошел старик Сизов и, оглянувшись, негромко спросил:

- Слышала, мать?
- Что?
- Бумажки-то! Опять появились! Прямо - как соли на хлеб насыпали их везде. Вот тебе и аресты и обыски! Мазина, племянника моего, в тюрьму взяли - ну, и что же? Взяли сына твоего, - ведь вот, теперь видно, что это не они!

Он собрал свою бороду в руку, посмотрел на нее и, отходя, сказал:

- Что не зайдешь ко мне? Чай, скучно одной-то...

Она поблагодарила и, выкрикивая названия кушаний, зорко наблюдала за необычайным оживлением на фабрике. Все были возбуждены, собирались, расходились, перебегали из одного цеха в другой. В воздухе, полном копоти, чувствовалось веяние чего-то бодрого, смелого. То здесь, то там раздавались одобрительные восклицания, насмешливые возгласы. Пожилые рабочие осторожно усмехались. Озабоченно расхаживало начальство, бегали полицейские, и, заметив их, рабочие медленно расходились или, оставаясь на местах, прекращали разговор, молча глядя в озлобленные, раздраженные лица.

Рабочие казались все чисто умытыми. Мелькала высокая фигура старшего Гусева; уточкой ходил его брат и хохотал.

Мимо матери не спеша прошел мастер столярного цеха Вавилов и табельщик Исай. Маленький, щуплый табельщик, закинув голову кверху, согнул шею налево и, глядя в неподвижное, надутое лицо мастера, быстро говорил, тряся бородкой:

- Они, Иван Иванович, хохочут, - им это приятно, хотя дело касается разрушения государства, как сказали господин директор. Тут, Иван Иванович, не полоть, а пахать надо...

Вавилов шел, заложив руки за спину, и пальцы его были крепко сжаты...

- Ты там печатай, сукин сын, что хошь, - громко сказал он, - а про меня - не смей!

Подошел Василий Гусев, заявляя:

- А я опять у тебя обедать буду, вкусно!

И, понизив голос, прищурив глаза, тихонько добавил:

- Попали метко... Эх, мамаша, очень хорошо!

Мать ласково кивнула ему головой. Ей нравилось, что этот парень, первый озорник в слободке, говоря с нею секретно, обращался на вы, нравилось общее возбуждение на фабрике, и она думала про себя:

"А ведь - кабы не я..." Недалеко остановились трое чернорабочих, и один негромко, с сожалением сказал:

- Нигде не нашел...

- А послушать надо бы! Я неграмотный, но вижу, что попало-таки им под ребро!.. - заметил другой. Третий оглянулся и предложил:

- Идемте в котельную...

- Действует! - шепнул Гусев, подмигивая.

Ниловна пришла домой веселая.

- Жалеют там люди, что неграмотные они! - сказала она Андрею. - А я вот молодая умела читать, да забыла...

- Поучитесь! - предложил хохол.

- В мои-то годы? Зачем людей смешить...

Но Андреи взял с полки книгу и, указывая концом ножа на букву на обложке, спросил:

- Это что?

- Рцы! - смеясь, ответила она.

- А это?

- Аз...

Ей было неловко и обидно. Показалось, что глаза Андрея смеются над нею скрытым смехом, и она избегала их взглядов. Но голос его звучал мягко и спокойно, лицо было серьезно.

- Неужто вы, Андрюша, в самом деле думаете учить

меня? - спросила она, невольно усмехаясь.

- А что ж? - отозвался он. - Коли вы читали - легко вспомнить. Не будет чуда - нет худа, а будет чудо - не худо!

- А то говорят: на образ взглянешь - свят не станешь!

- Э! - кивнув головой, сказал хохол. - Поговорок много. Меньше знаешь - крепче спишь, чем неверно? Поговорками - желудок думает, он из них уздечки для души плетет, чтобы лучше было править ею. А это какая буква?

- Люди! - сказала мать.

- Так! Вот они как растопырились. Ну, а эта? Напрягая зрение, тяжело двигая бровями, она с усилием вспоминала забытые буквы и, незаметно отдаваясь во власть своих усилий, забылась. Но скоро у нее устали глаза. Сначала явились слезы утомления, а потом часто закапали слезы грусти.

- Грамоте учусь! - всхлипнув, сказала она. - Сорок лет, а я только еще грамоте учиться начала...

- Не надо плакать! - сказал хохол ласково и тихо. - Вы не могли жить иначе, - а вот все ж таки понимаете, что жили плохо! Тысячи людей могут лучше вас жить, - а живут как скоты, да еще хвастаются - хорошо живем! А что в том хорошего - и сегодня человек поработал да поел и завтра - поработал да поел, да так все годы свои - работает и ест? Между этим делом народит детей себе и сначала забавляется ими, а как и они тоже много есть начнут, он - сердится, ругает их - скорей, обжоры, растите, работать пора! И хотел бы детей своих сделать домашним скотом, вот они начинают работать для своего брюха, - и снова тянут жизнь, как вор мочало! - Только те настоящие - люди, которые сбивают цепи с разума человека. Вот теперь и вы, по силе вашей, | за это взялись. - Ну, что я? - вздохнула она. - Где мне?

- А - как же? Это точно дождик - каждая капля зерно поит. А начнете вы читать...

Он засмеялся, встал и начал ходить по комнате.

- Нет, вы учитесь!.. Павел придет, а вы - эгэ?

- Ах, Андрюша! - сказала мать. - Молодому все просто. А как поживешь, - горя-то - много силы-то - мало, а ума - совсем нет...

XVIII

Вечером хохол ушел, она зажгла лампу и села к столу вязать чулок. Но скоро встала, нерешительно прошлась по комнате, вышла в кухню, заперла дверь на крюк и, усиленно двигая бровями, воротилась в комнату. Опустила занавески на окнах и, взяв книгу с полки, снова села к столу, оглянулась, наклонилась над книгой, губы ее зашевелились. Когда с улицы доносился шум, она, вздрогнув, закрывала книгу ладонью, чутко прислушиваясь... И снова, то закрывая глаза, то открывая их, шептала:

- Живете, иже - жи, земля, наш...

Постучались в дверь, мать вскочила, сунула книгу на полку и спросила тревожно:

- Кто там?

- Я...

Вошел Рыбин, солидно погладил бороду и заметил:

- Раньше пускала без спросу людей. Одна? Так. А я думал - хохол дома. Сегодня я его видел... Тюрьма человека не портит.

Сел и сказал матери:

- Давай-ка поговорим...

Он смотрел значительно, таинственно, внушая матери смутное беспокойство.

- Все стоит денег! - начал он своим тяжелым голосом, - Даром не родишься, не умрешь, - вот. И книжки и листочки - стоят денег. Ты знаешь, откуда деньги на книжки идут?

- Не знаю, - тихо сказала мать, чувствуя что-то опасное.

- Так. Я тоже не знаю. Второе - книжки кто составляет?

Ученые...

Господа! - молвил Рыбин, и бородатое лицо напряглось, покраснело. - Значит - господа книжки составляют, они раздают. А в книжках этих пишется - против господ. Теперь, - скажи ты мне, - какая им польза тратить деньги для того, чтобы народ против себя поднять, а?

Мать, мигнув глазами, пугливо вскрикнула:

- Что ты думаешь?..

- Ага! - сказал Рыбин и заворочался на стуле медведем. - Вот. Я тоже, как дошел до этой мысли, - холодно стало.

- Узнал что-нибудь?

- Обман! - ответил Рыбин. - Чувствую - обман.

Ничего не знаю, а - есть обман. Вот. Господа мудрят чего-то. А мне нужно правду. И я правду понял. А с господами не пойду. Они, когда понадобится, толкнут меня вперед, - да по моим костям, как по мосту, дальше зашагают...

Он точно связывал сердце матери угрюмыми словами.

- Господи! - с тоской воскликнула мать. - Неужто Паша не понимает? И все, которые...

Перед нею замелькали серьезные, честные лица Егора, Николая Ивановича, Сашеньки, сердце у нее встрепенулось.

- Нет, нет! - заговорила она, отрицательно качая головой, - Не могу поверить. Они - за совесть.

- Про кого говоришь? - задумчиво спросил Рыбин.

- Про всех... про всех до единого, кого видела!

- Не туда глядишь, мать, гляди дальше! - сказал Рыбин, опустив голову. - Те, которые близко подошли к нам, они, может, сами ничего не знают. Они верят - так надо! А может - за ними другие есть, которым - лишь бы выгода была? Человек против себя зря не пойдет...

И, с тяжелым убеждением крестьянина, он прибавил:

- Никогда ничего хорошего от господ не будет!

- Что ты надумал? - спросила мать, снова охваченная сомнением.

- Я? - Рыбин взглянул на нее, помолчал и повторил: - От господ надо дальше. Вот.

Потом снова помолчал, угрюмый.

- Хотел я к парням пристегнуться, чтобы вместе с ними. Я в это дело - гожусь, - знаю, что надо сказать людям. Вот. Ну, а теперь я уйду. Не могу я верить, должен уйти.

Он опустил голову, подумал.

- Пойду один по селам, по деревням. Буду бунтовать народ. Надо, чтобы сам народ взялся. Если он поймет - он пути себе откроет. Вот я и буду стараться, чтобы понял - нет у него надежды, кроме себя самого, нету разума, кроме своего. Так-то!

Ей стало жаль его, она почувствовала страх за этого человека. Всегда неприятный ей, теперь он как-то вдруг стал ближе; она тихо сказала:

- Поймают тебя...

Рыбин посмотрел па нее и спокойно ответил:

- Поймают - выпустят. А я - опять...

- Сами же мужики свяжут. И будешь в тюрьме сидеть...

- Посижу - выйду. Опять пойду. А что до мужиков - раз свяжут, два, да и поймут, - не вязать надо меня, а - слушать. Я скажу им: "Вы мне не верьте, вы только слушайте". А будут слушать - поверят!

Он говорил медленно, как бы ощупывая каждое слово, прежде чем сказать его.

- Я тут, последнее время, много наглотался. Понял кое-что...

- Пропадешь, Михаиле Иванович! - грустно качая головой, молвила она.

Темными, глубокими глазами он смотрел на нее, спрашивая и ожидая. Его крепкое тело нагнулось вперед, руки упирались в сиденье стула, смуглое лицо казалось бледным в черной раме бороды.

- А слыхала, как Христос про зерно сказал? Не умрешь - не воскреснешь в новом колосе. До смерти мне далеко. Я - хитрый!

Он завозился на стуле и не спеша встал.

- Пойду в трактир, посижу там на людях. Хохол что-то нейдет. Начал хлопотать?

- Да! - сказала мать улыбаясь.

- Так и надо. Ты ему скажи про меня. Они медленно пошли плечо к плечу в кухню и, не глядя друг на друга, перекидывались краткими словами.

- Ну, прощай!

- Прощай. Когда расчет берешь?..

- Взял.

- А когда уходишь?

- Завтра. Рано утром. Прощай!

Рыбин согнулся и неохотно, неуклюже вылез в сени. Мать с минуту стояла перед дверью, прислушиваясь к тяжелым шагам и сомнениям, разбуженным в ее груди. Потом тихо повернулась, прошла в комнату и, приподняв занавеску, посмотрела в окно. За стеклом неподвижно стояла черная тьма.

"Ночью живу!" - подумала она.

Ей было жалко степенного мужика - он такой широкий, сильный.

Пришел Андрей, оживленный и веселый. Когда она рассказала ему о Рыбине, он воскликнул:

- Ну, и пускай ходит по деревням, звонит о правде, будит народ. С нами трудно ему. У него в голове свои, мужицкие мысли выросли, нашим - тесно там...

- Вот - о господах говорил он, - есть тут что-то! - осторожно заметила мать. - Не обманули бы!

- Задевает? - смеясь, вскричал хохол. - Эх, ненько, деньги! Были бы они у нас! Мы еще все на чужой счет живем. Вот Никопай Иванович получает семьдесят пять рублей в месяц - нам пятьдесят отдает. Так же и другие. Да голодные студенты иной раз пришлют немного, собрав по копейкам. А господа, конечно, разные бывают. Одни - обманут, другие - отстанут, а с нами - самые лучшие пойдут...

Он хлопнул руками и крепко продолжал:

- До нашего праздника - орел не долетит, а все-таки вот мы первого мая небольшой устроим! Весело будет!

Его оживление отталкивало тревогу, посеянную Рыбиным. Хохол ходил по комнате, потирая рукой голову, и, глядя в пол, говорил:

- Знаете, иногда такое живет в сердце, - удивительное! Кажется, везде, куда ты ни придешь, - товарищи, все горят одним огнем, все веселые, добрые, славные. Без слов друг друга понимают... Живут все хором, а каждое сердце поет свою песню.

Все песни, как ручьи, бегут - льются в одну реку, и течет река широко и свободно в море светлых радостей новой жизни.

Мать старалась не двигаться, чтобы не помешать ему, не прерывать его речи. Она слушала его всегда с большим вниманием, чем других, - он говорил проще всех, и его слова сильнее трогали сердце. Павел никогда не говорил о том, что видит впереди. А этот, казалось ей, всегда был там частью своего сердца, в его речах звучала сказка о будущем празднике для всех на земле. Эта сказка освещала для матери смысл жизни и работы ее сына и всех товарищей его.

- А очнешься, - говорил хохол, встряхнув головой, - поглядишь кругом - холодно и грязно! Все устали, обозлились...

С глубокой печалью он продолжал:

- Обидно это, - а надо не верить человеку, надо бояться его и даже - ненавидеть! Двоится человек. Ты бы - только любить хотел, а как это можно? Как простить человеку, если он диким зверем на тебя идет, не признает в тебе живой души и дает пинки в человеческое лицо твое? Нельзя прощать! Не за себя нельзя, - я за себя все обиды снесу, - но потакать насильщикам не хочу, не хочу, чтобы на моей спине других бить учились.

Теперь глаза у него вспыхнули холодным огнем, он упрямо наклонил голову и говорил тверже:

- Я не должен прощать ничего вредного, хоть бы мне и не вредило оно. Я - не один на земле! Сегодня я позволю себя обидеть и, может, только посмеюсь над обидой, не уколет она меня, - а завтра, испытав на мне свою силу, обидчик пойдет с другого кожу снимать. И приходится на людей смотреть разно, приходится держать сердце строго, разбирать людей: это - свои, это - чужие. Справедливо - а не утешает!

Мать вспомнила почему-то офицера и Сашеньку. Вздыхая, она сказала:

- Уж какие хлебы из несеяной муки!..

Тут и горе! - воскликнул хохол.

Да-а! - сказала мать. В памяти ее теперь встала фигура мужа, угрюмая, тяжелая, точно большой камень, поросший мохом. Она представила себе хохла мужем Наташи и сына женатым на Сашеньке.

- А отчего? - спросил хохол загораясь. - Это так хорошо видно, что даже смешно. Оттого только, что неровно люди стоят. Так давайте же поровняем всех! Разделим поровну все, что сделано разумом, все, что сработано руками! Не будем держать друг друга в рабстве страха и зависти, в плену жадности и глупости!..

Они часто стали говорить так.

Находку снова приняли на фабрику, он отдавал ей весь свой заработок, и она брала эти деньги так же спокойно, как принимала их из рук Павла.

Иногда Андрей предлагал матери с улыбкой в глазах:

- Почитаем, ненько, а?

Она шутливо, но настойчиво отказывалась, ее смущала эта улыбка, и, немножко обижаясь, она думала:

"Если ты смеешься, - так зачем же?"

И все чаще спрашивала его, что значит то или другое книжное слово, чуждое ей. Спрашивая, она смотрела в сторону, голос ее звучал безразлично. Он догадался, что она потихоньку учится сама, понял ее стыдливость и перестал предлагать ей читать с ним. Скоро она заявила ему:

- Глаза у меня слабеют, Андрюша. Очки бы надо.

- Дело! - отозвался он. - Вот в воскресенье пойду с вами в город, покажу вас доктору, и будут очки...

XIX

Она уже трижды ходила просить свидания с Павлом, и каждый раз жандармский генерал, седой старичок с багровыми щеками и большим носом, ласково отказывал ей.

- Через недельку, матушка, не раньше! Через недельку - мы посмотрим, - а сейчас - невозможно...

Он был круглый, сытенький и напоминал ей спелую сливу, немного залежавшуюся и уже покрытую пушистой плесенью. Он всегда ковырял в мелких белых зубах острой желтой палочкой, его небольшие зеленоватые глазки ласково улыбались, голос звучал любезно, дружески.

- Вежливый! - вдумчиво говорила она хохлу. - Все улыбается...

- Да, да! - сказал хохол. - Они - ничего, ласковые, улыбаются. Им скажут: "А ну, вот это умный и честный человек, он опасен нам, повесьте-ка его!" Они улыбнутся и повесят, а потом - опять улыбаться будут.

- Тот, который у нас с обыском был, он проще, - сопоставляла мать. - Сразу видно, что собака...

- Все они - не люди, а так, молотки, чтобы оглушать людей. Инструменты. Ими обделывают нашего брата, чтобы мы были удобнее. Сами они уже сделаны удобными для управляющей нами руки - могут работать все, что их заставят, не думая, не спрашивая, зачем это нужно.

Наконец ей дали свидание, и в воскресенье она скромно сидела в углу тюремной канцелярии. Кроме нее, в тесной и грязной комнате с низким потолком было еще несколько человек, ожидавших свиданий. Должно быть, они уже не в первый раз были здесь и знали друг друга; между ними лениво и медленно сплетался тихий и липкий, как паутина, разговор.

- Слышали? - говорила полная женщина с дряблым лицом и саквояжем на коленях. - Сегодня за ранней обедней соборный регент мальчику певчему ухо надорвал...

Пожилой человек в мундире отставного военного громко откашлялся и заметил:

- Певчие - сорванцы!

По канцелярии суетливо бегал низенький лысый человечек на коротких ногах, с длинными руками и выдвинутой вперед челюстью. Не останавливаясь, он говорил тревожным и трескучим голосом:

- Жизнь становится дороже, оттого и люди злее. Говядина второй сорт - четырнадцать копеек фунт, хлеб опять стал две с половиной...

Порою входили арестанты, серые, однообразные, в тяжелых кожаных башмаках. Входя в полутемную комнату, они мигали глазами. У одного на ногах звенели кандалы.

Все было странно спокойно и неприятно просто. Казалось, что все издавна привыкли, сжились со своим положением; одни - спокойно сидят, другие - лениво караулят, третьи - аккуратно и устало посещают заключенных. Сердце матери дрожало дрожью нетерпения, она недоуменно смотрела на все вокруг, удивленная этой тяжелой простотой.

Рядом с Власовой сидела маленькая старушка, лицо у нее было сморщенное, а глаза молодые. Повертывая тонкую шею, она вслушивалась в разговор и смотрела на всех странно задорно.

- У вас кто здесь? - тихо спросила ее Власова.

- Сын. Студент, - ответила старушка громко и быстро. - А у вас?

- Тоже сын. Рабочий.

- Как фамилия? - Власов.

- Не слыхала. Давно сидит?

- Седьмую неделю...

- А мой - десятый месяц! - сказала старушка, и в голосе ее Власова почувствовала что-то странное, похожее на гордость.

- Да, да! - быстро говорил лысый старичок. - Терпение исчезает... Все раздражаются, все кричат, все возрастает в цене. А люди, сообразно сему, дешевеют. Примиряющих голосов не слышно.

- Совершенно верно! - сказал военный. - Безобразие! Нужно, чтобы раздался наконец твердый голос - молчать! Вот что нужно. Твердый голос.

Разговор стал общим, оживленным. Каждый торопился сказать свое мнение о жизни, но все говорили вполголоса, и во всех мать чувствовала что-то чужое ей. Дома говорили иначе, понятнее, проще и громче.

Толстый надзиратель с квадратной рыжей бородой крикнул ее фамилию, оглянул ее с ног до головы и, прихрамывая, пошел, сказав ей:

- Иди за мной...

Она шагала, и ей хотелось толкнуть в спину надзирателя, чтобы он шел быстрее. В маленькой комнате стоял Павел, улыбался, протягивал руку. Мать схватила ее, засмеялась, часто мигая глазами, и, не находя слов, тихо говорила:

- Здравствуй... здравствуй...

- Да ты успокойся, мама! - пожимая ее руку, говорил Павел.

- Ничего.

- Мать! - вздохнув, сказал надзиратель. - Между прочим, разойдитесь, - чтобы между вами было расстояние...

И громко зевнул. Павел спрашивал ее о здоровье, о доме... Она ждала каких-то других вопросов, искала их в глазах сына и не находила. Он, как всегда, был спокоен, только лицо побледнело да глаза как будто стали больше.

- Саша кланяется! - сказала она. У Павла дрогнули веки, лицо стало мягче, он улыбнулся. Острая горечь щипнула сердце матери.

- Скоро ли выпустят они тебя! - заговорила она с обидой и раздражением. - За что посадили? Ведь вот бумажки эти опять появились...

Глаза у Павла радостно блеснули.

- Опять? - быстро спросил он.

- Об этих делах запрещено говорить! - лениво заявил надзиратель. - Можно только о семейном...

- А это разве не семейное? - возразила мать.

- Уж я не знаю. Только - запрещается, - равнодушно настаивал надзиратель.

- Говори, мама, о семейном, - сказал Павел. - Что ты делаешь?

Она, чувствуя в себе какой-то молодой задор, ответила:

- Ношу на фабрику все это... Остановилась и, улыбаясь, продолжала:

- Щи, кашу, всякую Марьину стряпню и прочую пищу - Павел понял. Лицо у него задрожало от сдерживаемого смеха, он взбил волосы и ласково, голосом, какого она еще не слышала от него, сказал:

- Хорошо, что у тебя дело есть, - не скучаешь!

- А когда листки-то эти появились, меня тоже обыскивать стали! - не без хвастовства заявила она.

- Опять про это! - сказал надзиратель, обижаясь. - Я говорю - нельзя! Человека лишили воли, чтобы он ничего не знал, а ты - свое! Надо понимать, чего нельзя.

- Ну, оставь, мама! - сказал Павел. - Матвей Иванович хороший человек, не надо его сердить. Мы с ним живем дружно. Он сегодня случайно при свидании - обыкновенно присутствует помощник начальника.

- Окончилось свидание! - заявил надзиратель, глядя на часы.

- Ну, спасибо, мама! - сказал Павел. - Спасибо, голубушка. Ты - не беспокойся. Скоро меня выпустят...

Он крепко обнял ее, поцеловал, и, растроганная этим, счастливая, она заплакала.

- Расходитесь! - сказал надзиратель и, провожая мать, забормотал: - Не плачь, - выпустят! Всех выпускают... Тесно стало...

Дома она говорила хохлу, широко улыбаясь и оживленно двигая бровями:

- Ловко я ему сказала, - понял он!

И грустно вздохнула.

- Понял! А то бы не приласкал бы, - никогда он этого не делал!

- Эх, вы! - засмеялся хохол. - Кто чего ищет, а мать - всегда ласки...

- Нет, Андрюша, - люди-то, я говорю! - вдруг с удивлением воскликнула она. - Ведь как привыкли! Оторвали от них детей, посадили в тюрьму, а они ничего, пришли, сидят, ждут, разговаривают, - а? Уж если образованные так привыкают, что же говорить о черном-то народе?..

- Это понятно, - сказал хохол со своей усмешкой, - к ним закон все-таки ласковее, чем к нам, и нужды они в нем имеют больше, чем мы. Так что, когда он их по лбу стукает, они хоть и морщатся, да не очень. Своя палка - легче бьет...

XX

Однажды вечером мать сидела у стола, вязала носки, а хохол читал вслух книгу о восстании римских рабов; кто-то сильно постучался, и, когда хохол отпер дверь, вошел Весовщиков с узелком под мышкой, в шапке, сдвинутой на затылок, по колена забрызганный грязью.

- Иду - вижу у вас огонь. Зашел поздороваться. Прямо из тюрьмы! - объявил он странным голосом и, схватив руку Власовой, сильно потряс ее, говоря:

- Павел кланяется...

Потом, нерешительно опустившись на стул, обвел комнату своим сумрачным, подозрительным взглядом.

Он не нравился матери, в его угловатой стриженой голове, в маленьких глазах было что-то всегда пугавшее ее, но теперь она обрадовалась и, ласковая, улыбаясь, оживленно говорила:

- Осунулся ты! Андрюша, напоим его чаем...

- А я уже ставлю самовар! - отозвался хохол из кухни.

- Ну, как Павел-то? Еще кого выпустили или только тебя? Николай опустил голову и ответил:

- Павел сидит, - терпит! Выпустили одного меня! - Он поднял глаза в лицо матери и медленно, сквозь зубы, проговорил: - Я им сказал - будет, пустите меня на волю!.. А то я убью кого-нибудь, и себя тоже. Выпустили.

- М-м-да-а! - сказала мать, отодвигаясь от него, и невольно мигнула, когда взгляд ее встретился с его узкими, острыми глазами.

- А как Федя Мазин? - крикнул хохол из кухни. - Стихи пишет?

- Пишет. Я этого не понимаю! - покачав головой, сказал Николай. - Что он - чиж? Посадили в клетку - поет! Я вот одно понимаю - домой мне идти не хочется...

- Да что там, дома-то, у тебя? - задумчиво сказала мать. - Пусто, печь не топлена, настыло все...

Он помолчал, прищурив глаза. Вынул из. кармана коробку папирос, не торопясь закурил и, глядя на серый клуб дыма, таявший перед его лицом, усмехнулся усмешкой угрюмой собаки.

- Да, холодно, должно быть. На полу мерзлые тараканы валяются. И мыши тоже померзли. Ты, Пелагея Ниловна, позволь мне у тебя ночевать, - можно? - глухо спросил он, не глядя на нее.

- А конечно, батюшка! - быстро сказала мать. Ей было неловко, неудобно с ним.

- Теперь такое время, что дети стыдятся родителей...

- Чего? - вздрогнув, спросила мать.

Он взглянул на нее, закрыл глаза, и его рябое лицо стало слепым.

- Дети начали стыдиться родителей, говорю! - повторил он и шумно вздохнул. - Тебя Павел не постыдится никогда. А я вот стыжусь отца. И в дом этот его... не пойду я больше. Нет у меня отца... и дома нет! Отдали меня под надзор полиции, а то я ушел бы в Сибирь... Я бы там ссыльных освобождал, устраивал бы побеги им...

Чутким сердцем мать понимала, что этому человеку тяжело, но его боль не возбуждала в ней сострадания.

- Да, уж если так... то лучше уйти! - говорила она, чтобы не обидеть его молчанием.

Из кухни вышел Андрей и, смеясь, сказал:

- Что ты проповедуешь, а? Мать встала, говоря:

- Надо поесть чего-нибудь приготовить...

Весовщиков пристально посмотрел на хохла и вдруг заявил:

- Я так полагаю, что некоторых людей надо убивать!

- Угу! А для чего? - спросил хохол.

- Чтобы их не было...

Хохол, высокий и сухой, покачиваясь на ногах, стоял среди комнаты и смотрел на Николая сверху вниз, сунув руки в карманы, а Николай крепко сидел на стуле, окруженный облаками дыма, и на его сером лице выступили красные пятна.

- Исаю Горбову я башку оторву, - увидишь!

- За что? - спросил хохол.

- Не шпионь, не доноси. Через него отец погиб, через него он теперь в сыщики метит, - с угрюмой враждебностью глядя на Андрея, говорил Весовщиков.

- Вот что! - воскликнул хохол. - Но - тебя за это кто обвинит? Дураки!..

- И дураки и умники - одним миром мазаны! - твердо сказал Николай. - Вот ты умник и Павел тоже, - а я для вас разве такой же человек, как Федька Мазин, или Самойлов, или оба вы друг для друга? Не ври, я не поверю, все равно... и все вы отодвигаете меня в сторону, на отдельное место...

- Болит у тебя душа, Николай! - тихо и ласково сказал хохол, садясь рядом с ним.

- Болит. И у вас - болит... Только - ваши болячки кажутся вам благороднее моих. Все мы сволочи друг другу, вот что я скажу. А что ты мне можешь сказать? Ну-ка?

Он уставился острыми глазами в лицо Андрея и ждал, оскалив зубы. Его пестрое лицо было неподвижно, а по толстым губам пробегала дрожь, точно он ожег их чем-то горячим.

- Ничего я тебе не скажу! - заговорил хохол, тепло лаская враждебный взгляд Весовщикова грустной улыбкой голубых глаз. - Я знаю - спорить с человеком в такой час, когда у него в сердце все царапины кровью сочатся, - это только обижать его; я знаю, брат!

- Со мной нельзя спорить, я не умею! - пробормотал Николай, опуская глаза.

- Я думаю, - продолжал хохол, - каждый из нас ходил голыми ногами по битому стеклу, каждый в свой темный час дышал вот так, как ты...

- Ничего ты не можешь мне сказать! - медленно проговорил Весовщиков. - У меня душа волком воет!..

- И не хочу! Только я знаю - это пройдет у тебя. Может, не совсем, а пройдет!

Он усмехнулся и продолжал, хлопнув Николая по плечу:

- Это, брат, детская болезнь, вроде кори. Все мы ею болеем, сильные - поменьше, слабые - побольше. Она тогда одолевает вашего брата, когда человек себя - найдет, а жизни и своего места в ней еще не видит. Кажется тебе, что ты один на земле такой хороший огурчик и все съесть тебя хотят. Потом, пройдет немного времени, увидишь ты, что хороший кусок твоей души и в других грудях не хуже - тебе станет легче. И немножко совестно - зачем на колокольню лез, когда твой колокольчик такой маленький, что и не слышно его во время праздничного звона? Дальше увидишь, что твой звон в хору слышен, а в одиночку - старые колокола топят его в своем гуле, как муху в масле. Ты понимаешь, что я говорю?

- Может быть - понимаю! - кивнув головой, сказал Николай. - Только я - не верю!

Хохол засмеялся, вскочил на ноги, шумно забегал.

- Вот и я тоже не верил. Ах ты, - воз!

- Почему - воз? - сумрачно усмехнулся Николай, глядя на хохла.

- А - похож.

Вдруг Весовщиков громко засмеялся, широко открыв рот.

- Что ты? - удивленно спросил хохол, остановившись против него.

- А я подумал - вот дурак будет тот, кто тебя обидит! - заявил Николай, двигая головой.

- Да чем меня обидишь? - произнес хохол, пожимая плечами.

- Я не знаю! - сказал Весовщиков, добродушно или снисходительно оскаливая зубы. - Я только про то, что очень уж совестно должно быть человеку после того, как он обидит тебя.

- Вот куда тебя бросило! - смеясь, сказал хохол.

- Андрюша! - позвала мать из кухни.

Андрей ушел.

Оставшись один, Весовщиков оглянулся, вытянул ногу, одетую в тяжелый сапог, посмотрел на нее, наклонился, пощупал руками толстую икру. Поднял руку к лицу, внимательно оглядел ладонь, потом повернул тылом. Рука была толстая, с короткими пальцами, покрыта желтой шерстью. Он помахал ею в воздухе, встал.

Когда Андрей внес самовар, Весовщиков стоял перед зеркалом и встретил его такими словами:

Давно я рожи своей не видал... Ухмыльнулся и, качая головой, добавил:

Скверная у меня рожа!

А что тебе до этого? - спросил Андрей, любопытно взглянув на него.

А вот Сашенька говорит - лицо зеркало души! - медленно выговорил Николай.

И неверно! - воскликнул хохол. - У нее нос - крючком, скулы - ножницами, а душа - как звезда.

Весовщиков взглянул па него и усмехнулся.

Сели пить чай.

Весовщиков взял большую картофелину, круто посолил кусок хлеба и спокойно, медленно, как вол, начал жевать.

- А как тут дела? - спросил он с набитым ртом. И, когда Андрей весело рассказал ему о росте пропаганды на фабрике, он, снова сумрачный, глухо заметил:

- Долго все это, долго! Скорее надо... Мать посмотрела на него, и в ее груди тихо пошевелилось враждебное чувство к этому человеку.

- Жизнь не лошадь, ее кнутом не побьешь! - сказал Андрей.

Весовщиков упрямо тряхнул головой:

- Долго! Не хватает у меня терпенья! Что мне делать? Он беспомощно развел руками, глядя в лицо хохла, и замолчал, ожидая ответа.

- Всем нам нужно учиться и учить других, вот наше дело! - проговорил Андрей, опуская голову. Весовщиков спросил:

- А когда драться будем?

- До того времени нас не однажды побьют, это я знаю! - усмехаясь, ответил хохол. - А когда нам придется воевать - не знаю! Прежде, видишь ты, надо голову вооружить, а потом руки, думаю я...

Николай снова начал есть. Мать исподлобья незаметно рассматривала его широкое лицо, стараясь найти в нем что-нибудь, что помирило бы ее с тяжелой, квадратной фигурой Весовщикова.

И, встречая колющий взгляд маленьких глаз, она робко двигала бровями. Андрей вел себя беспокойно, - вдруг начинал говорить, смеялся и, внезапно обрывая речь, свистал.

Матери казалось, что она понимает его тревогу. А Николай сидел молча, и, когда хохол спрашивал его о чем-либо, он отвечал кратко, с явной неохотой.

В маленькой комнатке двум ее жителям становилось душно, тесно, и они, то одна, то другой, мельком взглядывали па гостя.

Наконец он сказал, вставая:

- Я бы спать лег. А то сидел, сидел, вдруг пустили, пошел. Устал.

Когда он ушел в кухню и, повозившись немного, вдруг точно умер там, мать, прислушавшись к тишине, шепнула Андрею:

- О страшном он думает...

- Тяжелый парень! - согласился хохол, качая головой. - Но это пройдет! Это у меня было. Когда неярко в сердце горит - много сажи в нем накопляется. Ну, вы, ненько, ложитесь, а я посижу, почитаю еще.

Она ушла в угол, где стояла кровать, закрытая ситцевым пологом, и Андрей, сидя у стола, долго слышал теплый шелест ее молитв и вздохов. Быстро перекидывая страницы книги, он возбужденно потирал лоб, крутил усы длинными пальцами, шаркал ногами. Стучал маятник часов, за окном вздыхал ветер.

Раздался тихий голос матери:

- О, господи! Сколько людей на свете, и всяк по-своему стонет. А где же те, которым радостно?

- Есть уже и такие, есть! Скоро - много будет их, - эх, много! - отозвался хохол.

XXI

Жизнь текла быстро, дни были пестры, разнолицы. Каждый приносил с собой что-нибудь новое, и оно уже не тревожило мать. Все чаще по вечерам являлись незнакомые люди, озабоченно, вполголоса беседовали с Андреем и поздно ночью, подняв воротники, надвигая шапки низко на глаза, уходили во тьму, осторожно, бесшумно. В каждом чувствовалось сдержанное возбуждение, казалось - все хотят петь и смеяться, но им было некогда, они всегда торопились. Одни насмешливые и серьезные, другие веселые, сверкающие силой юности, третьи задумчиво тихие - все они имели в глазах матери что-то одинаково настойчивое, уверенное, и хотя у каждого было свое лицо - для нее все лица сливались в одно: худое, спокойно решительное, ясное лицо с глубоким взглядом темных глаз, ласковым и строгим, точно взгляд Христа на пути в Эммаус.

Мать считала их, мысленно собирая толпой вокруг Павла, - в этой толпе он становился незаметным для глаз врагов.

Однажды из города явилась бойкая кудрявая девушка, она принесла для Андрея какой-то сверток и, уходя, сказала Власовой, блестя веселыми глазами:

- До свиданья, товарищ!

- Прощайте! - сдержав улыбку, ответила мать. А проводив девочку, подошла к окну и, смеясь, смотрела, как по улице, часто семеня маленькими ножками, шел ее товарищ, свежий, как весенний цветок, и легкий, как бабочка.

- Товарищ! - сказала мать, когда гостья исчезла. - Эх ты, милая! Дай тебе, господи, товарища честного на всю твою жизнь!

Она часто замечала во всех людях из города что-то детское и снисходительно усмехалась, но ее трогала и радостно удивляла их вера, глубину которой она чувствовала все яснее, ее ласкали и грели их мечты о торжестве справедливости, - слушая их, она невольно вздыхала в неведомой печали. Но особенно трогала ее их простота и красивая, щедрая небрежность к самим себе.

Она уже многое понимала из того, что говорили они о жизни, чувствовала, что они открыли верный источник несчастья всех людей, и привыкла соглашаться с их мыслями. Но в глубине души не верила, что они могут перестроить жизнь по-своему и что хватит у них силы привлечь на свой огонь весь рабочий народ. Каждый хочет быть сытым сегодня, никто не желает отложить свой обед даже на завтра, если может съесть его сейчас. Немногие пойдут этой дальней и трудной дорогой, немного глаз увидят в конце ее сказочное царство братства людей. Вот почему все они, эти хорошие люди, несмотря на их бороды и, порою,

усталые лица, казались ей детьми.

"Милые вы мои!" - думала она, покачивая головой.

Но все они уже теперь жили хорошей, серьезной и умной жизнью, говорили о добром и, желая научить людей тому, что знали, делали это, не щадя себя. Она понимала, что такую жизнь можно любить, несмотря на ее опасность, и, вздыхая, оглядывалась назад, где темной узкой полосой плоско тянулось ее прошлое. У нее незаметно сложилось спокойное сознание своей надобности для этой новой жизни, - раньше она никогда не чувствовала себя нужной кому-нибудь, а теперь ясно видела, что нужна многим, это было ново, приятно и приподняло ей голову...

Она аккуратно носила на фабрику листовки, смотрела на это как па свою обязанность и стала привычной для сыщиков, примелькалась им. Несколько раз ее обыскивали, но всегда - на другой день после того, как листки появлялись на фабрике. Когда с нею ничего не было, она умела возбудить подозрение сыщиков и сторожей, они хватали ее, обшаривали, она притворялась обиженной, спорила с ними и, пристыдив, уходила, гордая своей ловкостью. Ей нравилась эта игра.

Весовщикова на фабрику не приняли, он поступил в работники к торговцу лесом и возил по слободке бревна, тес и дрова. Мать почти каждый день видела его: круто упираясь дрожащими от натуги ногами в землю, шла пара вороных лошадей, обе они были старые, костлявые, головы их устало и печально качались, тусклые глаза измученно мигали. За ними тянулось, вздрагивая, длинное, мокрое бревно или груда досок, громко хлопая концами, а сбоку, опустив вожжи, шагал Николай, оборванный, грязный, в тяжелых сапогах, в шапке на затылок, неуклюжий, точно пень, вывороченный из земли. Он тоже качает головой, глядя себе под ноги. Его лошади слепо наезжают на встречные телеги, на людей, около него вьются, как шмели, сердитые ругательства, режут воздух злые окрики. Он, не поднимая головы, не отвечая им, свистит резким, оглушающим свистом и глухо бормочет лошадям:

- Ну, бери!

Каждый раз, когда у Андрея собирались товарищи на чтение нового номера заграничной газеты или брошюры, приходил и Николай, садился в угол и молча слушал час, два. Кончив чтение, молодежь долго спорила, но Весовщиков не принимал участия в спорах. Он оставался дольше всех и один на один с Андреем ставил ему угрюмый вопрос:

- А кто всех виноватее?

- Виноват, видишь ли, тот, кто первый сказал - это мое! Человек этот номер несколько тысяч лет тому назад, и на него, сердиться не стоит! - шутя говорил хохол, но глаза его смотрели' беспокойно. :

- А - богатые? А те, которые за них стоят?

Хохол хватался за голову, дергал усы и долго говорил простыми словами о жизни и людях. Но у него всегда выходило так, как будто виноваты все люди вообще, и это не удовлетворяло Николая. Плотно сжав толстые губы, он отрицательно качал головой и, недоверчиво заявляя, что это не так, уходил недовольный и мрачный.

Однажды он сказал:

- Нет, виноватые должны быть, - они тут! Я тебе скажу - нам надо всю жизнь перепахать, как сорное поле, - без пощады!

- Вот так однажды Исай-табельщик про вас говорил! - вспомнила мать.

- Исай? - спросил Весовщиков, помолчав.

- Да. Злой человек! Подсматривает за всеми, выспрашивает, по нашей улице стал ходить, в окна к нам заглядывать...

- Заглядывает? - повторил Николай.

Мать уже лежала в постели и не видела его лица, но она поняла, что сказала что-то лишнее, потому что хохол торопливо и примирительно заговорил:

- А пускай его ходит и заглядывает! Есть у него свободное время - он и гуляет...

- Нет, погоди! - глухо сказал Николай. - Вот он, виноватый!

- В чем? - быстро спросил хохол. - Что он глуп?

Весовщиков, не ответив, ушел.

Хохол медленно и устало шагал по комнате, тихо шаркая тонкими, паучьими ногами. Сапоги он снял, - всегда делая это, чтобы не стучать и не беспокоить Власову. Но она не спала и, когда Николай ушел, сказала тревожно:

- Боюсь я его!

- Да-а! - медленно протянул хохол. - Мальчик сердитый. Вы, ненько, про Исая с ним не говорите, этот Исай действительно шпионит.

- Что мудреного! У него кум - жандарм! - заметила мать.

- Пожалуй, поколотит его Николай! - с опасением продолжал хохол. - Вот видите, какие чувства воспитали господа командиры нашей жизни у нижних чинов? Когда такие люди, как Николай, почувствуют свою обиду и вырвутся из терпенья - что это будет? Небо кровью забрызгают, и земля в ней, как мыло, вспенится...

- Страшно, Андрюша! - тихо воскликнула мать.

- Не глотали бы мух, так не вырвало бы! - помолчав, сказал Андрей. - И все-таки, ненько, каждая капля их крови заранее омыта озерами народных слез...

Он вдруг тихо засмеялся и добавил:

- Справедливо, но - не утешает!

XXII

Однажды в праздник мать пришла из лавки, отворила дверь и встала на пороге, вся вдруг облитая радостью, точно теплым, летним дождем, - в комнате звучал крепкий голос Павла.

- Вот она! - крикнул хохол.

Мать видела, как быстро обернулся Павел, и видела, что его лицо вспыхнуло чувством, обещавшим что-то большое для нее.

- Вот и пришел... и дома! - забормотала она, растерявшись от неожиданности, и села.

Он наклонился к ней бледный, в углах его глаз светло сверкали маленькие слезинки, губы вздрагивали. Секунду он молчал, мать смотрела на него тоже молча.

Хохол, тихо насвистывая, прошел мимо них, опустив голову, и вышел на двор.

- Спасибо, мама! - глубоким, низким голосом заговорил Павел, тиская ее руку вздрагивающими пальцами. - Спасибо, родная!

Радостно потрясенная выражением лица и звуком голоса сына, она гладила его голову и, сдерживая биение сердца, тихонько говорила:

- Христос с тобой! За что?..

- За то, что помогаешь великому нашему делу, спасибо! - говорил он. - Когда человек может назвать мать свою и по духу родной - это редкое счастье!

Она молча, жадно глотая его слова открытым сердцем, любовалась сыном, - он стоял перед нею такой светлый, близкий.

- Я, мама, видел, - многое задевало тебя за душу, трудно тебе. Думал - никогда ты не помиришься с нами, не примешь наши мысли, как свои, а только молча будешь терпеть, как всю жизнь терпела. Это тяжело было!..

- Андрюша очень много дал мне понять! - вставила она.

- Он мне рассказывал про тебя! - смеясь, сказал Павел.

- Егор тоже. Мы с ним земляки. Андрюша даже грамоте хотел учить...

- А ты - сконфузилась и сама потихоньку стала учиться?

- Уж он подглядел! - смущенно воскликнула она. И, обеспокоенная обилием радости, наполнявшей ее грудь, предложила Павлу: - Позвать бы его! Нарочно ушел, чтобы не мешать. У него - матери нет...

- Андрей!.. - крикнул Павел, отворяя дверь в сени. - Ты где?

- Здесь. Дрова колоть хочу.

- Иди сюда!

Он пришел не сразу, а войдя в кухню, хозяйственно заговорил:

- Надо сказать Николаю, чтобы дров привез, - мало дров у нас. Видите, ненько, какой он, Павел? Вместо того чтобы наказывать, начальство только откармливает бунтарей...

Мать засмеялась. У нее еще сладко замирало сердце, она была опьянена радостью, но уже что-то скупое и осторожное вызывало в ней желание видеть сына спокойным, таким, как всегда. Было слишком хорошо в душе, и она хотела, чтобы первая - великая - радость ее жизни сразу и навсегда сложилась в сердце такой живой и сильной, как пришла. И, опасаясь, как бы не убавилось счастья, она торопилась скорее прикрыть его, точно птицелов случайно пойманную им редкую птицу.

- Давайте обедать! Ты, Паша, ведь не ел еще? - суетливо предложила она.

- Нет. Я вчера узнал от надзирателя, что меня решили выпустить, и сегодня - не пилось, не елось...

- Первого встретил я здесь старика Сизова, - рассказывал Павел. - Увидал он меня, перешел дорогу, здоровается. Я ему говорю: "Вы теперь осторожнее со мной, я человек опасный, нахожусь под надзором полиции". - "Ничего", - говорит. И знаешь, как он спросил о племяннике? "Что, говорит, Федор хорошо себя вел?" - "Что значит - хорошо себя вести в тюрьме?" - "Ну, говорит, лишнего чего не болтал ли против товарищей?" И когда я сказал, что Федя человек честный и умница, он погладил бороду и гордо так заявил: "Мы, Сизовы, в своей семье плохих людей не имеем!"

- Он старик с мозгом! - сказал хохол, кивая головой. - Мы с ним часто разговариваем, - хороший мужик. Скоро Федю выпустят?

- Всех выпустят, я думаю! У них ничего нет, кроме показаний Исая, а он что же мог сказать?

Мать ходила взад и вперед и смотрела на сына, Андрей, слушая его рассказы, стоял у окна, заложив руки за спину. Павел расхаживал по комнате. У него отросла борода, мелкие кольца тонких, темных волос густо вились на щеках, смягчая смуглый цвет лица.

- Садитесь! - предложила мать, подавая на стол горячее. За обедом Андрей рассказал о Рыбине. И, когда он кончил, Павел с сожалением воскликнул:

- Будь я дома - я бы не отпустил его! Что он понес с собой? Большое чувство возмущения и путаницу в голове.

- Ну, - сказал хохол усмехаясь, - когда человеку сорок пет да он сам долго боролся с медведями в своей душе - трудно его переделать...

Завязался один из тех споров, когда люди начинали говорить словами, непонятными для матери. Кончили обедать, а все еще ожесточенно осыпали друг друга трескучим градом мудреных слов. Иногда говорили просто.

- Мы должны идти нашей дорогой, ни на шаг не отступая в сторону! - твердо заявлял Павел.

- И наткнуться в пути на несколько десятков миллионов людей, которые встретят нас, как врагов...

Мать прислушивалась к спору и понимала, что Павел не любит крестьян, а хохол заступается за них, доказывая, что и мужиков добру учить надо. Она больше понимала Андрея, и он казался ей правым, но всякий раз, когда он говорил Павлу что-нибудь, она, насторожась и задерживая дыхание, ждала ответа сына, чтобы скорее узнать, - не обидел ли его хохол? Но они кричали друг на друга не обижаясь.

Иногда мать спрашивала сына:

- Так ли, Паша? Улыбаясь, он отвечал:

- Так!

- Вы, господин, - с ласковым ехидством говорил хохол, - сыто поели, да плохо жевали, у вас в горле кусок стоит. Прополощите горлышко!

- Не дури! - посоветовал Павел.

- Да я - как на панихиде!..

Мать, тихо посмеиваясь, качала головой...

XXIII

Приближалась весна, таял снег, обнажая грязь и копоть, скрытую в его глубине. С каждым днем грязь настойчивее лезла в глаза, вся слободка казалась одетой в лохмотья, неумытой. Днем капало с крыш, устало и потно дымились серые стены домов, а к ночи везде смутно белели ледяные сосульки. Все чаще на небе являлось солнце. И нерешительно, тихо начинали журчать ручьи, сбегая к болоту.

Готовились праздновать Первое мая.

На фабрике и по слободке летали листки, объяснявшие значение этого праздника, и даже не задетая пропагандой молодежь говорила, читая их:

- Это надо устроить!

Весовщиков, угрюмо усмехаясь, восклицал:

- Пора! Будет в прятки играть!

Радовался Федя Мазин. Сильно похудевший, он стал похож па жаворонка в клетке нервным трепетом своих движений и речей. Его всегда сопровождал молчаливый, не по годам серьезный Яков Сомов, работавший теперь в городе. Самойлов, еще более порыжевший в тюрьме, Василий Гусев, Букин, Драгунов и еще некоторые доказывали необходимость идти с оружием, но Павел, хохол, Сомов и другие спорили с ними.

Являлся Егор, всегда усталый, потный, задыхающийся, и шутил:

- Работа по изменению существующего строя - великая работа, товарищи, но для того, чтобы она шла успешнее, я должен купить себе новые сапоги! - говорил он, указывая на свои рваные и мокрые ботинки. - Галоши у меня тоже неизлечимо разорвались, и каждый день я промачиваю себе ноги. Я не хочу переехать в недра земли ранее, чем мы отречемся от старого мира публично и явно, а потому, отклоняя предложение товарища Самойлова о вооруженной демонстрации, предлагаю вооружить меня крепкими сапогами, ибо глубоко убежден, что это полезнее для торжества социализма, чем даже очень большое мордобитие!..

Таким же вычурным языком он рассказывал рабочим истории о том, как в разных странах народ пытался облегчить свою жизнь. Мать любила слушать его речи, и она вынесла из них странное впечатление - самыми хитрыми врагами народа, которые наиболее жестоко и часто обманывали его, были маленькие, пузатые, краснорожие человечки, бессовестные и жадные, хитрые и жестокие. Когда им жилось трудно под властью царей, они науськивали черный народ на царскую власть, а когда народ поднимался и вырывал эту власть из рук короля, человечки обманом забирали ее в свои руки и разгоняли народ по конурам, если же он спорил с ними - избивали его сотнями и тысячами.

Однажды, собравшись с духом, она рассказала ему эту картину жизни, созданную его речами, и, смущенно смеясь, спросила:

- Так ли, Егор Иваныч?

Он хохотал, закатывая глазки, задыхался, растирал грудь руками.

- Воистину так, мамаша! Вы схватили за рога быка истории. На этом желтеньком фоне есть некоторые орнаменты, то есть вышивки, но - они дела не меняют! Именно толстенькие человечки - главные греховодники и самые ядовитые насекомые, кусающие народ. Французы удачно называют их буржуа. Запомните, мамаша, - буржуа. Жуют они нас, жуют и высасывают...

- Богатые, значит? - спросила мать.

- Вот именно! В этом их несчастие. Если, видите вы, в пищу ребенка прибавлять понемногу меди, это задерживает рост его костей, и он будет карликом, а если отравлять человека золотом - душа у него становится маленькая, мертвенькая и серая, совсем как резиновый мяч ценою в пятачок...

Однажды, говоря о Егоре, Павел сказал:

- А знаешь, Андрей, всего больше те люди шутят, у которых сердце ноет...

Хохол помолчал и, прищурив глаза, ответил:

- Будь твоя правда, - вся Россия со смеху помирала бы...

Появилась Наташа, она тоже сидела в тюрьме, где-то в другом городе, но это не изменило ее. Мать заметила, что при ней хохол становился веселее, сыпал шутками, задирал всех своим мягким ехидством, возбуждая у нее веселый смех. Но, когда она уходила, он начинал грустно насвистывать свои бесконечные песни и долго расхаживал по комнате, уныло шаркая ногами.

Часто прибегала Саша, всегда нахмуренная, всегда торопливая и почему-то все более угловатая, резкая.

Как-то, когда Павел вышел в сени провожать ее и не затворил дверь за собой, мать услыхала быстрый разговор:

- Вы понесете знамя? - тихо спросила девушка.

- Я.

- Это решено?

- Да. Это мое право.

- Снова тюрьма?!

Павел молчал.

- Вы не могли бы... - начала она и остановилась.

- Что? - спросил Павел.

- Уступить другому...

- Нет! - громко сказал он.

- Подумайте, вы такой влиятельный, вас любят!.. Вы и Находка - первые здесь, - сколько можете вы сделать на свободе, - подумайте! А ведь за это вас сошлют - далеко, надолго!

71

Матери показалось, что в голосе девушки звучат знакомые чувства - тоска и страх. И слова Саши стали падать на сердце ей, точно крупные капли ледяной воды.

- Нет, я решил! - сказал Павел. - От этого я не откажусь ни за что.

- Даже если я буду просить?..

Павел вдруг заговорил быстро и как-то особенно строго:

- Вы не должны так говорить, - что вы? Вы не должны!

- Я человек! - тихонько сказала она.

- Хороший человек! - тоже тихо, но как-то особенно, точно он задыхался, заговорил Павел. - Дорогой мне человек. И - поэтому... поэтому не надо так говорить...

- Прощай! - сказала девушка.

По стуку ее каблуков мать поняла, что она пошла быстро, почти побежала. Павел ушел за ней во двор.

Тяжелый, давящий испуг обнял грудь матери. Она не понимала, о чем говорилось, но чувствовала, что впереди ее ждет горе.

"Что он хочет делать?" Павел возвратился вместе с Андреем; хохол говорил, качая головой:

- Эх, Исайка, Исайка, - что с ним делать?

- Надо посоветовать ему, чтобы он оставил свои затеи! - хмуро сказал Павел.

- Паша, что ты хочешь делать? - спросила мать, опустив голову.

- Когда? Сейчас?

- Первого... Первого мая?

- Ага! - воскликнул Павел, понизив голос. - Я понесу знамя наше, - пойду с ним впереди всех. За это меня, вероятно, снова посадят в тюрьму.

Глазам матери стало горячо, и во рту у нее явилась неприятная сухость. Он взял ее руку, погладил.

- Это нужно, пойми!

- Я ничего не говорю! - сказала она, медленно подняв голову. И, когда глаза ее встретились с упрямым блеском его глаз, снова согнула шею.

Он выпустил ее руку, вздохнул и заговорил с упреком:

- Не горевать тебе, а радоваться надо бы. Когда будут матери, которые и на смерть пошлют своих детей с радостью?..

- Гон, гоп! - заворчал хохол. - Поскакал наш пан, подоткнув кафтан!..

- Разве я говорю что-нибудь? - повторила мать. - Я тебе не мешаю. А если жалко мне тебя, - это уж материнское!..

Он отступил от нее, и она услыхала жесткие, острые слова:

- Есть любовь, которая мешает человеку жить...

Вздрогнув, боясь, что он скажет еще что-нибудь отталкивающее ее сердце, она быстро заговорила:

- Не надо, Паша! Я понимаю, - иначе тебе нельзя, - для товарищей...

- Нет! - сказал он. - Я это - для себя,

В дверях встал Андрей - он был выше двери и теперь, стоя в ней, как в раме, странно подогнул колени, опираясь одним плечом о косяк, а другое, шею и голову выставив вперед.

- Вы бы перестали балакать, господин! - сказал он, угрюмо остановив на лице Павла свои выпуклые глаза. Он был похож на ящерицу в щели камня.

Матери хотелось плакать. Не желая, чтобы сын видел ее слезы, она вдруг забормотала:

- Ай, батюшки, - забыла я...

И вышла в сени. Там, ткнувшись головой в угол, она дала простор слезам своей обиды и плакала молча, беззвучно, слабея от слез так, как будто вместе с ними вытекала кровь из сердца ее.

А сквозь неплотно закрытую дверь на нее ползли глухие звуки спора.

- Ты что ж, - любуешься собой, мучая ее? - спрашивал хохол.

- Ты не имеешь права так говорить! - крикнул Павел.

- Хорош был бы я товарищ тебе, если бы молчал, видя

твои глупые, козлиные прыжки! Ты зачем это сказал? Понимаешь?

- Нужно всегда твердо говорить и да и нет!

- Это ей?

- Всем! Не хочу ни любви, ни дружбы, которая цепляется за ноги, удерживает...

- Герой! Утри нос! Утри и - пойди, скажи все это Сашеньке. Это ей надо было сказать...

- Я сказал!..

- Так? Врешь! Ей ты говорил ласково, ей говорил - нежно, я не слыхал, а - знаю! А перед матерью распустил героизм... Пойми, козел, - героизм твой стоит грош!

Власова начала быстро стирать слезы со своих щек. Она испугалась, что хохол обидит Павла, поспешно отворила дверь и, входя в кухню, дрожащая, полная горя и страха, громко заговорила:

- У-у, холодно! А - весна...

Бесцельно перекладывая в кухне с места на место разные вещи, стараясь заглушить пониженные голоса в комнате, она продолжала громче:

- Все переменилось, - люди стали горячее, погода холоднее. Бывало, в это время тепло стоит, небо ясное, солнышко... В комнате замолчали. Она остановилась среди кухни, ожидая.

- Слышал? - раздался тихий вопрос хохла. - Это надо понять, - черт! Тут - богаче, чем у тебя...

- Чайку попьете? - вздрагивающим голосом спросила она. И, не ожидая ответа, чтобы скрыть эту дрожь, воскликнула:

- Что это, как озябла я!

К ней медленно вышел Павел. Он смотрел исподлобья, с улыбкой, виновато дрожавшей на его губах.

- Прости меня, мать! - негромко сказал он. - Я еще мальчишка, - дурак...

- Не тронь ты меня! - тоскливо крикнула она, прижимая его голову к своей груди. - Не говори ничего! Господь с тобой, - твоя жизнь - твое дело! Но - не задевай сердца! Разве может мать не жалеть? Не может... Всех жалко мне! Все вы - родные, все - достойные! И кто пожалеет вас, кроме меня?.. Ты идешь, за тобой - другие, все бросили, пошли... Паша!

Билась в груди ее большая, горячая мысль, окрыляла сердце вдохновенным чувством тоскливой, страдальческой радости, но мать не находила слов и в муке своей немоты, взмахивая рукой, смотрела в лицо сына глазами, горевшими яркой и острой болью...

- Ладно, мама! Прости, - вижу я! - бормотал он, опуская голову, и с улыбкой, мельком взглянув на нее, прибавил, отвернувшись, смущенный, но обрадованный:

- Этого я не забуду, - честное слово! Она отстранила его от себя и, заглядывая в комнату, сказала Андрею просительно-ласково:

- Андрюша! Вы не кричите на него! Вы, конечно, старше... Стоя спиной к ней и не двигаясь, хохол странно и смешно зарычал:

- У-У-у! Буду орать на него! Да еще и бить буду!

Она медленно шла к нему, протягивая руку, и говорила:

- Милый вы мой человек...

Хохол обернулся, наклонил голову, точно бык, и, стиснув за спиной руки, прошел мимо нее в кухню. Оттуда раздался его голос, сумрачно насмешливый:

- Уйди, Павел, чтобы я тебе голову не откусил! Это я шучу, ненько, вы не верьте! Вот я поставлю самовар. Да! Угли ли у нас... Сырые, ко всем чертям их!

Он замолчал. Когда мать вышла в кухню, он сидел на полу, раздувая самовар. Не глядя на нее, хохол начал снова:

- Вы не бойтесь, - я его не тропу! Я мягкий, как пареная репа! И я... эй, ты, герой, не слушай, - я его люблю! Но я - жилетку его не люблю! Он, видите, надел новую жилетку, и она ему очень нравится, вот он ходит, выпуча живот, и всех толкает: а посмотрите, какая у меня жилетка! Она хорошая - верно, но - зачем толкаться? И без того тесно.

Павел, усмехнувшись, спросил:

- Долго будешь ворчать? Дал мне одну трепку, - довольно бы!

Сидя на полу, хохол вытянул ноги по обе стороны самовара - смотрел на него. Мать стояла у двери, ласково и грустно остановив глаза на круглом затылке Андрея и длинной согнутой шее его. Он откинул корпус назад, уперся руками в пол, взглянул на мать и сына немного покрасневшими глазами и, мигая, негромко сказал:

- Хорошие вы человеки, - да! Павел наклонился, схватил его руку.

- Не дергай! - глухо сказал хохол. - Так ты меня уронишь...

- Что стесняетесь? - грустно сказала мать. - Поцеловались бы, обнялись бы крепко-крепко...

- Хочешь? - спросил Павел.

- Можно! - ответил хохол, поднимаясь. Крепко обнявшись, они на секунду замерли - два тела - одна душа, горячо горевшая чувством дружбы.

По лицу матери текли слезы, уже легкие. Отирая их, она смущенно сказала:

- Любит баба плакать, с горя плачет, с радости плачет!.. Хохол оттолкнул Павла мягким движением и, тоже вытирая глаза пальцами, заговорил:

- Будет! Порезвились телята, пора в жареное! Ну, и чертовы же угли! Раздувал, раздувал - засорил себе глаза... Павел, опустив голову, сел к окну и тихо сказал:

- Таких слез не стыдно...

Мать подошла к нему, села рядом. Ее сердце тепло и мягко оделось бодрым чувством. Было грустно ей, но приятно и спокойно.

- Я соберу посуду, - вы себе сидите, ненько! - сказал хохол, уходя с комнату. - Отдыхайте! Натолкали вам грудь...

И в комнате раздался его певучий голос:

- Славно почувствовали мы жизнь сейчас, - настоящую, человеческую жизнь!..

- Да! - сказал Павел, взглянув на мать.

- Все другое стало! - отозвалась она. - Горе другое, радость - другая...

- Так и должно быть! - говорил хохол. - Потому что растет новое сердце, ненько моя милая, - новое сердце в жизни растет. Идет человек, освещает жизнь огнем разума и кричит, зовет: "Эй, вы! Люди всех стран, соединяйтесь в одну семью!" И по зову его вес сердца здоровыми своими кусками слагаются в огромное сердце, сильное, звучное, как серебряный колокол...

Мать плотно сжимала губы, чтобы они не дрожали, и крепко закрыла глаза, чтобы не плакали они.

Павел поднял руку, хотел что-то сказать, но мать взяла его за другую руку и, потянув ее вниз, прошептала:

- Не мешай ему...

- Знаете? - сказал хохол, стоя в двери. - Много горя впереди у людей, много еще крови выжмут из них, но все это, все юре и кровь моя, - малая цена за то, что уже есть в груди у пеня, в мозгу моем... Я уже богат, как звезда лучами, - я все снесу, все вытерплю, - потому что есть во мне радость, которой никто, ничто, никогда не убьет! В этой радости - сила!

Пили чай, сидели за столом до полуночи, ведя задушевную беседу о жизни, о людях, о будущем. И, когда мысль была ясна ей, мать, вздохнув, брала из прошлого своего что-нибудь, всегда тяжелое и грубое, и этим камнем

из своего сердца подкрепляла мысль.

В теплом потоке беседы страх ее растаял, теперь она чувствовала себя так, как в тот день, когда отец ее сурово сказал ей:

- Нечего рожу кривить! Нашелся дурак, берет тебя замуж - иди! Все девки замуж выходят, все бабы детей родят, всем родителям дети - горе! Ты что - не человек?

После этих слов она увидела перед собой неизбежную тропу,

которая безответно тянулась вокруг пустого, темного места. И неизбежность идти этой тропой наполнила ее грудь слепым покоем. Так и теперь. Но, чувствуя приход нового горя, она внутри себя говорила кому-то:

"Нате, возьмите!" Это облегчало тихую боль ее сердца, которая, вздрагивая, пела в груди ее, как тугая струна.

И в глубине ее души, взволнованной печалью ожидания, не сильно, но не угасая, теплилась надежда, что всего у нее не возьмут, не вырвут! Что-то останется...

XXIV

Рано утром, едва только Павел и Андрей ушли, в окно тревожно постучала Корсунова и торопливо крикнула:

- Исая убили! Идем смотреть... :

Мать вздрогнула, в уме ее искрой мелькнуло имя убийцы.,

- Кто? - коротко спросила она, накидывая на плечи шаль.

- Он не сидит там, над Исаем-то, кокнул да и ушел! - ответила Марья.

На улице она сказала:

- Теперь опять начнут рыться, виноватого искать. Хорошо, что твои ночью дома были, - я этому свидетельница. После полночи мимо шла, в окно к вам заглянула, все вы за столом сидели...

- Что ты, Марья? Разве на них можно подумать? - испуганно воскликнула мать.

- А кто его убил? Уж наверно, ваши! - убежденно сказала Корсунова. - Известно всем, что выслеживал он их...

Мать остановилась, задыхаясь, приложила руку к груди.

- Да ты что? Ты не бойся! Поделом вору и мука! Идем скорее, а то увезут его!..

Мать пошатывала тяжелая мысль о Весовщикове.

"Вот, дошел!" - тупо думала она.

Недалеко от стен фабрики, на месте недавно сгоревшего дома, растаптывая ногами угли и вздымая пепел, стояла толпа народа и гудела, точно рой шмелей. Было много женщин, еще больше детей, лавочники, половые из трактира, полицейские и жандарм Петлин, высокий старик с пушистой серебряной бородой, с медалями на груди.

Исай полулежал на земле, прислонясь спиной к обгорелым бревнам и свесив обнаженную голову на правое плечо. Правая рука была засунута в карман брюк, а пальцами левой он вцепился в рыхлую землю.

Мать взглянула в лицо ему - один глаз Исая тускло смотрел в шапку, лежавшую между устало раскинутых ног, рот был изумленно полуоткрыт, его рыжая бородка торчала вбок. Худое тело с острой головой и костлявым лицом в веснушках стало еще меньше, сжатое смертью. Мать перекрестилась, вздохнув. Живой, он был противен ей, теперь будил тихую жалость.

- Крови нет! - заметил кто-то вполголоса. - Видно, кулаком стукнули...

Злой голос громко произнес:

- Заткнули рот ябеднику...

Жандарм встрепенулся и, раздвигая руками женщин, угрожающе спросил:

- Это кто рассуждает, а?

Люди рассыпались под его толчками. Некоторые быстро побежали прочь. Кто-то засмеялся злорадным смехом. Мать пошла домой.

"Никто не жалеет!" - думала она. А перед нею стояла, точно тень, широкая фигура Николая, его узкие глаза смотрели холодно, жестко, и правая рука качалась, точно он ушиб ее...

Когда сын и Андреи пришли: обедать, она прежде всего спросила их:

- Ну, что? Никого не арестовали - за Исая?

- Не слышно! - отозвался хохол. Она видела, что они оба подавлены.

- О Николае ничего не говорят? - тихо осведомилась мать. Строгие глаза сына остановились на ее лице, и он внятно сказал:

- Не говорят. И едва ли думают. Его нет. Он вчера в полдень уехал на реку и еще не вернулся. Я спрашивал о нем...

- Ну, слава богу! - облегченно вздохнув, сказала мать. - Слава богу!

Хохол взглянул на нее и опустил голову.

- Лежит он, - задумчиво рассказывала мать, - и точно удивляется, - такое у него лицо. И никто его не жалеет, никто добрым словом не прикрыл его. Маленький такой, невидный. Точно обломок, - отломился от чего-то, упал и лежит...

За обедом Павел вдруг бросил ложку и воскликнул:

- Этого я не понимаю!

- Чего? - спросил хохол.

- Убить животное только потому, что надо есть, - и это уже скверно. Убить зверя, хищника... это понятно! Я сам мог бы убить человека, который стал зверем для людей. Но убить такого жалкого - как могла размахнуться рука?.. Хохол пожал плечами. Потом сказал:

- Он был вреден не меньше зверя. Комар выпьет немножко нашей крови - мы бьем! - добавил хохол.

- Ну да! Я не про то... Я говорю - противно!

- Что поделаешь? - отозвался Андрей, снова пожимая

плечами.

- Ты мог бы убить такого? - задумчиво спросил Павел после долгого молчанья.

Хохол посмотрел на него своими круглыми глазами, мельком взглянул на мать и с грустью, но твердо ответил:

- За товарищей, за дело - я все могу! И убью. Хоть сына...

- Ой, Андрюша! - тихо воскликнула мать. Он улыбнулся ей и сказал:

- Нельзя иначе! Такая жизнь!..

- Да-а!.. - медленно протянул Павел. - Такая жизнь... Внезапно возбужденный, повинуясь какому-то толчку изнутри, Андрей встал, взмахнул руками и заговорил:

- Что вы сделаете? Приходится ненавидеть человека, чтобы скорее наступало время, когда можно будет только любоваться людьми. Нужно уничтожать того, кто мешает ходу жизни, кто продает людей за деньги, чтобы купить на них покой или почет себе. Если на пути честных стоит Иуда, ждет их предать - я буду сам Иуда, когда не уничтожу его! Я не имею права? А они, хозяева наши, - они имеют право держать солдат и палачей, публичные дома и тюрьмы, каторгу и все это, поганое, что охраняв их покой, их уют? Порой мне приходится брать в руки их палку, - что ж делать? Я возьму, не откажусь. Они нас убивают десятками и сотнями, - это дает мне право поднять руку и опустить ее на одну из вражьих голов, на врага, который ближе других подошел ко мне и вреднее других для дела моей жизни. Такая жизнь. Против нее я и иду, ее я и не хочу. Я знаю, - их кровью ничего не создается, она не плодотворна!.. Хорошо растет правда, когда наша кровь кропит землю частым дождем, а их, гнилая, пропадает без следа, я это знаю! Но я приму грех на себя, убью, если увижу - надо! Я ведь только за себя говорю. Мой грех со мной умрет, он не ляжет пятном на будущее, никого не замарает он, кроме меня, - никого!

77

Он ходил по комнате, взмахивая рукой перед своим лицом, и как бы рубил что-то в воздухе, отсекал от самого себя. Мать смотрела на него с грустью и тревогой, чувствуя, что в нем надломилось что-то, больно ему. Темные, опасные мысли об убийстве оставили ее: "Если убил не Весовщиков, никто из товарищей Павла не мог сделать этого", - думала она. Павел, опустив голову, слушал хохла, а тот настойчиво и сильно говорил:

- По дороге вперед и против самого себя идти приходится. Надо уметь все отдать, все сердце. Жизнь отдать, умереть за дело - это просто! Отдай - больше, и то, что тебе дороже твоей жизни, - отдай, - тогда сильно взрастет и самое дорогое твое - правда твоя!..

Он остановился среди комнаты, побледневший, полузакрыв глаза, торжественно обещая, проговорил, подняв руку:

- Я знаю - будет время, когда люди станут любоваться друг другом, когда каждый будет как звезда пред другим! Будут ходить по земле люди вольные, великие свободой своей, все пойдут с открытыми сердцами, сердце каждого чисто будет от зависти, и беззлобны будут все. Тогда не жизнь будет, а - служение человеку, образ его вознесется высоко; для свободных - все высоты достигаемы! Тогда будут жить в правде и свободе для красоты, и лучшими будут считаться те, которые шире обнимут сердцем мир, которые глубже полюбят его, лучшими будут свободнейшие - в них наибольше красоты! Велики будут люди этой жизни...

Он замолчал, выпрямился, сказал гулко, всею грудью:

- Так - ради этой жизни - я на все пойду... Его лицо вздрогнуло, из глаз текли слезы одна за другой, крупные и тяжелые.

Павел поднял голову и смотрел на него бледный, широко раскрыв глаза, мать привстала со стула, чувствуя, как растет, надвигается на нее темная тревога.

- Что с тобой, Андрей? - тихо спросил Павел.

Хохол тряхнул головой, вытянулся, как струна, и сказал, глядя на мать:

- Я видел... Знаю...

Она встала, быстро подошла к нему, схватила руки его - он пробовал выдернуть правую, но она цепко держалась за нее и шептала горячим шепотом:

- Голубчик мой, тише! Родной мой...

- Подождите! - глухо бормотал хохол. - Я скажу вам, как оно было...

- Не надо! - шептала она, со слезами глядя на него. - Не надо, Андрюша...

Павел медленно подошел, глядя на товарища влажными глазами. Был он бледен и, усмехаясь, сказал негромко, медленно:

- Мать боится, что это ты...

- Я - не боюсь! Не верю! Видела бы - не поверила!

- Подождите! - говорил хохол, не глядя на них, мотая головой и все освобождая руку. - Это не я, - но я мог не позволить...

- Оставь, Андрей! - сказал Павел.

Одной рукой сжимая его руку, он положил другую на плечо хохла, как бы желая остановить дрожь в его высоком теле. Хохол наклонил к ним голову и тихо, прерывисто заговорил:

- Я не хотел этого, ты ведь знаешь, Павел. Случилось так: когда ты ушел вперед, а я остановился на углу с Драгуновым - Исай вышел из-за утла, - стал в стороне. Смотрит на нас, усмехается... Драгунов сказал: "Видишь? Это он за мной следит, всю ночь. Я изобью его". И ушел, - я думал - домой... А Исай подошел ко мне...

Хохол вздохнул.

- Никто меня не обижал так скверно, как он, собака. Мать молча тянула его за руку к столу, и наконец ей удалось посадить Андрея на стул. А сама она села рядом с ним плечо к плечу. Павел же стоял перед ним, угрюмо пощипывая бороду.

- Он говорил мне, что всех нас знают, все мы у жандармов на счету и что выловят всех перед Маем. Я не отвечал, смеялся, а сердце закипало. Он стал говорить, что я умный парень и не надо мне идти таким путем, а лучше...

Он остановился, отер лицо левой рукой, глаза его сухо сверкнули.

- Я понимаю! - сказал Павел.

- Лучше, говорит, поступить на службу закона, а? Хохол взмахнул рукой и потряс сжатым кулаком.

- Закона, - проклятая его душа! - сквозь зубы сказал он. - Лучше бы он по щеке меня ударил... легче было бы мне, - и ему, может быть. Но так, когда он плюнул в сердце мне вонючей слюной своей, я не стерпел.

Андрей судорожно выдернул свою руку из руки Павла в глуше, с отвращением говорил:

- Я ударил его по щеке и пошел. Слышу - сзади Драгунов тихо так говорит: "Попался?" Он стоял за углом, должно быть... Помолчав, хохол сказал:

- Я не обернулся, хотя чувствовал... Слышал удар... Иду себе, спокойно, как будто жабу пнул ногой. Встал на работу, кричат: "Исая убили!" Не верилось. Но рука заныла, - неловко мне владеть ею, - не больно, но как будто короче стала она...

Он искоса взглянул на руку и сказал:

- Всю жизнь, наверно, не смою я теперь поганого пятна этого...

- Было бы сердце твое чисто, голубчик мой! - тихо сказала мать.

- Я не виню себя - нет! - твердо сказал хохол. - Но противно же мне это! Лишнее это для меня.

- Я плохо понимаю тебя! - сказал Павел, пожав плечами. - Убил - не ты, но если б даже...

- Брат, знать, что убивают, и не помешать... Павел твердо сказал:

- Я этого совсем не понимаю... И, подумав, прибавил:

- То есть понять могу, но почувствовать - нет. Запел гудок. Хохол склонил голову набок, прослушал властный рев и, встряхнувшись, сказал:

- Не пойду работать...

- Я тоже, - отозвался Павел.

- Пойду в баню! - усмехаясь, проговорил хохол и быстро, молча собравшись, ушел, угрюмый.

Мать, проводив его сострадательным взглядом, сказала сыну:

- Как хочешь, Паша! Знаю - грешно убить человека, - а не считаю никого виноватым. Жалко Исая, такой он гвоздик маленький, поглядела я на него, вспомнила, как он грозился повесить тебя, - и ни злобы к нему, ни радости, что помер он. Просто жалко стало. А теперь - даже и не жалко...

Она замолчала, подумала и, удивленно улыбаясь, заметила:

- Господи Иисусе, - слышишь, Паша, что говорю я?.. Павел, должно быть, не слышал. Медленно расхаживая по комнате, опустив голову, он вдумчиво и хмуро сказал:

- Вот она, жизнь! Видишь, как поставлены люди друг против друга? Не хочешь, а - бей! И кого? Такого же бесправного человека. Он еще несчастнее тебя, потому что - глуп. Полиция, жандармы, шпионы - все это наши враги, - а все они такие же люди, как мы, так же сосут из них кровь и так же не считают их за людей. Все - так же! А вот поставили людей одних против других, ослепили глупостью и страхом, всех связали по рукам и по ногам, стиснули и сосут их, давят и бьют одних другими. Обратили людей в ружья, в палки, в камни и говорят: "Это государство!.."

Он подошел ближе к матери.

- Это - преступление, мать! Гнуснейшее убийство миллионов людей, убийство душ... Понимаешь, - душу убивают. Видишь разницу между нами и ими - ударил человек, и ему противно, стыдно, больно. Противно, главное! А те - убивают тысячами спокойно, без жалости, без содрогания сердца, с удовольствием убивают! И только для того давят насмерть всех и все, чтобы сохранить серебро, золото, ничтожные бумажки, всю эту жалкую дрянь, которая дает им власть над людьми. Подумай - не себя оберегают люди, защищаясь убийством народа, искажая души людей, не ради себя делают это, - ради имущества своего. Не изнутри берегут себя, а извне...

Он взял руки ее, наклонился и, встряхивая их, сказал:

- Если бы ты почувствовала всю эту мерзость и позорную гниль - ты поняла бы нашу правду, увидала бы, как она велика

Мать поднялась взволнованная, полная желания слить свое сердце с сердцем сына в один огонь.

- Подожди, Паша, подожди! - задыхаясь, пробормотала она. - Я - чувствую, - подожди!..

XXV

В сенях кто-то громко завозился. Они оба, вздрогнув, взглянули друг на друга.

Дверь отворилась медленно, и в нее грузно вошел Рыбин.

- Вот! - подняв голову и улыбаясь, сказал он. - Нашего Фому тянет ко всему - ко хлебу, к вину, кланяйтесь ему!..

Он был одет в полушубок, залитый дегтем, в лапти, за поясом у него торчали черные рукавицы и на голове мохнатая шапка.

- Здоровы ли? Выпустили тебя, Павел? Так. Каково живешь, Ниловна? - Он широко улыбался, показывая белые зубы, голос его звучал мягче, чем раньше, лицо еще гуще заросло бородой.

Мать обрадовалась, подошла к нему, жала его большую, черную руку и, вдыхая здоровый, крепкий запах дегтя, говорила:

- Ах, ты... ну, я рада!..

Павел улыбался, разглядывая Рыбина.

- Хорош мужичок!

Медленно раздеваясь, Рыбин говорил:

- Да, опять мужиком заделался, вы в господа помаленьку выходите, а я - назад обращаюсь... вот!

Одергивая пестрядинную рубаху, он прошел в комнату, окинул ее внимательным взглядом и заявил:

- Имущества не прибавилось у вас, видать, а книжек больше стало, - так! Ну, сказывайте, как дела?

Он сел, широко расставив ноги, уперся в колена ладонями вопросительно ощупывая Павла темными глазами, добродушие улыбаясь, ждал ответа.

- Дела идут бойко! - сказал Павел.

- Пашем да сеем, хвастать не умеем, а урожай соберем сварим бражку, ляжем в лежку - так? - балагурил Рыбин.

- Как вы живете, Михаиле Иваныч? - спросил Павел, садясь против него.

- Ничего. Ладно живу. В Едильгееве приостановился, слыхали - Едильгеево? Хорошее село. Две ярмарки в году, жителей! боле двух тысяч, - злой народ! Земли нет, в уделе арендуют, плохая землишка. Порядился я в батраки к одному мироеду - там их как мух на мертвом теле. Деготь гоним, уголь жгем. Получаю за работу вчетверо меньше, а спину ломаю вдвое больше, чем здесь, - вот! Семеро нас у него, у мироеда. Ничего, - народ все молодой, все тамошние, кроме меня, - грамотные все. Один парень - Ефим, такой ярый, беда!

- Вы что же, беседуете с ними? - спросил Павел оживленно.

- Не молчу. У меня с собой захвачены все здешние листочки - тридцать четыре их. Но я больше Библией действую, там есть что взять, книга толстая, казенная, синод печатал, верить можно!

Он подмигнул Павлу и, усмехаясь, продолжал:

- Только этого мало. Я к тебе за книжками явился. Мы тут вдвоем, Ефим этот со мной, - деготь возили, ну, дали крюку, заехали к тебе! Ты меня снабди книжками, покуда Ефим не пришел, - ему лишнее много знать...

Мать смотрела на Рыбина, и ей казалось, что вместе с пиджаком он снял с себя еще что-то. Стал менее солиден, и глаза у него смотрели хитрее, не так открыто, как раньше.

- Мама, - сказал Павел, - вы сходите, принесите книг. Там знают, что дать. Скажете - для деревни.

- Хорошо! - сказала мать. - Вот самовар поспеет - я и схожу.

- И ты по этим делам пошла, Ниловна? - усмехаясь, спросил Рыбин. - Так. Охотников до книжек у нас много там. Учитель приохочивает, - говорят, парень хороший, хотя из духовного звания. Учителька тоже есть, верстах в семи. Ну, они запрещенной книгой не действуют, народ казенный, - боятся. А мне требуется запрещенная, острая книга, я под их руку буду подкладывать... Коли становой или поп увидят, что книга-то запрещенная, подумают - учителя сеют! А я в сторонке, до времени, останусь.

И, довольный своей мудростью, он весело оскалил зубы.

"Ишь ты! - подумала мать. - Смотришь медведем, а живешь лаской..."

- Как вы думаете, - спросил Павел, - если заподозрят учителей в том, что они запрещенные книги раздают, - посадят в острог за это?

- Посадят, - а что? - спросил Рыбин.

- Вы давали книжки, а - не они! Вам и в острог идти...

- Чудак! - усмехнулся Рыбин, хлопая рукой по колену. - Кто на меня подумает? Простой мужик этаким делом занимается, разве это бывает? Книга - дело господское, им за нее и отвечать...

Мать чувствовала, что Павел не понимает Рыбина, и видела, что он прищурил глаза, - значит, сердится. Она осторожно и мягко сказала:

- Михаил Иванович так хочет, чтобы он дело делал, а на расправу за него другие шли...

- Вот! - сказал Рыбин, гладя бороду. - До времени.

- Мама! - сухо окликнул Павел. - Если кто-нибудь из наших, Андрей, примерно, сделает что-нибудь под мою руку, а меня в тюрьму посадят - ты что скажешь?

Мать вздрогнула, недоуменно взглянула на сына и сказала, отрицательно качая головой:

- Разве можно против товарища так поступить?

- Ага-а! - протянул Рыбин. - Понял я тебя, Павел! Насмешливо подмигнув, он обратился к матери:

- Тут, мать, дело тонкое.

И снова, поучительно, к Павлу:

- Зелено ты думаешь, брат! В тайном деле - чести нет. Рассуди: первое, в тюрьму посадят прежде того парня, у которого книгу найдут, а не учителей - раз. Второе, хотя учителя дают и разрешенную книгу, но суть в ней та же, что и в запрещенной, только слова другие, правды меньше - два. Значит, они того же хотят, что и я, только идут проселком, а я большой дорогой, - перед начальством же мы одинаково виноваты, верно? А третье, мне, брат, до них дела нет, - пеший конному не товарищ. Против мужика я так, может, и не захочу сделать. А они - один попович, другая - помещикова дочь, - зачем им надо народ поднять - я не знаю. Их господские мысли мне, мужику, неведомы. Что сам я делаю - я знаю, а чего они хотят - это мне неизвестно. Тысячу пет люди аккуратно господами были, с мужика шкуру драли, а вдруг - проснулись и давай мужику глаза протирать. Я, брат, до сказок не охотник, а это - вроде сказки. От меня всякие господа далеко. Едешь зимой полем, впереди что-то живое мельтешит, а что оно? Волк, лиса или просто собака - не вижу! Далеко. Мать взглянула на сына. Лицо у него было грустное. А глаза Рыбина блестели темным блеском, он смотрел на Павла самодовольно и, возбужденно расчесывая пальцами бороду, говорил:

- Любезничать мне время нет. Жизнь смотрит строго; на псарне - но в овчарне, всякая стая по-своему лает...

- Есть господа, - заговорила мать, вспомнив знакомые лица. - которые убивают себя за народ, всю жизнь в тюрьмах мучаются...

- Им и счет особый и почет другой! - сказал Рыбин. - Мужик богатеет - в баре прет, барин беднеет - к мужику идет. По неволе душа чиста, коли мошна пуста. Помнишь, Павел, ты мне объяснял, что кто как живет, так и думает, и ежели рабочий говорит - да, хозяин должен сказать - нет, а ежели рабочий говорит - нет, так хозяин, по природе своей, обязательно кричит - да! Так вот и у мужика с барином разные природы. Коли мужик сыт - барин ночь не спит. Конечно, во всяком звании - свой сукин сын, и всех мужиков защищать я не согласен...

Он поднялся на ноги, темный, сильный. Лицо его потускнело, борода вздрогнула, точно он неслышно щелкнул зубами, и продолжал пониженным голосом:

- Прошлялся я по фабрикам пять лет, отвык от деревни, вот! Пришел туда, поглядел, вижу - не могу я так жить! Понимаешь? Не могу! Вы тут живете - вы обид таких не видите. А там - голод за человеком тенью ползет и нет надежды на хлеб, нету! Голод души сожрал, лики человеческие стер, не живут люди, гниют в неизбывной нужде... И кругом, как воронье, начальство сторожит - нет ли лишнего куска у тебя? Увидит, вырвет, в харю тебе даст...

Рыбин оглянулся, наклонился к Павлу, опираясь рукой на стол.

- Мне даже тошно стало, как взглянул я снова на эту жизнь. Вижу - не могу! Однако поборол себя, - нет, думаю, шалишь, душа! Я останусь! Я вам хлеба не достану, а кашу заварю, - я, брат, заварю ее! Несу в себе обиду за людей и на людей. Она у меня ножом в сердце стоит и качается.

У него вспотел лоб, он, медленно надвигаясь на Павла, положил ему руку на плечо. Рука вздрагивала.

- Давай помощь мне! Давай книг, да таких, чтобы, прочитав, человек покою себе не находил. Ежа под череп посадить надо, ежа колючего! Скажи своим городским, которые для вас пишут, - для деревни тоже писали бы! Пусть валяют так, чтобы деревню варом обдало, - чтобы народ на смерть полез!

Он поднял руку и, раздельно произнося каждое слово, глухо сказал:

- Смертию смерть поправ - вот! Значит - умри, чтобы люди воскресли. И пусть умрут тысячи, чтобы воскресли тьмы народа по всей земле! Вот. Умереть легко. Воскресли бы! Поднялись бы люди!

Мать внесла самовар, искоса глядя на Рыбина. Его слова, тяжелые и сильные, подавляли ее. И было в нем что-то напоминавшее ей мужа ее, тот - так же оскаливал зубы, двигал руками, засучивая рукава, в том жила такая же нетерпеливая злоба, нетерпеливая, но немая. Этот - говорил. И был менее страшен.

- Это надо! - сказал Павел, тряхнув головой. - Давайте нам материал, мы будем вам печатать газету...

Мать с улыбкой поглядела на сына, покачала головой и, молча одевшись, ушла из дома.

- Делай! Все доставим. Пишите проще, чтобы телята понимали! - выкрикивал Рыбин.

В кухне отворилась дверь, кто-то вошел.

- Это Ефим! - сказал Рыбин, заглядывая в кухню. - Иди сюда, Ефим! Вот - Ефим, а этого человека зовут - Павел, я тебе говорил про него.

Перед Павлом встал, держа в руках шапку и глядя на него исподлобья серыми глазами, русоволосый широколицый парень в коротком полушубке, стройный и, должно быть, сильный.

- Доброго здоровья! - сиповато сказал он и, пожав руку Павла, пригладил обеими руками прямые волосы. Оглянул комнату и тотчас же медленно, точно подкрадываясь, пошел к полке с книгами.

- Увидал! - сказал Рыбин, подмигнув Павлу. Ефим повернулся, взглянул на него и стал рассматривать книги, говоря:

- Сколько чтения-то у вас! А читать, верно, некогда. В деревне больше время для этого дела...

- А охоты меньше? - спросил Павел.

- Зачем? И охота есть! - ответил парень, потирая подбородок. - Народ начал пошевеливать мозгой. "Геология" - это что?

Павел объяснил.

- Нам не требуется! - сказал парень, ставя книгу на полку.

Рыбин шумно вздохнул и заметил:

- Мужику не то интересно, откуда земля явилась, а как она по рукам разошлась, - как землю из-под ног у народа господа выдернули? Стоит она или вертится, это не важно - ты ее хоть на веревке повесь, - давала бы есть; хоть гвоздем к небу прибей - кормила бы людей!..

- "История рабства", - снова прочитал Ефим и спросил Павла: - Про нас?

- Есть и о крепостном праве! - сказал Павел, давая ему другую книгу. Ефим взял ее, повертел в руках и, отложив в сторону, спокойно сказал:

- Это - прошло!

- Вы сами - имеете надел? - осведомился Павел.

- Мы? Имеем! Трое нас братьев, а надела - четыре десятины. Песочек - медь им чистить хорошо, а для хлеба - неспособная земля!..

Помолчав, он продолжал:

- Я от земли освободился, - что она? Кормить не кормит, а руки вяжет. Четвертый год в батраки хожу. А осенью мне в солдаты идти. Дядя Михаиле говорит - не ходи! Теперь, говорит, солдат посылают народ бить. А я думаю идти. Войско и при Степане Разине народ било и при Пугачеве. Пора это прекратить. Как по-вашему? - спросил он, пристально глядя на Павла.

- Пора! - с улыбкой ответил тот. - Только - трудно! Надо знать, что говорить солдатам и как сказать...

- Поучимся - сумеем! - сказал Ефим.

- Если начальство на этом поймает - расстрелять может - закончил Павел, с любопытством глядя на Ефима.

- Оно - не помилует! - спокойно согласился парень и снова начал рассматривать книги.

- Пей чай, Ефим, скоро ехать! - заметил Рыбин.

- Сейчас! - отозвался парень и снова спросил: - Революция - бунт?

Пришел Андрей, красный, распаренный и угрюмый. Молча пожал руку Ефима, сел рядом с Рыбиным и, оглянув его, усмехнулся.

- Что невесело смотришь? - спросил Рыбин, ударив его ладонью по колену.

- Да так, - ответил хохол.

- Тоже рабочий? - спросил Ефим, кивая головой на Андрея.

- Тоже! - ответил Андрей. - А что?

- Он первый раз фабричных видит! - объяснил Рыбин. - Народ, говорит, особенный...

- Чем? - спросил Павел.

Ефим внимательно осмотрел Андрея и сказал:

- Кость у вас острая. Мужик круглее костью...

- Мужик спокойнее на ногах стоит! - добавил Рыбин. - Он под собой землю чувствует, хоть и нет ее у него, но он чувствует - земля! А фабричный - вроде птицы: родины нет, дома нет, сегодня - здесь, завтра - там! Его и баба к месту не привязывает, чуть что - прощай, милая, в бок тебе вилами! И пошел искать, где лучше. А мужик вокруг себя хочет сделать лучше, не сходя с места. Вон мать пришла!

Ефим подошел к Павлу, спросив:

- Может, дадите мне книжку какую-нибудь?

- Пожалуйста! - охотно отозвался Павел.

Глаза парня жадно вспыхнули, и он быстро заговорил:

- Я ворочу! Наши тут поблизости деготь возят, они и привезут.

Рыбин, уже одетый, туго подпоясанный, сказал Ефиму:

- Едем, пора!

- Вот, почитаю я! - воскликнул Ефим, указывая на книги и широко улыбаясь.

Когда они ушли, Павел оживленно воскликнул, обращаясь к Андрею:

- Видел чертей?..

- Да-а! - медленно протянул хохол. - Как тучи...

- Михайло-то? - воскликнула мать. - Будто и не жил па фабрике, совсем мужиком стал! И какой страшный!

- Жаль, не было тебя! - сказал Павел Андрею, который хмуро смотрел в свой стакан чая, сидя у стола. - Вот посмотрел бы ты на игру сердца, - ты все о сердце говоришь! Тут Рыбин таких паров нагнал, - опрокинул меня, задавил!.. Я ему и возражать но мог. Сколько в нем недоверия к людям, и как он их дешево ценит! Верно говорит мать - страшную силу несет в себе этот человек!..

- Это я видел! - угрюмо сказал хохол. - Отравили людей! Когда они поднимутся - они будут все опрокидывать подряд! Им нужно голую землю, - и они оголят ее, все сорвут!

Он говорил медленно, и было видно, что думает о другом.

Мать осторожно дотронулась до него.

- Ты бы встряхнулся, Андрюша!

- Подождите, ненько, родная моя! - тихо и ласково попросил хохол.

И вдруг, возбуждаясь, он заговорил, ударив рукой по столу:

- Да, Павел, мужик обнажит землю себе, если он встанет на ноги! Как после чумы - он все пожжет, чтобы все следы обид своих пеплом развеять...

- А потом встанет нам на дороге! - тихо заметил Павел.

- Наше дело - не допустить этого! Наше дело, Павел, сдержать его! Мы к нему всех ближе, - нам он поверит, за нами пойдет!

- Знаешь, Рыбин предлагает нам издавать газету для деревни! - сообщил Павел.

- И - надо!

Павел усмехнулся и сказал:

- Обидно мне, что я не поспорил с ним! Хохол, потирая голову, спокойно заметил:

- Еще поспорим! Ты играй на своей сопелке - у кого ноги в землю не вросли, те под твою музыку танцевать будут! Рыбин верно сказал - мы под собой земли не чувствуем, да и не должны, потому на нас и положено раскачать ее. Покачнем раз - люди оторвутся, покачнем два - и еще!

Мать, усмехаясь, молвила:

- Для тебя, Андрюша, все просто!

- Ну да! - сказал хохол. - Просто! Как жизнь! Через несколько минут он сказал:

- Я пойду в поле, похожу...

- После бани-то? Ветрено, продует тебя! - предупредила мать.

- Вот и надо, чтобы продуло! - ответил он.

- Смотри, простудишься! - ласково сказал Павел. - Лучше ляг.

- Нет, я пойду!

И, одевшись, молча ушел...

- Тяжело ему! - заметила мать, вздохнув.

- Знаешь что, - сказал ей Павел, - хорошо ты сделала, что после этого стала с ним на ты говорить!

Она, удивленно взглянув на него, ответила:

- Да я и не заметила, как это вышло! Он для меня такой близкий стал, - и не знаю, как сказать!

- Хорошее у тебя сердце, мать! - тихо проговорил Павел.

- Только бы тебе, - и всем вам, - хоть как-нибудь помогла я! Сумела бы!..

- Не бойся - сумеешь!..

Она тихонько засмеялась, говоря:

- А вот не бояться-то я и не умею!

- Ладно, мама! Молчим! - сказал Павел. - Знай - я тебя крепко, крепко благодарю!

Она ушла в кухню, чтобы не смущать его своими слезами. Хохол воротился поздно вечером усталый и тотчас же лег спать, сказав:

- Верст десять пробежал я, думаю...

- Помогло? - спросил Павел.

- Не мешай, спать буду! И замолчал, точно умер.

Спустя несколько времени пришел Весовщиков, оборванный, грязный и недовольный, как всегда.

- Не слыхал, кто Исайку убил? - спросил он Павла, неуклюже шагая по комнате.

- Нет! - кратко отозвался Павел.

- Нашелся человек - не побрезговал! А я все собирался сам его задавить. Мое это дело, - самое подходящее мне!

- Брось ты, Николай, такие речи! - дружелюбно сказал ему Павел.

- Что это, в самом деле! - ласково подхватила мать. - Сердце мягкое, а сам - рычит. Зачем это?

В эту минуту ей было приятно видеть Николая, даже его рябое лицо показалось красивее.

- Не гожусь я ни для чего, кроме как для таких дел! - сказал Николай, пожимая плечами. - Думаю, думаю - где мое место? Нету места мне! Надо говорить с людьми, а я - не умею. Вижу я все, все обиды людские чувствую, а сказать - не могу! Немая душа.

Он подошел к Павлу и, опустив голову, ковыряя пальцем стол, сказал как-то по-детски, не похоже на него, жалобно:

- Дайте вы мне какую-нибудь тяжелую работу, братцы! Не могу я так, без толку жить! Вы все в деле. Вижу я - растет оно, а я - в стороне! Вожу бревна, доски. Разве можно для этого жить? Дайте тяжелую работу!

Павел взял его за руку и потянул его к себе.

- Дадим!..

Но из-за полога раздался голос хохла:

- Я тебя, Николай, выучу набирать буквы, и ты будешь набойщиком у нас, - ладно?

Николай пошел к нему, говоря:

- Если научишь, я тебе за это нож подарю...

- Убирайся к черту с ножом! - крикнул хохол и вдруг засмеялся.

- Хороший нож! - настаивал Николай. Павел тоже засмеялся.

Тогда Весовщиков остановился среди комнаты и спросил:

- Это вы надо мной?

- Ну да! - ответил хохол, спрыгнув с постели. - Вот что - идемте в поле, гулять. Ночь лунная, хорошая. Идем?

- Хорошо! - сказал Павел.

- И я пойду! - заявил Николай. - Я люблю, хохол, когда ты смеешься...

- А я - когда ты подарки обещаешь! - ответил хохол усмехаясь.

Когда он одевался в кухне, мать сказала ему ворчливо:

- Теплее оденься...

А когда они ушли все трое, она, посмотрев на них в окно, взглянула на образа и тихо сказала:

- Господи - помоги им!..

XXVI

Дни полетели один за другим с быстротой, не позволявшей матери думать о Первом мая. Только по ночам, когда усталая от шумной, волнующей суеты дня, она ложилась в постель, сердце ее тихо ныло.

"Скорее бы..."

На рассвете выл фабричный гудок, сын и Андрей наскоро пили чай, закусывали и уходили, оставляя матери десяток поручений. И целый день она кружилась, как белка в колесе, варила обед, варила лиловый студень для прокламаций и клей для них, приходили какие-то люди, совали записки для передачи Павлу и исчезали, заражая ее своим возбуждением.

Листки, призывавшие рабочих праздновать Первое мая, почти каждую ночь наклеивали на заборах, они являлись даже на дверях полицейского управления, их каждый день находили на фабрике. По утрам полиция, ругаясь, ходила по слободе, срывая и соскабливая лиловые бумажки с заборов, а в обед они снова летали на улице, подкатываясь под ноги прохожих. Из города прислали сыщиков, они, стоя на углах, щупали глазами рабочих, весело и оживленно проходивших с фабрики на обед и обратно. Всем нравилось видеть бессилие полиции, и даже пожилые рабочие, усмехаясь, говорили друг другу:

- Что делают, а?

Всюду собирались кучки людей, горячо обсуждая волнующий призыв. Жизнь вскипала, она в эту весну для всех была интереснее, всем несла что-то новое, одним - еще причину раздражаться, злобно ругая крамольников, другим - смутную тревогу и надежду, а третьим - их было меньшинство - острую радость сознания, что это они являются силой, которая будит всех.

Павел и Андрей почти не спали по ночам, являлись домой уже перед гудком оба усталые, охрипшие, бледные. Мать знала, что они устраивают собрания в лесу, на болоте, ей было известно, что вокруг слободы по ночам рыскают разъезды конной полиции, ползают сыщики, хватая и обыскивая отдельных рабочих, разгоняя группы и порою арестуя того или другого. Понимая, что и сына с Андреем тоже могут арестовать каждую ночь, она почти желала этого - это было бы лучше для них, казалось ей.

Дело об убийстве табельщика странно заглохло. Два дня местная полиция спрашивала людей по этому поводу и, допросив человек десять, утратила интерес к убийству.

Марья Корсунова в разговоре с матерью сказала ей, отражая в своих словах мнение полиции, с которою она жила дружно, как со всеми людьми:

- Разве тут найдешь виноватого? В то утро, может, сто человек Исая видели и девяносто, коли не больше, могли ему плюху дать. За семь лет он всем насолил...

Хохол заметно изменился. У него осунулось лицо и отяжелели веки, опустившись на выпуклые глаза, полузакрывая их. Тонкая морщина легла на лице его от ноздрей к углам губ. Он стал меньше говорить о вещах и делах обычных, но все чаще вспыхивал и, впадая в хмельной и опьянявший всех восторг, говорил о будущем - о прекрасном, светлом празднике торжества свободы и разума.

Когда дело о смерти Исая заглохло, он сказал, брезгливо и печально усмехаясь:

- Не только народ, но и те люди, которыми они, как собаками, травят нас, - не дороги им. Не Иуду верного своего жалеют, а - серебреники...

- Будет об этом, Андрей! - твердо сказал Павел. Мать тихо добавила:

- Толкнули гнилушку - рассыпалась!

- Справедливо, но - не утешает! - угрюмо отозвался хохол.

Он часто говорил эти слова, и в его устах они принимали какой-то особый, всеобнимающий смысл, горький и едкий...

...И вот пришел этот день - Первое мая.

Гудок заревел, как всегда, требовательно и властно. Мать, не уснувшая ночью ни на минуту, вскочила с постели, сунула огня в самовар, приготовленный с вечера, хотела, как всегда, постучать в дверь к сыну и Андрею, но, подумав, махнула рукой и села под окно, приложив руку к лицу так, точно у нее болели зубы.

По небу, бледно-голубому, быстро плыла белая и розовая стая легких облаков, точно большие птицы летели, испуганные гулким ревом пара. Мать смотрела на облака и прислушивалась к себе. Голова у нее была тяжелая, и глаза, воспаленные бессонной ночью, сухи. Странное спокойствие было в груди, сердце билось ровно, и думалось о простых вещах...

"Рано я самовар поставила, выкипит! Пускай они подольше поспят сегодня. Замучились оба..."

В окно, весело играя, заглядывал юный солнечный луч, она подставила ему руку, и когда он, светлый, лег на кожу ее руки, другой рукой она тихо погладила его, улыбаясь задумчиво и ласково. Потом встала, сняла трубу с самовара, стараясь не шуметь, умылась и начала молиться, истово крестясь и безмолвно двигая губами. Лицо у нее светлело, а правая бровь то медленно поднималась кверху, то вдруг опускалась...

Второй гудок закричал тише, не так уверенно, с дрожью в звуке, густом и влажном. Матери показалось, что сегодня он кричит дольше, чем всегда.

В комнате раздался гулкий и ясный голос хохла:

- Павел! Слышишь!

Кто-то из них шлепнул босыми ногами о пол, кто-то сладко зевнул...

- Самовар готов! - крикнула мать.

- Встаем! - ответил Павел весело.

- Восходит солнце! - говорил хохол. - И облака бегут. Это лишнее сегодня - облака...

И вышел в кухню, растрепанный, измятый сном, но веселый.

- Доброе утро, ненько! Как спали? Мать подошла к нему и тихо сказала:

- Уж ты, Андрюша, рядом с ним иди!

- А конечно же! - прошептал хохол. - Пока мы вместе - мы всюду пойдем рядом, - так и знайте!

- Вы что там шепчетесь? - спросил Павел.

- Мы ничего, Паша!

- Она говорит мне - чище умывайся! Девицы будут смотреть! - ответил хохол, выходя в сени мыться.

- "Вставай, поднимайся, рабочий народ!" - тихо запел Павел.

День становился все более ясным, облака уходили, гонимые ветром. Мать собирала посуду для чая и, покачивая головой, думала о том, как все странно: шутят они оба, улыбаются в это утро, а в полдень ждет их - кто знает - что? И ей самой почему-то спокойно, почти радостно.

Чай пили долго, стараясь сократить ожидание. Павел, как всегда, медленно и тщательно размешивал ложкой сахар в стакане, аккуратно посыпал соль на кусок хлеба - горбушку, любимую им. Хохол двигал под столом ногами, - он никогда не мог сразу поставить свои ноги удобно, - и, глядя, как на потолке и стене бегает отраженный влагой солнечный луч, рассказывал:

- Когда был я мальчишкой лет десяти, то захотелось мне поймать солнце стаканом. Вот взял я стакан, подкрался и - хлоп по стене! Руку разрезал себе, побили меня за это. А как побили, я вышел на двор, увидал солнце в луже и давай топтать его ногами. Обрызгался весь грязью - меня еще побили... Что мне делать? Так я давай кричать солнцу: "А мне не больно рыжий черт, не больно!" И все язык ему показывал. Это - утешало.

- Почему оно тебе рыжим казалось? - спросил Павел! смеясь.

- А напротив нас кузнец был, краснорожий такой и с рыжей бородой. Веселый, добрый мужик. Так солнце, по-моему, на него было похоже...

Не стерпев, мать сказала:

- Вы бы о том поговорили, как пойдете!

- О решенном говорить - только путать! - мягко заметил хохол. - В случае, если нас всех заберут, ненько, к вам Николай Иванович придет, и он вам скажет, как быть.

- Хорошо! - вздохнув, сказала мать.

- На улицу бы пойти! - мечтательно проговорил Павел. - Нет, лучше дома посиди пока! - отозвался Андрей. - Зачем напрасно глаза мозолить полиции? Ты ей довольно хорошо известен!

Прибежал Федя Мазин, сверкающий, с красными пятнами на щеках. Полный трепета радости, он разогнал скуку ожидания.

- Началось! - заговорил он. - Зашевелился народ! Лезет на улицу, рожи у всех - как топоры. У ворот фабрики все время Весовщиков с Гусевым Васей и Самойловым стояли, речи говорили. Множество народа вернули домой! Идемте, пора! Уже десять часов!..

- Я пойду! - решительно сказал Павел.

- Вот увидите, - обещал Федя, - после обеда встанет вся фабрика!

И он убежал.

- Горит, как восковая свечечка на ветру! - проводила его мать тихими словами, встала и вышла на кухню, начала одеваться.

- Куда вы, ненько?

- С вами! - сказала она.

Андрей взглянул на Павла, дергая себя за усы. Павел быстрым жестом поправил волосы на голове и вышел к ней.

- Я тебе, мама, ничего не скажу... И ты мне ничего не говори! Ладно?

- Ладно, ладно, - Христос с вами! - пробормотала она.

XXVII

Когда она вышла на улицу и услыхала в воздухе гул людских голосов, тревожный, ожидающий, когда увидала везде в окнах домов и у ворот группы людей, провожавшие ее сына и Андрея любопытными взглядами, - в глазах у нее встало туманное пятно и заколыхалось, меняя цвета, то прозрачно-зеленое, то мутно-серое.

С ними здоровались, и в приветствиях было что-то особенное Слух ее ловил отрывистые, негромкие замечания:

- Вот они, воеводы...

- Нам неизвестно, кто воеводит...

- Да ведь я ничего худого не говорю!..

В другом месте на дворе кто-то кричал раздраженно:

- Переловит их полиция - они и пропадут!..

- Ловила!

Воющий голос женщины испуганно прыгал из окна на улицу:

- Опомнись! Что ты, холостой, что ли?

Когда проходили мимо дома безногого Зосимова, который получал с фабрики за свое увечье ежемесячное пособие, он, высунув голову из окна, закричал:

- Пашка! Свернут тебе голову, подлецу, за твои дела, дождешься!

Мать вздрогнула, остановилась. Этот крик вызвал в ней острое чувство злобы. Она взглянула в опухшее, толстое лицо калеки, он спрятал голову, ругаясь. Тогда она, ускорив шаг, догнала сына и, стараясь не отставать от него, пошла следом.

Павел и Андрей, казалось, не замечали ничего, не слышали возгласов, которые провожали их. Шли спокойно, не торопясь. Вот их остановил Миронов, пожилой и скромный человек, всеми уважаемый за свою трезвую, чистую жизнь.

- Тоже не работаете, Данило Иванович? - спросил Павел.

- У меня - жена на сносях. Ну, и день такой, беспокойный! - объяснил Миронов, пристально разглядывая товарищей, и негромко спросил:

- Вы, ребята, говорят, скандал директору хотите делать, стекла бить ему?

- Разве мы пьяные? - воскликнул Павел.

- Мы просто пройдем по улице с флагами и песни будем петь! - сказал хохол. - Вот послушайте наши песни - в них наша вера!

- Веру вашу я знаю! - задумчиво сказал Миронов. - Бумаги эти читал. Ба, Ниловна! - воскликнул он, улыбаясь матери умными глазами. - И ты бунтовать пошла?

- Надо хоть перед смертью рядом с правдой погулять!

- Ишь ты! - сказал Миронов. - Видно, верно про тебя говорят, что ты на фабрику запрещенные книжки носила!

- Кто это говорит? - спросил Павел.

- Да уж - говорят! Ну, прощайте, держитесь солиднее! Мать тихо смеялась, ей было приятно, что про нее так говорят. Павел сказал ей усмехаясь:

- Будешь ты в тюрьме, мама!

Солнце поднималось все выше, вливая свое тепло в бодрую свежесть вешнего дня. Облака плыли медленнее, тени их стали тоньше, прозрачнее. Они мягко ползли по улице и по крышам домов, окутывали людей и точно чистили слободу, стирая грязь и пыль со стен и крыш, скуку с лиц. Становилось веселее, голос звучали громче, заглушая дальний шум возни машин.

Снова в уши матери отовсюду, из окон, со дворов, ползли летели слова тревожные и злые, вдумчивые и веселые. Но теперь ей хотелось возражать, благодарить, объяснять, хотелось вмешаться в странно пеструю жизнь этого дня.

За углом улицы, в узком переулке, собралась толпа человек во сто, и в глубине ее раздавался голос Весовщикова.

- Из нас жмут кровь, как сок из клюквы! - падали на головы людей неуклюжие слова.

- Верно! - ответило несколько голосов сразу гулким звуком.

- Старается хлопец! - сказал хохол. - А ну, пойду, помогу ему!..

Он изогнулся и, прежде чем Павел успел остановить его, ввернул в толпу, как штопор в пробку, свое длинное, гибкое тело... Раздался его певучий голос:

- Товарищи! Говорят, на земле разные народы живут - евреи и немцы, англичане и татары. А я - в это не верю! Есть только два народа, два племени непримиримых - богатые и бедные! Люди разно одеваются и разно говорят, а поглядите, как богатые французы, немцы, англичане обращаются с рабочим

91

народом, так и увидите, что все они для рабочего - тоже башибузуки, кость им в горло!

В толпе засмеялся кто-то.

- А с другого бока взглянем - так увидим, что и француз рабочий, и татарин, и турок - такой же собачьей жизнью живут, как и мы, русский рабочий народ!

С улицы все больше подходило народа, и один за другим люди молча, вытягивая шеи, поднимаясь на носки, втискивались в переулок.

Андрей поднял голос выше:

- За границей рабочие уже поняли эту простую истину в сегодня, в светлый день Первого мая...

- Полиция! - крикнул кто-то.

С улицы в проулок прямо на людей ехали, помахивая плетками, четверо конных полицейских и кричали:

- Разойдись!

Люди хмурились, неохотно уступая дорогу лошадям. Некоторые влезали на заборы.

- Посадили свиней на лошадей, а они хрюкают - вот и мы воеводы! - кричал чей-то звонкий, задорный голос.

Хохол остался один посредине проулка, на него, мотая головами, наступали две лошади. Он подался в сторону, и в то же время мать, схватив его за руку, потащила за собой, ворча:

- Обещал вместе с Пашей, а сам лезет на рожон один!

- Виноват! - сказал хохол улыбаясь.

Ниловною овладела тревожная, разламывающая усталость, она поднималась изнутри и кружила голову, странно чередуя в сердце печаль и радость. Хотелось, чтобы скорей закричал обеденный гудок.

Вышли на площадь, к церкви. Вокруг нее, в ограде, густо стоял и сидел народ, здесь было сотен пять веселой молодежи и ребятишек. Толпа колыхалась, люди беспокойно поднимали головы кверху и заглядывали вдаль, во все стороны, нетерпеливо ожидая. Чувствовалось что-то повышенное, некоторые смотрели растерянно, другие вели себя с показным удальством. Тихо звучали подавленные голоса женщин, мужчины с досадой отвертывались от них, порою раздавалось негромкое ругательство. Глухой шум враждебного трения обнимал пеструю толпу.

- Митенька! - тихо дрожал женский голос.- Пожалей себя!..

- Отстань! - прозвенело в ответ.

А степенный голос Сизова говорил спокойно, убедительно:

- Нет, нам молодых бросать не надо! Они стали разумнее нас, они живут смелее! Кто болотную копейку отстоял? Они! Это нужно помнить. Их за это по тюрьмам таскали,- а выиграли от того все!..

Заревел гудок, поглотив своим черным звуком людской говор. Толпа дрогнула, сидевшие встали, на минуту все замерло, насторожилось, и много лиц побледнело.

- Товарищи! - раздался голос Павла, звучный и крепкий.

Сухой, горячий туман ожег глаза матери, и она одним движением вдруг окрепшего тела встала сзади сына. Все обернулись к Павлу, окружая его, точно крупинки железа кусок магнита.

Мать смотрела в лицо ему и видела только глаза, гордые и смелые, жгучие...

- Товарищи! Мы решили открыто заявить, кто мы, мы поднимаем сегодня наше знамя, знамя разума, правды, свободы!

Древко, белое и длинное, мелькнуло в воздухе, наклонилось, разрезало толпу, скрылось в ней, и через минуту над поднятыми кверху лицами людей взметнулось красной птицей широкое полотно знамени рабочего народа.

Павел поднял руку кверху - древко покачнулось, тогда десяток рук схватили белое гладкое дерево, и среди них была рука его матери.

- Да здравствует рабочий народ! - крикнул он.

Сотни голосов отозвались ему гулким криком.

- Да здравствует социал-демократическая рабочая партия, наша партия, товарищи, наша духовная родина!

Толпа кипела, сквозь нее пробивались к знамени те, кто понял его значение, рядом с Павлом становились Мазин, Самойлов, Гусевы; наклонив голову, расталкивал людей Николай, и еще какие-то незнакомые матери люди, молодые, с горящими глазами отталкивали ее...

- Да здравствуют рабочие люди всех стран! - крикнул Павел. И, все увеличиваясь в силе и в радости, ему ответило тысячеустое эхо потрясающим душу звуком.

Мать схватила руку Николая и еще чью-то, она задыхалась от слез, но не плакала, у нее дрожали ноги, и трясущимися губами она говорила:

- Родные...

По рябому липу Николая расплылась широкая улыбка, он смотрел на знамя и мычал что-то, протягивая к нему руку, а потом вдруг охватил мать этой рукой за шею, поцеловал ее и засмеялся.

- Товарищи! - запел хохол, покрывая своим мягким голосом гул толпы. - Мы пошли теперь крестным ходом во имя бога нового, бога света и правды, бога разума и добра! Далеко от нас наша цель, терновые венцы - близко! Кто не верит в силу правды, в ком нет смелости до смерти стоять за нее, кто не верит в себя и боится страданий - отходи от нас в сторону! Мы зовем за собой тех, кто верует в победу нашу; те, которым не видна наша цель, - пусть не идут с нами, таких ждет только горе. В ряды, товарищи! Да здравствует праздник свободных людей! Да здравствует Первое мая!

Толпа слилась плотнее. Павел махнул знаменем, оно распласталось в воздухе и поплыло вперед, озаренное солнцем, красно и широко улыбаясь...

Отречемся от старого мира... - раздался звонкий голос Феди Мазина, и десятки голосов подхватили мягкой, сильной волной:

Отрясем его прах с наших ног!..

Мать с горячей улыбкой на губах шла сзади Мазина и через голову его смотрела на сына и на знамя. Вокруг нее мелькали радостные лица, разноцветные глаза - впереди всех шел ее сын и Андрей. Она слышала их голоса - мягкий и влажный голос Андрея дружно сливался в один звук с голосом сына ее, густым и басовитым.

Вставай, подымайся, рабочий народ, Вставай на борьбу, люд голодный!..

И народ бежал встречу красному знамени, он что-то кричал, сливался с толпой и шел с нею обратно, и крики его гасли в звуках песни - той песни, которую дома пели тише других, - на улице она текла ровно, прямо, со страшной силой. В ней звучало железное мужество, и, призывая людей в далекую дорогу к будущему, она честно говорила о тяжестях пути. В ее большом спокойном пламени плавился темный шлак пережитого, тяжелый ком привычных чувств и сгорала в пепел проклятая боязнь нового...

Чье-то лицо, испуганное и радостное, качалось рядом с матерью, и дрожащий голос, всхлипывая, восклицал:

- Митя! Куда ты?

Мать, не останавливаясь, говорила:

- Пусть идет, - вы не беспокойтесь! Я тоже очень боялась, - мой впереди всех. Который несет знамя - это мой сын!

- Разбойники! Куда вы? Солдаты там! И, вдруг схватив руку матери костлявой рукой, женщина, высокая и худая, воскликнула:

- Милая вы моя, - поют-то как! И Митя поет...

- Вы не беспокойтесь! - бормотала мать. - Это святое дело... Вы подумайте - ведь и Христа не было бы, если бы его ради люди не погибали!

Эта мысль вдруг вспыхнула в ее голове и поразила ее своей ясной, простой правдой. Она взглянула в лицо женщины, крепко державшей ее руку, и повторила, удивленно улыбаясь:

- Не было бы Христа-то, если бы люди не погибли его, господа, ради!

Рядом с нею явился Сизов. Он снял шапку, махал ею в такт песне и говорил:

- Открыто пошли, мать, а? Песню придумали. Какая песня, мать, а?

Царю нужны для войска солдаты, Отдавайте ему сыновей...

- Ничего не боятся! - говорил Сизов. - А мой сынок в могиле. Сердце матери забилось слишком сильно, и она начала отставать. Ее быстро оттолкнули в сторону, притиснули к забору, и мимо нее, колыхаясь, потекла густая волна людей - их было много, и это радовало ее.

Вставай, подымайся, рабочий народ!..

Казалось, в воздухе поет огромная медная труба, поет и будит людей, вызывая в одной груди готовность к бою, в другой - неясную радость, предчувствие чего-то нового, жгучее любопытство, там - возбуждая смутный трепет надежд, здесь - открывая выход едкому потоку годами накопленной злобы. Все заглядывали вперед, где качалось и реяло в воздухе красное знамя.

- Пошли! - ревел чей-то восторженный голос. - Славно, ребята!

И, видимо чувствуя что-то большое, чего не мог выразить обычными словами, человек ругался крепкой руганью. Но и злоба темная, слепая злоба раба, шипела змеей, извиваясь в злых словах, встревоженная светом, упавшим на нее.

- Еретики! - грозя кулаком, кричал из окна надорваванный голос.

И назойливо лез в уши матери чей-то сверлящий визг:

- Против государь-император, против его величества царя? Бунтовать?

Мимо матери мелькали смятенные лица, подпрыгивая, пробегали мужчины, женщины, лился народ темной лавой, влекомый этой песней, которая напором звуков, казалось, опрокидывала перед собой все, расчищая дорогу. Глядя на красное знамя вдали, она - не видя - видела лицо сына, его бронзовый лоб и глаза, горевшие ярким огнем веры.

Но вот она в хвосте толпы, среди людей, которые шли не торопясь,

94

равнодушно заглядывая вперед, с холодным любопытством зрителей, которым заранее известен конец зрелища. Шли и говорили негромко, уверенно:

- Одна рота у школы стоит, а другая у фабрики...

- Губернатор приехал...

- Верно?

- Сам видел, - приехал!

Кто-то радостно выругался и сказал:

- Все-таки бояться стали нашего брата! И войско, и губернатор.

"Родные!" - билось в груди матери.

Но слова вокруг нее звучали мертво и холодно. Она ускорила шаг, чтобы уйти от этих людей, и ей легко было обогнать их медленный, ленивый ход.

И вдруг голова толпы точно ударилась обо что-то, тело ее, не останавливаясь, покачнулось назад с тревожным тихим гулом. Песня тоже вздрогнула, потом полилась быстрее, громче. И снова густая волна звуков опустилась, поползла назад. Голоса выпадали из хора один за другим, раздавались отдельные возгласы, старавшиеся поднять песню на прежнюю высоту, толкнуть ее вперед:

Вставай, подымайся, рабочий народ! Иди на врага, люд голодный!..

Но не было в этом зове общей, слитной уверенности, и уже трепетала в нем тревога.

Не видя ничего, не зная, что случилось впереди, мать расталкивала толпу, быстро подвигаясь вперед, а навстречу ей пятились люди, одни - наклонив головы и нахмурив брови, другие - конфузливо улыбаясь, третьи - насмешливо свистя. Она тоскливо осматривала их лица, ее глаза молча спрашивали, просили, звали...

- Товарищи! - раздался голос Павла. - Солдаты такие же люди, как мы. Они не будут бить нас. За что бить? За то, что мы несем правду, нужную всем? Ведь эта правда и для них нужна. Пока они не понимают этого, но уже близко время, когда и они встанут рядом с нами, когда они пойдут не под знаменем грабежей и убийств, а под нашим знаменем свободы. И для того, чтобы они поняли нашу правду скорее, мы должны идти вперед. Вперед, товарищи! Всегда - вперед!

Голос Павла звучал твердо, слова звенели в воздухе четко и ясно, но толпа разваливалась, люди один за другим отходила вправо и влево к домам, прислонялись к заборам. Теперь толпа имела форму клина, острием ее был Павел, и над его головой красно горело знамя рабочего народа. И еще толпа походила на черную птицу - широко раскинув свои крылья, она насторожилась, готовая подняться и лететь, а Павел был ее клювом...

XXVIII

В конце улицы, - видела мать, - закрывая выход на площадь, стояла серая стена однообразных людей без лиц. Над плечом у каждого из них холодно и тонко блестели острые полоски штыков. И от этой стены, молчаливой, неподвижной, на рабочих веяло холодом, он упирался в грудь матери и проникал ей в сердце.

Она втиснулась в толпу, туда, где знакомые ей люди, стоявшие впереди у знамени, сливались с незнакомыми, как бы опираясь на них. Она плотно прижалась боком к высокому бритому человеку, он был кривой и, чтобы посмотреть на нее, круто повернул

голову.

- Ты что? Ты чья?.. - спросил он.

- Мать Павла Власова! - ответила она, чувствуя, что у нее дрожит под коленами и нижняя губа невольно опускается.

- Ага! - сказал кривой.

- Товарищи! - говорил Павел. - Всю жизнь вперед - нам нет иной дороги!

Стало тихо, чутко. Знамя поднялось, качнулось и, задумчиво рея над головами людей, плавно двинулось к серой стене солдат. Мать вздрогнула, закрыла глаза и ахнула - Павел, Андрей, Самойлов и Мазин только четверо оторвались от толпы.

Но в воздухе медленно задрожал светлый голос Феди Мазина:

Вы жертвою пали... -

запел он.

В борьбе... роковой...

двумя тяжелыми вздохами отозвались густые, пониженные голоса. Люди шагнули вперед, дробно ударив ногами землю. И потекла новая песня, решительная и решившаяся.

Вы отдали все, что могли, за него... -

яркой лентой извивался голос Феди...

За свободу... -

дружно пели товарищи.

- Ага-а! - злорадно крикнул кто-то в стороне. - Панихиду запели, сукины дети!..

- Бей его! - раздался гневный возглас.

Мать схватилась руками за грудь, оглянулась и увидела, что толпа, раньше густо наполнявшая улицу, стоит нерешительно, мнется и смотрит, как от нее уходят люди со знаменем. За ними шло несколько десятков, и каждый шаг вперед заставлял кого-нибудь отскакивать в сторону, точно путь посреди улицы был раскален, жег подошвы.

Падет произвол... -

пророчила песня в устах Феди...

И восстанет народ!.. -

уверенно и грозно вторил ему хор сильных голосов.

Но сквозь стройное течение ее прорывались тихие слова:

- Командует...

- На руку! - раздался резкий крик впереди. В воздухе извилисто качнулись штыки, упали и вытянулись встречу знамени, хитро улыбаясь.

- Ма-арш!

- Пошли! - сказал кривой и, сунув руки в карманы, широко шагнул в сторону.

Мать, не мигая, смотрела. Серая волна солдат колыхнулась и, растянувшись во всю ширину улицы, ровно, холодно двинулась, неся впереди себя редкий гребень серебристо сверкавших зубьев стали. Она, широко шагая, встала ближе к сыну, видела, как Андрей тоже шагнул вперед Павла и загородил его своим длинным телом.

- Иди рядом, товарищ! - резко крикнул Павел. Андрей пел, руки у него были сложены за спиной, голову он поднял вверх. Павел толкнул его плечом и снова крикнул:

- Рядом! Не имеешь права! Впереди - знамя!

- Ра-азойтись! - тонким голосом кричал маленький офицерик, размахивая белой саблей. Ноги он поднимал высоко и, не сгибая в коленях, задорно стукал подошвами о землю. В глаза матери бросились его ярко начищенные сапоги.

А сбоку и немного сзади него тяжело шел рослый бритый человек, с толстыми седыми усами, в длинном сером пальто на красной подкладке и с желтыми лампасами на широких штанах. Он тоже, как хохол, держал руки за спиной, высоко поднял густые седые брови и смотрел на Павла.

Мать видела необъятно много, в груди ее неподвижно стоял громкий крик, готовый с каждым вздохом вырваться на волю, он душил ее, но она сдерживала его, хватаясь руками за грудь. Ее толкали, она качалась на ногах и шла вперед без мысли, почти без сознания. Она чувствовала, что людей сзади нее становится все меньше, холодный вал шел им навстречу и разносил их.

Все ближе сдвигались люди красного знамени и плотная цепь серых людей, ясно было видно лицо солдат - широкое во всю улицу, уродливо сплюснутое в грязно-желтую узкую полосу, - в нее были неровно вкраплены разноцветные глаза, а перед нею жестко сверкали тонкие острия штыков. Направляясь в груди людей, они, еще не коснувшись их, откалывали одного за другим

от толпы, разрушая ее.

Мать слышала сзади себя топот бегущих. Подавленные, тревожные голоса кричали:

- Расходись, ребята...

- Власов, беги!..

- Назад, Павлуха!

- Бросай знамя, Павел! - угрюмо сказал Весовщиков. - Дай сюда, я спрячу!

Он схватил рукой древко, знамя покачнулось назад.

- Оставь! - крикнул Павел. Николай отдернул руку, точно ее обожгло. Песня погасла.

Люди остановились, плотно окружая Павла, но он пробился вперед. Наступило молчание, вдруг, сразу, точно оно невидимо опустилось сверху и обняло людей прозрачным облаком.

Под знаменем стояло человек двадцать, не более, но они стояли твердо, притягивая мать к себе чувством страха за них и смутным желанием что-то сказать им...

- Возьмите у него, поручик, это! - раздался ровный голос высокого старика.

Протянув руку, он указал на знамя. К Павлу подскочил маленький офицерик, схватился рукой за древко, визгливо крикнул:

- Брось!

- Прочь руки! - громко сказал Павел.

Знамя красно дрожало в воздухе, наклоняясь вправо и влево, и снова встало прямо - офицерик отскочил, сел на землю. Мимо матери несвойственно быстро скользнул Николай, неся перед собой вытянутую руку со сжатым кулаком.

- Взять их! - рявкнул старик, топнув в землю ногой. Несколько солдат выскочили вперед. Один из них взмахнул прикладом - знамя вздрогнуло, наклонилось и исчезло в серой кучке солдат.

- Э-эх! - тоскливо крикнул кто-то.

И мать закричала звериным, воющим звуком. Но в ответ ей
из толпы солдат раздался ясный голос Павла:

- До свиданья, мама! До свиданья, родная...

"Жив! Вспомнил!" - дважды ударило в сердце матери.

- До свиданья, ненько моя!

Поднимаясь на носки, взмахивая руками, она старалась увидеть их и видела над головами солдат круглое лицо Андрея - оно улыбалось, оно кланялось ей.

- Родные мои... Андрюша!.. Паша!.. - кричала она.

- До свиданья, товарищи! - крикнули из толпы солдат. Им ответило многократное, разорванное эхо. Оно отозвалось из окон, откуда-то сверху, с крыш.

XXIX

Ее толкнули в грудь. Сквозь туман в глазах она видела перед собой офицерика, лицо у него было красное, натужное, и он кричал ей:

- Прочь, баба!

Она взглянула на него сверху вниз, увидала у ног его древко знамени, разломанное на две части, - на одной из них уцелел кусок красной материи. Наклонясь, она подняла его. Офицер вырвал палку из ее рук, бросил ее в сторону и, топая ногами, кричал:

- Прочь, говорю!

Среди солдат вспыхнула и полилась песня:

Вставай, подымайся, рабочий народ...

Все кружилось, качалось, вздрагивало. В воздухе стоял густой тревожный шум, подобный матовому шуму телеграфных проволок. Офицер отскочил, раздраженно визжа:

- Прекратить пение! Фельдфебель Крайнев... Мать, шатаясь, подошла к обломку древка, брошенного им, и снова подняла его.

- Заткнуть им глотки!..

Песня сбилась, задрожала, разорвалась, погасла. Кто-то взял мать за плечи, повернул ее, толкнул в спину...

- Иди, иди...

- Очистить улицу! - кричал офицер.

Мать видела в десятке шагов от себя снова густую толпу людей. Они рычали, ворчали, свистели и, медленно отступая в глубь улицы, разливались во дворы.

- Иди, дьявол! - крикнул прямо в ухо матери молодой усатый солдат, равняясь с нею, и толкнул ее на тротуар.

Она пошла, опираясь на древко, ноги у нее гнулись. Чтобы не упасть, она цеплялась другой рукой за стены и заборы. Перед нею пятились люди, рядом с нею и сзади нее шли солдаты, покрикивая:

- Иди, иди...

Солдаты обогнали ее, она остановилась, оглянулась. В конце улицы редкою цепью стояли они же, солдаты, заграждая выход на площадь. Площадь была пуста. Впереди тоже качались серые фигуры, медленно двигаясь на людей...

Она хотела повернуть назад, но безотчетно снова пошла вперед и, дойдя до переулка, свернула в него, узкий и пустынный.

Снова остановилась. Тяжко вздохнула, прислушалась. Где-то впереди гудел народ.

Опираясь на древко, она зашагала дальше, двигая бровями, вдруг вспотевшая, шевеля губами, размахивая рукой, в сердце ее искрами вспыхивали какие-то слова, вспыхивали, теснились, зажигая настойчивое, властное желание сказать их, прокричать...

Переулок круто поворачивал влево, и за углом мать увидала большую, тесную кучу людей; чей-то голос сильно и громко говорил:

- Ради озорства, братцы, на штыки не лезут!

- Ка-ак они, а? Идут на них - стоят! Стоят, братцы мои, без страха...

- Вот те и Паша Власов!..

- А хохол?

- Руки за спиной, улыбается, черт...

- Голубчики! Люди! - крикнула мать, втискиваясь в толпу. Перед нею уважительно расступались. Кто-то засмеялся:

- Гляди - с флагом! В руке-то - флаг!

- Молчи! - сурово сказал другой голос. Мать широко развела руками...

- Послушайте, ради Христа! Все вы - родные... все вы - сердечные... поглядите без боязни, - что случилось? Идут в мире дети, кровь наша, идут за правдой... для всех! Для всех вас, для младенцев ваших обрекли себя на крестный путь... ищут дней светлых. Хотят другой жизни в правде, в справедливости... добра хотят для всех!

У нее рвалось сердце, в груди было тесно, в горле сухо и горячо. Глубоко внутри ее рождались слова большой, все и всех обнимающей любви и жгли язык ее, двигая его все сильней, все свободнее.

Она видела - слушают ее, все молчат; чувствовала - думают люди, тесно окружая ее, и в ней росло желание - теперь уже ясное для нее - желание толкнуть людей туда, за сыном, за Андреем, за всеми, кого отдали в руки солдат, оставили одних.

Оглядывая хмурые, внимательные лица вокруг, она продолжала с мягкой силой:

- Идут в мире дети наши к радости, - пошли они ради всех и Христовой правды ради - против всего, чем заполонили, связали, задавили нас злые наши, фальшивые, жадные наши! Сердечные мои - ведь это за весь народ поднялась молодая кровь наша, за весь мир, за все люди рабочие пошли они!.. Не отходите же от них, не отрекайтесь, не оставляйте детей своих на одиноком пути. Пожалейте себя... поверьте сыновним сердцам - они правду родили, ради ее погибают. Поверьте им!

У нее порвался голос, она покачнулась, обессиленная, кто-то подхватил ее под руки...

- Божье говорит! - взволнованно и глухо выкрикнул кто-то. - Божье, люди добрые! Слушай! Другой пожалел:

- Эх, как убивается! Ему возразили с упреком:

- Не убивается она, а нас, дураков, бьет, - пойми! Взвился над толпой высокий, трепетный голос:

- Православные! Митя мой - душа чистая, - что он сделал? Он за товарищами пошел, за любимыми... Верно говорит она, - за что мы детей бросаем? Что нам худого сделали они? Мать задрожала от этих слов и откликнулась тихими слезами.

- Иди домой, Ниловна! Иди, мать! Замучилась! - громко сказал Сизов.

Был он бледен, борода у него растрепалась и тряслась. Вдруг нахмурив брови, он окинул всех строгими глазами, весь выпрямился и внятно сказал:

- Задавило на фабрике сына моего, Матвея, - вы знаете. Но если бы жив был он - сам я послал бы его в ряд с ними, с теми, - сам сказал бы: "Иди и ты, Матвей! Иди, это - верно, это - честное!"

Он оборвался, замолчал, и все угрюмо молчали, властно объятые чем-то огромным, новым, но уже не пугавшим их. Сизов поднял руку, потряс ею и продолжал:

- Старик говорит, - вы меня знаете! Тридцать девять лет работаю здесь, пятьдесят три года на земле живу. Племянника моего, мальчонку чистого, умницу, опять забрали сегодня. Тоже впереди шел, рядом с Власовым, - около самого знамени...

Он махнул рукой, съежился и, взяв руку матери, сказал:

- Женщина эта правду сказала. Дети наши по чести жить хотят, по разуму, а мы вот бросили их, - ушли, да! Иди, Ниловна...

- Родные вы мои! - сказала она, окидывая всех заплаканными глазами. - Для детей - жизнь, для них - земля!..

- Иди, Ниловна! На, палку-то, возьми, - говорил Сизов, подавая ей обломок древка.

На мать смотрели с грустью, с уважением, гул сочувствия провожал ее. Сизов молчаливо отстранял людей с дороги, они молча сторонились и, повинуясь неясной силе, тянувшей их за матерью, не торопясь, шли за нею, вполголоса перекидываясь краткими словами.

У ворот своего дома она обернулась к ним, опираясь на обломок знамени, поклонилась и благодарно, тихо сказала:

- Спасибо вам...

И снова вспомнив свою мысль, - новую мысль, которую, казалось ей, родило ее сердце, - она проговорила:

Господа нашего Иисуса Христа не было бы, если бы люди не погибли во славу его...

Толпа молча смотрела на нее.

Она еще поклонилась людям и вошла в свой дом, а Сизов, нагнув голову, вошел с нею.

Люди стояли у ворот, говорили о чем-то.

И расходились, не торопясь.

ЧАСТЬ ВТОРАЯ

I

Остаток дня прошел в пестром тумане воспоминаний, в тяжелой усталости, туго обнявшей тело и душу. Серым пятном прыгал маленький офицерик, светилось бронзовое лицо Павла, улыбались глаза Андрея.

Она ходила по комнате, садилась у окна, смотрела на улицу, снова ходила, подняв бровь, вздрагивая, оглядываясь, и, без мысли, искала чего-то. Пила воду, не утоляя жажды, и не могла залить в груди жгучего тления тоски и обиды. День был перерублен, - в его начале было - содержание, а теперь все вытекло из него, перед нею простерлась унылая пустошь, и колыхался недоуменный вопрос:

"Что же теперь?.."

Пришла Корсунова. Она размахивала руками, кричала, плакала и восторгалась, топала ногами, что-то предлагала и обещала, грозила кому-то. Все это не трогало мать.

- Ага! - слышала она крикливый голос Марьи. - Задели-таки народ! Встала фабрика-то, - вся встала!

- Да, да! - говорила тихо мать, качая головой, а глаза ее неподвижно разглядывали то, что уже стало прошлым, ушло от нее вместе с Андреем и Павлом. Плакать она не могла, - сердце сжалось, высохло, губы тоже высохли, и во рту не хватало влаги. Тряслись руки, на спине мелкой дрожью вздрагивала кожа.

Вечером пришли жандармы. Она встретила их без удивления, без страха. Вошли они шумно, и было в них что-то веселое, довольное. Желтолицый офицер говорил, обнажая зубы:

- Ну-с, как поживаете? Третий раз встречаемся мы, а? Она молчала, проводя по губам сухим языком. Офицер говорил много, поучительно, она чувствовала, что ему приятно говорить. Но его слова не доходили до нее, не мешали ей. Только когда он сказал: "Ты сама виновата, матушка, если не умела внушить сыну уважения к богу и царю...", она, стоя у двери и не глядя на него, глухо ответила:

- Да, нам судьи - дети. Они осудят по правде за то, что бросаем мы их на пути таком.

- Что? - крикнул офицер. - Громче!

- Я говорю: судьи - дети! - повторила она, вздыхая. Тогда он заговорил о чем-то быстро и сердито, но слова его вились вокруг, не задевая мать.

В понятых была Марья Корсунова. Она стояла рядом с матерью, но не смотрела на нее, и, когда офицер обращался к ней с каким-нибудь вопросом, она, торопливо и низко кланяясь ему, однообразно отвечала:

- Не знаю, ваше благородие! Женщина я необразованная, занимаюсь торговлей, по глупости моей, ничего не знаю...

- Ну, молчи! - приказывал офицер, шевеля усами. Она кланялась и, незаметно показывая ему кукиш, шептала матери:

- На-ко, выкуси!

Ей приказали обыскать Власову. Она замигала глазами, вытаращила их на офицера и испуганно сказала:

- Ваше благородие, не умею я этого! Он топнул ногой, закричал. Марья опустила глаза и тихо попросила мать:

- Что же, - расстегнись, Пелагея Ниловна... Ошаривая и ощупывая ее платье, она, с лицом, налитым кровью, шептала:

- Ах, собаки, а?

- Ты что-то говоришь там? - сурово крикнул офицер, заглядывая в угол, где она обыскивала.

- По женскому делу, ваше благородие! - пробормотала Марья испуганно.

Когда он приказал матери подписать протокол, она неумелой рукой, печатными, жирно блестевшими буквами начертила на бумаге:

"Вдова рабочего человека Пелагея Власова".

- Что ты написала? Зачем это? - воскликнул офицер, брезгливо сморщив лицо, и потом, усмехаясь, сказал: - Дикари...

Ушли они. Мать встала у окна, сложив руки на груди, и, не мигая, ничего не видя, долго смотрела перед собой, высоко подняв брови, сжала губы и так стиснула челюсти, что скоро почувствовала боль в зубах. В лампе выгорел керосин, огонь, потрескивая, угас. Она дунула на него и осталась во тьме. Темное облако тоскливого бездумья наполнило грудь ей, затрудняя биение сердца. Стояла она долго - устали ноги и глаза. Слышала, как под окном остановилась Марья и пьяным голосом кричала:

- Пелагея? Спишь? Страдалица моя несчастная, спи!

Мать, не раздеваясь, легла в постель и быстро, точно упала в глубокий омут, погрузилась в тяжелый сон.

Снился ей желтый песчаный курган за болотом, по дороге в город. На краю его, над обрывом, спускавшимся к ямам, где брали песок, стоял Павел и голосом Андрея тихо, звучно пел:

Вставай, подымайся, рабочий народ...

Она шла мимо кургана по дороге и, приложив ладонь ко лбу, смотрела на сына. На фоне голубого неба его фигура была очерчена четко и резко. Она совестилась подойти к нему, потому что была беременна. И на руках у нее тоже был ребенок. Пошла дальше. На поле дети играли в мяч, было их много, и мяч был красный. Ребенок потянулся к ним с ее рук и громко заплакал. Она дала ему грудь и воротилась назад, а на кургане уже стояли солдаты, направляя на нее штыки. Она быстро побежала к церкви, стоявшей посреди поля, к белой, легкой церкви, построенной словно из облаков и неизмеримо высокой. Там кого-то хоронили, гроб был большой, черный, наглухо закрытый крышкой. Но священник и дьякон ходили по церкви в белых ризах и пели:

Христос воскресе из мертвых...

Дьякон кадил, кланялся ей, улыбался, волосы у него была ярко-рыжие и лицо веселое, как у Самойлова. Сверху, из купола, падали широкие, как полотенца, солнечные лучи. На обоих клиросах тихо пели мальчики:

Христос воскресе из мертвых...

- Взять их! - вдруг крикнул священник, останавливаясь посреди церкви. Риза исчезла с него, на лице появились седые, строгие усы. Все бросились бежать, и дьякон побежал, швырнув кадило в сторону, схватившись руками за голову, точно хохол. Мать уронила ребенка на пол, под ноги людей, они обегали его стороной, боязливо оглядываясь на голое тельце, а она встала на колени и кричала им:

- Не бросайте дитя! Возьмите его...

Христос воскресе из мертвых...

- пел хохол, держа руки за спиной и улыбаясь.

Она наклонилась, подняла ребенка и посадила его на воз теса, рядом с которым медленно шел Николай и хохотал, говоря:

- Дали мне тяжелую работу...

На улице было грязно, из окон домов высовывались люди и свистели, кричали, махали руками. День был ясный, ярко горело солнце, а теней нигде не было.

- Пойте, ненько! - говорил хохол. - Такая жизнь!

И пел, заглушая все звуки своим голосом. Мать шла за ним; вдруг оступилась, быстро полетела в бездонную глубину, и глубина эта пугливо выла ей встречу...

Она проснулась, охваченная дрожью. Как будто чья-то шершавая, тяжелая рука схватила сердце ее и, зло играя, тихонько жмет его. Настойчиво гудел призыв на работу, она определила, что это уже второй. В комнате беспорядочно валялись книги, одежда, - все было сдвинуто, разворочено, пол затоптан.

Она встала и, не умываясь, не молясь богу, начала прибирать комнату. В кухне на глаза ей попалась палка с куском кумача, она неприязненно взяла ее в руки и хотела сунуть под печку, но, вздохнув, сняла с нее обрывок знамени, тщательно сложила красный лоскут и спрятала его в карман, а палку переломила о колено и бросила на шесток. Потом вымыла окна и пол холодной водой, поставила самовар, оделась. Села в кухне у окна, и снова перед вею встал вопрос:

"Что же теперь делать?"

Вспомнив, что еще не молилась, она встала перед образами и, постояв несколько секунд, снова села - в сердце было пусто.

Было странно тихо, - как будто люди, вчера так много кричавшие на улице, сегодня спрятались в домах и молча думают о необычном дне.

Вдруг ей вспомнилась картина, которую она видела однажды во дни юности своей: в старом парке господ Заусайловых был большой пруд, густо заросший кувшинками. В серый день осени она шла мимо пруда и посреди него увидала лодку. Пруд был темен, покоен, и лодка была точно приклеена к черной воде, грустно украшенной желтыми листьями. Глубокой печалью, неведомым горем веяло от этой лодки без гребца и весел, одинокой, неподвижной на матовой воде среди умерших листьев. Мать долго стояла тогда на берегу пруда, думая - кто это оттолкнул лодку от берега, зачем? Вечером того дня узнали, что в пруде утопилась жена приказчика Заусайловых, маленькая женщина с черными, всегда растрепанными волосами и быстрой походкой.

Мать провела рукой по лицу, и мысль ее трепетно поплыла над впечатлениями вчерашнего дня. Охваченная ими, она сидела долго, остановив глаза на остывшей чашке чая, а в душе ее разгоралось желание увидеть кого-то умного, простого, спросить его о многом.

И, как будто отвечая ее желанию, после обеда явился Николай Иванович. Но, когда она увидала его, ею вдруг овладела тревога, и, не отвечая на его приветствие, она тихо заговорила:

103

- Ах, батюшка мой, вот уж напрасно вы пришли! Неосторожно это! Ведь схватят вас, если увидят...

Крепко пожимая ее руку, он поправлял очки и, наклонив свое лицо близко к ней, объяснил ей спешным говорком:

- Я, видите ли, условился с Павлом и Андреем, что, если их арестуют, - на другой же день я должен переселить вас в город! - говорил он ласково и озабоченно. - Был у вас обыск?

- Был. Обшарили, ощупали. Ни стыда, ни совести у этих людей! - воскликнула она.

- Зачем им стыд? - пожав плечами, сказал Николай и начал рассказывать, почему ей нужно жить в городе.

Она слушала дружески заботливый голос, смотрела на него с бледной улыбкой и, не понимая его доказательств, удивлялась чувству ласкового доверия к этому человеку.

- Если Паша этого хотел, - сказала она, - и не стесню я вас...

Он прервал ее:

- Об этом не беспокойтесь. Я живу один, лишь изредка приезжает сестра.

- Даром хлеба есть не стану, - вслух соображала она.

- Захотите - дело найдется! - сказал Николай. Для нее с понятием о деле уже неразрывно слилось представление о работе сына и Андрея с товарищами. Она подвинулась к Николаю и, заглянув ему в глаза, спросила:

- Найдется?

- Хозяйство мое маленькое, холостяцкое...

- Я не об этом, не об домашнем! - тихо сказала она. И грустно вздохнула, чувствуя себя уколотой тем, что он не понял ее. Он, улыбаясь близорукими глазами, задумчиво сказал:

- Вот, если бы при свидании с Павлом вы попытались узнать от него адрес тех крестьян, которые просили о газете...

- Я знаю их! - воскликнула она радостно. - Найду и все сделаю, как скажете. Кто подумает, что я запрещенное несу? На фабрику носила - слава тебе господи!

Ей вдруг захотелось пойти куда-то по дорогам, мимо лесов в деревень, с котомкой за плечами, с палкой в руке.

- Вы, голубчик, пристройте-ка меня к этому делу, прошу я вас! - говорила она. - Я вам везде пойду. По всем губерниям, все дороги найду! Буду ходить зиму и лето - вплоть до могилы - странницей, - разве плохая это мне доля?

Ей стало грустно, когда она увидела себя бездомной странницей, просящей милостыню Христа ради под окнами деревенских изб.

Николай осторожно взял ее руку и погладил своей теплой ру-кой. Потом, взглянув на часы, сказал:

- Об этом мы поговорим после!

- Голубчик! - воскликнула она. - Дети, самые дорогие нам куски сердца, волю и жизнь свою отдают, погибают без жалости к себе, - а что же я, мать?

Лицо у Николая побледнело, он тихо проговорил, глядя на нее с ласковым вниманием:

- Я, знаете, в первый раз слышу такие слова...

- Что я могу сказать? - печально качая головой, молвила она и бессильным жестом развела руки. - Если бы я имела слова, чтобы сказать про свое материнское сердце...

Встала, приподнятая силой, которая росла в ее груди и охмеляла голову горячим натиском негодующих слов.

- Заплакали бы - многие... Даже злые, бессовестные... Николай тоже встал, снова взглянув на часы.

- Так решено - вы переедете в город ко мне? Она молча кивнула головой.

- Когда? Вы скорее! - попросил он и мягко добавил: - Мне будет тревожно за вас, право!

Она удивленно взглянула на него, - что ему до нее?

Наклонив голову, смущенно улыбаясь, он стоял перед нею сутулый, близорукий, одетый в простой черный пиджак, и все на нем было чужим ему...

- У вас есть деньги? - спросил он, опустив глаза.

- Нет!

Он быстро вынул из кармана кошелек, открыл его и протянул ей.

- Вот, пожалуйста, берите...

Мать невольно улыбнулась и, покачивая головой, заметила:

- Все - по-новому! И деньги без цены! Люди за них душу свою теряют, а для вас они - так себе! Как будто из милости к людям вы их при себе держите...

Николай тихо засмеялся:

- Ужасно неудобная и неприятная вещь - деньги! Всегда неловко и брать их и давать...

Он взял ее руку, крепко пожал и еще раз попросил ее:

- Так вы скорее!

И, как всегда тихий, ушел.

Проводив его, она подумала: "Такой добрый - а не пожалел..." И не могла понять - неприятно это ей или только удивляет?

II

Она собралась к нему на четвертый день после его посещения. Когда телега с двумя ее сундуками выехала из слободки в поле, она, обернувшись назад, вдруг почувствовала, что навсегда бросает место, где прошла темная и тяжелая полоса ее жизни, где началась другая, - полная нового горя и радости, быстро поглощавшая дни.

На земле, черной от копоти, огромным темно-красным пауком раскинулась фабрика, подняв высоко в небо свои трубы. К ней прижимались одноэтажные домики рабочих. Серые, приплюснутые, они толпились тесной кучкой на краю болота и жалобно смотрели друг на друга маленькими тусклыми окнами. Над ними поднималась церковь, тоже темно-красная, под цвет фабрики, колокольня ее была ниже фабричных труб.

Мать, вздохнув, поправила ворот кофты, давивший горло.

- Шагай! - бормотал извозчик, помахивая на лошадь вожжами. Это был кривоногий человек неопределенного возраста, с редкими, выцветшими волосами на лице и голове, с бесцветными глазами. Качаясь с боку на бок, он шел рядом с телегой, и было ясно, что ему все равно, куда идти - направо, налево.

- Шагай! - говорил он бесцветным голосом и смешно выкидывал свои кривые ноги в тяжелых сапогах с присохшей грязью. Мать оглянулась вокруг. В поле было пусто, как в душе...

Уныло качая головой, лошадь тяжело упиралась ногами в глубокий, нагретый солнцем песок, он тихо шуршал. Скрипела плохо смазанная, разбитая телега, и все звуки, вместе с пылью, оставались сзади...

Николай Иванович жил на окраине города, в пустынной улице, в маленьком зеленом флигеле, пристроенном к двухэтажному, распухшему от старости, темному дому. Перед флигелем был густой палисадник, и в окна трех комнат квартиры ласково заглядывали ветви сиреней, акаций, серебряные листья молодых тополей. В комнатах было тихо, чисто, на полу безмолвно дрожали узорчатые тени, по стенам тянулись полки, тесно уставленные книгами, и висели портреты каких-то строгих людей.

- Вам удобно будет здесь? - спросил Николай, вводя мать в небольшую комнату с одним окном в палисадник и другим на двор, густо поросший травой. И в этой комнате все стены тоже были заняты шкафами и полками книг.

- Я бы лучше в кухне! - сказала она. - Кухонька светлая, чистая...

Ей показалось, что он испугался чего-то. А когда он неловко и смущенно стал отговаривать ее и она согласилась, - сразу повеселел.

Все три комнаты полны каким-то особенным воздухом, - дышать было легко и приятно, но голос невольно понижался, не хотелось говорить громко, нарушая мирную задумчивость людей, сосредоточенно смотревших со стен.

- Цветы-то надо полить! - сказала мать, пощупав землю в горшках с цветами на окнах.

- Да, да! - виновато сказал хозяин. - Я, знаете, люблю их, а заниматься некогда...

Наблюдая за ним, она видела, что и в своей уютной квартире Николай тоже ходит осторожно, чужой и далекий всему, что окружает его. Приближал свое лицо вплоть к тому, на что смотрел, и, поправляя очки тонкими пальцами правой руки, прищуривался, прицеливаясь безмолвным вопросом в предмет, интересовавший его. Иногда брал вещь в руки, подносил к лицу и тщательно ощупывал глазами, - казалось, он вошел в комнату вместе с матерью и, как ей, ему все здесь было незнакомо, непривычно. Видя его таким, мать сразу почувствовала себя на месте в этих комнатах. Она ходила за Николаем, замечая, где что стоит, спрашивала о порядке жизни, он отвечал ей виноватым тоном человека, который знает, что он все делает не так, как нужно, а иначе не умеет.

Полив цветы и уложив правильной стопой разбросанные на пианино ноты, она посмотрела на самовар и заметила:

- Надо почистить...

Он провел пальцами по тусклому металлу, поднес палец к носу и серьезно посмотрел на него. Мать ласково усмехнулась.

Когда она легла спать и вспомнила свой день, она удивленно приподняла голову с подушки, оглядываясь. Первый раз за всю жизнь она была в доме у чужого человека, и это не стесняло ее. Она думала о Николае заботливо, чувствовала желание сделать для него все как можно лучше, вложить что-то ласковое, греющее в его жизнь. Ее трогала за сердце неловкость, смешное неумение Николая, его отчужденность от обычного и что-то мудро-детское в светлых глазах. Потом ее мысль упруго остановилась на сыне, и перед нею снова развернулся день Первого мая, весь одетый в новые звуки, окрыленный новым смыслом. И горе этого дня было, как весь он, особенное, - оно не сгибало голову к земле, как тупой, оглушающий удар кулака, оно кололо сердце многими уколами и вызывало в нем тихий гнев, выпрямляя согнутую спину.

"Идут в мире дети", - думала она, прислушиваясь к незнакомым звукам ночной жизни города. Они ползли в открытое окно, шелестя листвой в палисаднике, прилетали издалека усталые, бледные и тихо умирали в комнате.

Рано утром она вычистила самовар, вскипятила его, бесшумно собрала посуду и, сидя в кухне, стала ожидать, когда проснется Николай. Раздался его кашель, и он вошел в дверь, одной рукой держа очки, другой прикрывая горло. Ответив на его приветствие, она унесла самовар в комнату, а он стал умываться, расплескивая на пол воду, роняя мыло, зубную щетку и фыркая на себя.

За чаем Николай рассказывал ей:

- Я занимаюсь в земской управе очень печальной работой - наблюдаю, как разоряются наши крестьяне... И, улыбаясь виновато, повторил:

- Люди, истощенные голодом, преждевременно ложатся в могилы, дети родятся слабыми, гибнут, как мухи осенью, - мы все это знаем, знаем причины несчастия и, рассматривая их, получаем жалование. А дальше ничего, собственно говоря...

- А вы кто - студент? - спросила она его.

- Нет, я учитель. Отец мой - управляющий заводом в Вятке, а я пошел в учителя. Но в деревне я стал мужикам книжки давать, и меня за это посадили в тюрьму. После тюрьмы - служил приказчиком в книжном магазине, но - вел себя неосторожно и снова попал в тюрьму, потом - в Архангельск выслали. Там у меня тоже вышли неприятности с губернатором, меня заслали на берег Белого моря, в деревушку, где я прожил пять лет.

Его говорок звучал в светлой, залитой солнцем комнате спокойно и ровно. Мать уже много слышала таких историй и никогда не понимала - почему их рассказывают так спокойно, относясь к ним, как к чему-то неизбежному?

- Сестра моя сегодня приедет! - сообщил он.

- Замужняя?

- Вдова. Муж у нее был в Сибирь сослан, но бежал оттуда и умер от чахотки за границей два года тому назад...

- Она моложе вас?

- Старше на шесть лет. Я ей очень многим обязан. Вот вы послушайте, как она играет! Это ее пианино... здесь вообще много ее вещей, мои - книги...

- А она где живет?

- Везде! - ответил он, улыбаясь. - Где есть нужда в смелом человеке, там и она.

- Тоже - в этом деле? - спросила мать.

- Конечно! - сказал он.

Он скоро ушел на службу, а мать задумалась об "этом деле", которое изо дня в день упрямо и спокойно делают люди. И она почувствовала себя перед ними, как перед горою в ночной час.

Около полудня явилась дама в черном платье, высокая и стройная. Когда мать отперла ей дверь, она бросила на пол маленький желтый чемодан и, быстро схватив руку Власовой, спросила:

- Вы Павла Михайловича мама, так?

- Да, - ответил мать, смущенная ее богатым костюмом.

- Я вас такой и представляла себе! Брат писал, что вы будете жить у него! - говорила дама, снимая перед зеркалом шляпу. - Мы с Павлом Михайловичем давно друзья. Он рассказывал мне про вас.

Голос у нее был глуховатый, говорила она медленно, но двигалась сильно и быстро. Большие серые глаза улыбались молодо и ясно, а на висках уже сияли тонкие лучистые морщинки, и над маленькими раковинами ушей серебристо блестели седые волосы.

- Есть хочу! - заявила она. - Теперь бы чашку кофе выпить...

- Сейчас я сварю! - отозвалась мать и, доставая кофейный прибор из шкафа, тихонько спросила: - А разве Паша говорив обо мне?

- Много...

Она вынула маленький кожаный портсигар, закурила папиросу и, расхаживая по комнате, спрашивала:

- Вы сильно боитесь за него?

Наблюдая, как дрожат синие языки огня спиртовой лампы под кофейником, мать улыбалась. Ее смущение перед дамой исчезло в глубине радости.

"Так он обо мне рассказывает, хороший мой!" - думала она, а сама медленно говорила: - Конечно, - нелегко, но раньше было бы хуже, - теперь я знаю - не один он...

И, глядя в лицо женщины, спросила ее:

- А как ваше имя?

- Софья! - ответила та.

Мать зорко присматривалась к ней. В этой женщине было что-то размашистое, слишком бойкое и торопливое.

Быстро прихлебывая кофе, она уверенно говорила:

- Главное, чтобы все они недолго сидели в тюрьме, скорее бы осудили их! А как только сошлют - мы сейчас же устроим Павлу Михайловичу побег, - он необходим здесь.

Мать недоверчиво взглянула на Софью, а та, поискав глазами, куда бы бросить окурок папиросы, сунула его в землю цветочной банки.

- Портятся от этого цветы! - машинально заметила мать.

- Извините! - сказала Софья. - Николай тоже всегда говорит мне это! - И, вынув из банки окурок, она выбросила его за окно.

Мать смущенно взглянула в лицо ей и виновато проговорила:

- Вы извините меня! Я это так сказала, не подумав. Разве я могу учить вас?

- А почему и не учить, если я неряха? - отозвалась Софья, пожав плечами. - Готов кофе? Спасибо! А почему одна чашка? Вы не будете пить?

И вдруг, взяв мать за плечи, привлекая к себе и заглядывая в глаза, она удивленно спросила:

- Неужели вы стесняетесь? Мать, улыбаясь, ответила:

- Только что я вам насчет окурка сказала, а вы меня спрашиваете - не стесняюсь ли!

И, не скрывая своего удивления, она заговорила, как бы спрашивая:

- Вчера к вам приехала, а веду себя как дома, ничего не боюсь, говорю что хочу...

- Так и нужно! - воскликнула Софья.

- У меня голова кружится, и как будто я - сама себе чужая, - продолжала мать. - Бывало - ходишь, ходишь около человека прежде чем что-нибудь скажешь ему от души, а теперь - всегда душа открыта, и сразу говоришь такое, чего раньше не подумала бы...

Софья снова закурила папиросу, ласково и молча освещая лицо матери своими серыми глазами.

- Вы говорите - побег устроить? Ну, а как же он жить будет - беглый? - поставила мать волновавший ее вопрос.

- Это пустяки! - ответила Софья, наливая себе еще кофе. - Будет жить, как живут десятки бежавших... Я вот только что встретила и проводила одного, - тоже очень ценный человек, - был сослан на пять лет, а прожил в ссылке три с половиной месяца...

Мать пристально посмотрела на нее, улыбнулась и, качая головой, тихо сказала:

- Нет, видно, смял меня этот день, Первое мая! Неловко мне как-то, и точно по двум дорогам сразу я иду: то мне кажется, что все понимаю, а вдруг как в туман попала. Вот теперь вы, - смотрю на вас - барыня, - занимаетесь этим делом... Пашу знаете - и цените его, спасибо вам...

- Ну, уж это вам спасибо! - засмеялась Софья.

- Что - я? Не я его этому научила! - вздохнув, сказала! мать.

Софья положила окурок на блюдце своей чашки, тряхнула головой, ее золотистые волосы рассыпались густыми прядями по спине, и она ушла, сказав:

- Ну, мне пора снять с себя все это великолепие...

III

К вечеру явился Николай. Обедали, и за обедом Софья рассказывала, посмеиваясь, как она встречала и прятала бежавшего из ссылки человека, как боялась шпионов, видя их во всех людях, и как смешно вел себя этот беглый. В тоне ее было что-то, напоминавшее матери похвальбу рабочего, который хорошо сделал трудную работу и - доволен.

Теперь она была одета в легкое широкое платье стального цвета. Она казалась выше ростом в этом платье, глаза ее как будто потемнели, и движения стали более спокойными.

- Тебе, Софья, - заговорил Николай после обеда, - придется взять еще дело. Ты знаешь, мы затеяли газету для деревни, но связь с людьми оттуда потеряна благодаря последним арестам. Вот только Пелагея Ниловна может указать нам, как найти человека, который возьмет распространение газеты на себя. Ты с ней поезжай туда. Нужно - скорее.

- Хорошо! - покуривая папиросу, сказала Софья. - Едем, Пелагея Ниловна?

- Что ж, поедемте...

- Далеко?

- Верст восемьдесят...

- Чудесно!.. А теперь я поиграю. Вы как, Пелагея Ниловна, можете потерпеть немного музыки?

- Вы меня не спрашивайте - будто нет меня тут! - сказала мать, усаживаясь в уголок дивана. Она видела, что брат и сестра как бы не обращают на нее внимания, и в то же время выходило так, что она все время невольно вмешивалась в их разговор, незаметно вызываемая ими.

Вот слушай, Николай! Это - Григ. Я сегодня привезла - Закрой окна.

Она открыла ноты, не сильно ударила по клавишам левой рукой. Сочно и густо запели струны. Вздохнув глубоко, к ним прилилась еще нота, богатая звуком. Из-под пальцев правой руки, светло звеня, тревожной стаей полетели странно прозрачные крики струн и закачались, забились, как испуганные птицы, на темном фоне низких нот.

Сначала мать не трогали эти звуки, в их течении она слышала только звенящий хаос. Слух ее не мог поймать мелодии в сложном трепете массы нот. Полудремотно она смотрела на Николая, сидевшего, поджав под себя ноги, в другом конце широкого дивана, разглядывала строгий профиль Софьи и голову ее, покрытую тяжелой массой золотистых волос. Луч солнца сначала тепло освещал голову и плечо Софьи, потом лег на клавиши рояля и затрепетал под пальцами женщины, обнимая их. Музыка наполняла комнату все теснее и незаметно для матери будила ее сердце.

И почему-то пред ней вставала из темной ямы прошлого одна обида, давно забытая, но воскресавшая теперь с горькой

ясностью. Однажды покойник муж пришел домой поздно ночью, сильно пьяный, схватил ее за руку, сбросил с постели на пол, ударил в бок ногой и сказал:

- Ступай вон, сволочь, надоела ты мне!

Она, чтобы защитить себя от его ударов, быстро взяла на руки двухлетнего сына и, стоя на коленях, прикрылась его телом, как щитом. Он плакал, бился у нее в руках, испуганный, голенький и теплый.

- Ступай! - ревел Михаил.

Она вскочила на ноги, бросилась в кухню, накинула на плечи кофту, закутала ребенка в шаль и молча, без криков и жалоб, босая, в одной рубашке и кофте сверх нее, пошла по улице. Был май, ночь была свежа, пыль улицы холодно приставала к ногам, набиваясь между пальцами. Ребенок плакал, бился. Она раскрыла грудь, прижала сына к телу и, гонимая страхом, шла по улице, шла, тихонько баюкая:

- О-о-о... о-о-о!..

А уже светало, ей было боязно и стыдно ждать, что кто-нибудь выйдет на улицу, увидит ее, полунагую. Она сошла к болоту и села на землю под тесной группой молодых осин. И так сидела долго, объятая ночью, неподвижно глядя во тьму широко раскрытыми глазами, и боязливо пела, баюкая уснувшего ребенка и обиженное сердце свое...

- О-о-о... о-о-о... о-о-о!..

В одну из минут, проведенных ею там, над головой ее мелькнула, улетая вдаль, какая-то черная тихая птица - она разбудила ее, подняла. Дрожа от холода, она пошла домой, навстречу привычному ужасу побоев и новых обид...

Последний раз вздохнул гулкий аккорд, безразличный, холодный, вздохнул и замер.

Софья обернулась, негромко спрашивая брата:

- Понравилось?

- Очень! - сказал он, вздрогнув, как разбуженный. -

Очень...

В груди матери пело и дрожало эхо воспоминаний. И где-то сбоку, стороной, развивалась мысль:

"Вот, - живут люди, дружно, спокойно. Не ругаются, не пьют водки, не спорят из-за куска... как это есть у людей черной жизни..."

Софья курила папиросу. Она курила много, почти беспрерывно.

- Это любимая вещь покойника Кости! - сказала она, торопливо затягиваясь дымом, и снова взяла негромкий, печальный аккорд. - Как я любила играть ему. Какой он чуткий был, отзывчивый на все, - всем полный...

"О муже вспоминает, должно быть, - мельком отметила мать. - А - улыбается..."

- Сколько дал мне счастья этот человек... - тихо говорила Софья, аккомпанируя своим думам легкими звуками струн. - Как он умел жить...

- Да-а! - сказал Николай, теребя бородку. - Певучая душа!..

Софья бросила куда-то начатую папиросу, обернулась к матери и спросила ее:

- Вам не мешает мой шум, нет?

Мать ответила с досадой, которую не могла сдержать:

- Вы меня не спрашивайте, я ничего не понимаю. Сижу, слушаю, думаю про себя...

- Нет, вы должны понимать! - сказала Софья. - Женщина не может не понять музыку, особенно если ей грустно...

Она сильно ударила по клавишам, и раздался громкий крик, точно кто-то услышал ужасную для себя весть, - она ударила его в сердце и вырвала этот потрясающий звук. Испуганно затрепетали молодые голоса и бросились куда-то торопливо, растерянно; снова закричал громкий, гневный голос, все заглушая. Должно быть - случилось несчастье, но вызвало к жизни не жалобы, а гнев. Потом явился кто-то ласковый и сильный и запел простую красивую песнь, уговаривая, призывая за собой.

Сердце матери налилось желанием сказать что-то хорошее этим людям. Она улыбалась, охмеленная музыкой, чувствуя себя способной сделать что-то нужное для брата и сестры.

И поискав глазами - что можно сделать? - тихонько пошла в кухню ставить самовар.

Но это желание не исчезло у нее, и, разливая чай, она говорила, смущенно усмехаясь и как бы отирая свое сердце словами теплой ласки, которую давала равномерно им и себе:

- Мы, люди черной жизни, - все чувствуем, но трудно выговорить нам, нам совестно, что вот - понимаем, а сказать не можем. И часто - от совести - сердимся мы на мысли наши. Жизнь - со всех сторон и бьет и колет, отдохнуть хочется, а мысли - мешают.

Николай слушал, протирая очки, Софья смотрела, широко открыв свои огромные глаза и забывая курить угасавшую папиросу. Она сидела у пианино вполоборота к нему и порою тихо касалась клавиш тонкими пальцами правой руки. Аккорд осторожно вливался в речь матери, торопливо облекавшей чувства в простые, душевные слова.

- Я вот теперь смогу сказать кое-как про себя, про людей, потому что - стала понимать, могу сравнить. Раньше жила, - не с чем было сравнивать. В нашем быту - все живут одинаково. А теперь вижу, как другие живут, вспоминаю, как сама жила, и - горько, тяжело!

Она понизила голос, продолжая:

- Может быть, я что-нибудь и не так говорю и не нужно этого говорить, потому что вы сами все знаете...

Слезы зазвенели в ее голосе, и, глядя на них с улыбкой в глазах, она сказала:

- А хочется мне сердце открыть перед вами, чтобы видели вы, как я желаю вам доброго, хорошего!

- Мы это видим! - тихо сказал Николай.

Она не могла насытить свое желание и снова говорила им то, что было ново для нее и казалось ей неоценимо важным. Стала рассказывать о своей жизни в обидах и терпеливом страдании, рассказывала беззлобно, с усмешкой сожаления на губах, развертывая серый свиток печальных дней, перечисляя побои мужа, и сама поражалась ничтожностью поводов к этим побоям, сама удивлялась своему неумению отклонить их...

Они слушали ее молча, подавленные глубоким смыслом простой истории человека, которого считали скотом и который сам долго и безропотно чувствовал себя тем, за кого его считали. Казалось, тысячи жизней говорят ее устами; обыденно и просто было все, чем она жила, но - так просто и обычно жило бесчисленное множество людей на земле, и ее история принимала значение символа. Николай поставил локти на стол, положил голову на ладони и не двигался, глядя на нее через очки напряженно прищуренными глазами. Софья откинулась на спинку стула и порой вздрагивала, отрицательно покачивая головой. Лицо ее стало еще более худым и бледным, она не курила.

- Однажды я сочла себя несчастной, мне показалось, что жизнь моя - лихорадка, - тихо заговорила она, опуская голову. - Это было в ссылке. Маленький уездный городишко, делать нечего, думать не о чем, кроме себя. Я складывала все мои несчастия и взвешивала их от нечего делать: вот - поссорилась с отцом, которого любила, прогнали из гимназии и оскорбили, тюрьма, предательство товарища, который был близок мне, арест мужа, опять тюрьма и ссылка, смерть мужа. И мне тогда казалось, что самый несчастный человек - это я. Но все мои несчастия - ив десять раз больше - не стоят месяца вашей жизни, Пелагея Ниловна... Это ежедневное истязание в продолжение годов... Где люди черпают силу страдать?

- Привыкают! - вздохнув, ответила Власова.

- Мне казалось - я знаю жизнь! - задумчиво сказал Николай. - Но когда о ней говорит не книга и не разрозненные впечатления мои, а вот так, сама она, - страшно! И страшны мелочи, страшно - ничтожное, минуты, из которых слагаются года...

Беседа текла, росла, охватывая черную жизнь со всех сторон, мать углублялась в свои воспоминания и, извлекая из сумрака прошлого каждодневные обиды, создавала тяжелую картину немого ужаса, в котором утонула ее молодость. Наконец она сказала:

- Ой, заговорила я вас, пора вам отдыхать! Всего не перескажешь... |

Брат и сестра простились с нею молча. Ей показалось, что Николай поклонился ниже, чем всегда, и крепче пожал руку. А Софья проводила ее до комнаты и, остановясь в дверях, сказала тихо:

- Отдыхайте, покойной ночи!

От ее голоса веяло теплом, серые глаза мягко ласкали лицо матери...

Она взяла руку Софьи и, сжимая ее своими руками, ответила:

- Спасибо вам!..

IV

Через несколько дней мать и Софья явились перед Николаем бедно одетыми мещанками, в поношенных ситцевых платьях в кофтах, с котомками за плечами и с палками в руках. Костюм убавил Софье рост и сделал еще строже ее бледное лицо.

Прощаясь с сестрой, Николай крепко пожал ей руку, и мать еще раз отметила простоту и спокойствие их отношений. Ни поцелуев, ни ласковых слов у этих людей, а относятся они друг к другу так душевно, заботливо. Там, где она жила, люди много целуются, часто говорят ласковые слова и всегда кусают друг друга, как голодные собаки.

Женщины молча прошли по улицам города, вышли в поле и зашагали плечо к плечу по широкой, избитой дороге между двумя рядами старых берез.

- А не устанете вы? - спросила мать у Софьи.

- Вы думаете, мало я ходила? Это мне знакомо.

Весело, как будто хвастаясь шалостями детства, Софья стала рассказывать матери о своей революционной работе. Ей приходилось жить под чужим именем, пользуясь фальшивым документом, переодеваться, скрываясь от шпионов, возить пуды запрещенных книг по разным городам, устраивать побеги для ссыльных товарищей, сопровождать их за границу. В ее квартире была устроена тайная типография, и когда жандармы, узнав об этом, явились с обыском, она, успев за минуту перед их приходом переодеться горничной, ушла, встретив у ворот дома своих гостей, и без верхнего платья, в легком платке на голове и с жестянкой для керосина в руках, зимою, в крепкий мороз, прошла весь город из конца в конец. Другой раз она приехала в чужой город к своим знакомым и, когда уже шла по лестнице в их квартиру, заметила, что у них обыск. Возвращаться назад было поздно, тогда она смело позвонила в дверь этажом ниже квартиры знакомых и, войдя со своим чемоданом к незнакомым людям, откровенно объяснила им свое положение.

- Можете выдать меня, если хотите, но я думаю, вы не сделаете этого, - сказала она уверенно.

Они были сильно испуганы и всю ночь не спали, ожидая

каждую минуту, что к ним постучат, но не решились выдать ее жандармам, а утром вместе с нею смеялись над ними. Однажды она, переодетая монахиней, ехала в одном вагоне и на одной скамье со шпионом, который выслеживал ее и, хвастаясь своей ловкостью, рассказывал ей, как он это делает. Он был уверен, что она едет с этим поездом в вагоне второго класса, на каждой остановке выходил и, возвращаясь, говорил ей:

- Не видно, - спать легла, должно быть. Тоже и они устают, - жизнь трудная, вроде нашей!

Мать слушала ее рассказы, смеялась и смотрела на нее ласкающими глазами. Высокая, сухая, Софья легко и твердо шагала по дороге стройными ногами. В ее походке, словах, в самом звуке голоса, хотя и глуховатом, но бодром, во всей ее прямой фигуре было много душевного здоровья, веселой смелости. Ее глаза смотрели на все молодо и всюду видели что-то, радовавшее ее юной радостью.

- Смотрите, какая славная сосна! - восклицала Софья, указывая матери на дерево. Мать останавливалась и смотрела, - сосна была не выше и не гуще других.

- Хорошее дерево! - усмехаясь, говорила она. И видела, как ветер играет седыми волосами над ухом женщины.

- Жаворонок! - Серые глаза Софьи ласково разгорались, и тело как будто поднималось от земли навстречу музыке, невидимо звеневшей в ясной высоте. Порою она, гибко наклоняясь, срывала полевой цветок и легкими прикосновениями тонких быстрых пальцев любовно гладила дрожащие лепестки. И что-то напевала, тихо и красиво.

Все это подвигало сердце ближе к женщине со светлыми глазами, и мать невольно жалась к ней, стараясь идти в ногу. Но порою в словах Софьи вдруг являлось что-то резкое, оно казалось матери лишним и возбуждало у нее опасливую думу:

"Не понравится она Михаиле-то..."

А через минуту Софья снова говорила просто, душевно, и мать, улыбаясь, заглядывала ей в глаза.

- Какая молодая вы еще! - вздохнув, сказала она.

- О, мне уж тридцать два года! - воскликнула Софья.

Власова улыбнулась.

- Я не про это, - с лица вам можно больше дать. А посмотришь в глаза ваши, послушаешь вас и даже удивляешься, - как будто вы девушка. Жизнь ваша беспокойная и трудная, опасная, а сердце у вас - улыбается.

- Я не чувствую, что мне трудно, и не могу представить жизнь лучше, интереснее этой... Я буду звать вас - Ниловна; Пелагея - это не идет вам.

- Зовите, как хочется! - задумчиво сказала мать. - Как хочется, так и зовите. Я вот все смотрю на вас, слушаю, думаю. Приятно мне видеть, что вы знаете пути к сердцу человеческому. Все в человеке перед вами открывается без робости, без опасений, - сама собой распахивается душа встречу вам. И думаю я про всех вас - одолеют они злое в жизни, непременно одолеют!

- Мы победим, потому что мы - с рабочим народом! - уверенно и громко сказала Софья. - В нем скрыты все возможности, и с ним - все достижимо! Надо только разбудить его сознание, которому не дают свободы расти...

Речь ее будила в сердце матери сложное чувство - ей почему-то было жалко Софью необидной дружеской жалостью и хотелось слышать от нее другие слова, более простые.

- Кто вас наградит за труды ваши? - спросила она тихо и печально.

Софья ответила с гордостью, как показалось матери:

- Мы уже награждены! Мы нашли для себя жизнь, которая удовлетворяет нас, мы живем всеми силами души - чего еще можно желать?

Мать взглянула на нее и опустила голову, снова подумав: "Не понравится она Михаиле..."

Вдыхая полной грудью сладкий воздух, они шли не быстрой, но спорой походкой, и матери казалось, что она идет на богомолье. Ей вспоминалось детство и та хорошая радость, с которой она, бывало, ходила из села на праздник в дальний монастырь к чудотворной иконе.

Иногда Софья негромко, но красиво пела какие-то новые песни о небе, о любви или вдруг начинала рассказывать стихи о поле и лесах, о Волге, а мать, улыбаясь, слушала и невольно покачивала головой в ритм стиха, поддаваясь музыке его.

В ГРУДИ у нее было тепло, тихо и задумчиво, точно в маленьком старом саду летним вечером.

V

На третий день пришли к селу; мать спросила мужика, работавшего в поле, где дегтярный завод, и скоро они спустились по крутой лесной тропинке, - корни деревьев лежали на ней, как ступени, - на небольшую круглую поляну, засоренную углем и щепой, залитую дегтем.

- Вот и пришли! - беспокойно оглядываясь, сказала мать. У шалаша из жердей и ветвей, за столом из трех нестроганых досок, положенных на козлы, врытые в землю, сидели, обедая - Рыбин, весь черный, в расстегнутой на груди рубахе, Ефим я еще двое молодых парней. Рыбин первый заметил их и, приложив ладонь к глазам, молча ждал.

- Здравствуйте, братец Михаиле! - крикнула мать еще издали.

Он встал, не торопясь пошел встречу, узнав ее, остановился и, улыбаясь, погладил бороду темной рукой.

- Идем на богомолье! - говорила мать, подходя. - Дай, думаю, зайду, навещу брата! Вот моя подруга, Анной звать...

Гордясь своими выдумками, она искоса взглянула в лицо Софьи, серьезное и строгое.

- Здравствуй! - сказал Рыбин, сумрачно усмехаясь, потряс ее руку, поклонился Софье и продолжал: - Не ври, здесь не город, вранье не требуется! Все - свои люди...

Ефим, сидя за столом, зорко рассматривал странниц и что-то говорил товарищам жужжавшим голосом. Когда женщины подошли к столу, он встал и молча поклонился им, его товарищи сидели неподвижно, как бы не замечая гостей.

- Мы тут живем, как монахи! - сказал Рыбин, легонько ударяя Власову по плечу. - Никто не ходит к нам, хозяина в селе нет, хозяйку в больницу увезли, и я вроде управляющего. Садитесь-ка за стол. Чай, есть хотите? Ефим, достал бы молока!

Не торопясь, Ефим пошел в шалаш, странницы снимали с плеч котомки, один из парней, высокий и худой, встал из-за стола, помогая им, другой, коренастый и лохматый, задумчиво облокотясь на стол, смотрел на них, почесывая голову и тихо мурлыкая песню.

Тяжелый аромат дегтя сливался с душным запахом прелого листа и кружил голову.

- Вот этого звать Яков, - указывая на высокого парня, сказал Рыбин, - а тот - Игнатий. Ну, как сын твой?

- В тюрьме! - вздохнув, сказала мать.

- Опять в тюрьме? - воскликнул Рыбин. - Понравилось ему, однако...

Игнатий перестал петь, Яков взял палку из рук матери и

сказал:

- Садись!..

- А что же вы? Садитесь! - пригласил Рыбин Софью. Она молча села на обрубок дерева, внимательно разглядывая Рыбина.

- Когда взяли? - спросил Рыбин, усаживаясь против матери, и, качнув головой, воскликнул: - Не везет тебе, Ниловна!

- Ничего! - сказала она.

- Ну? Привыкаешь?

- Не привыкаю, а вижу - нельзя без этого!

- Так! - сказал Рыбин. - Ну, рассказывай... Ефим принес горшок молока, взял со стола чашку, сполоснул водой и, налив в нее молоко, подвинул к Софье, внимательно слушая рассказ матери. Он двигался и делал все бесшумно, осторожно. Когда мать кончила свой краткий рассказ - все молчали с минуту, не глядя друг на друга. Игнат, сидя за столом, рисовал ногтем на досках какой-то узор, Ефим стоял сзади Рыбина, облокотясь на его плечо, Яков, прислонясь к стволу дерева, сложил на груди руки и опустил голову. Софья исподлобья оглядывала мужиков...

- Да-а! - медленно и угрюмо протянул Рыбин. - Вот как, - открыто!..

- У нас бы, если такой парад устроить, - сказал Ефим и хмуро усмехнулся, - насмерть избили бы мужики!

- Изобьют! - подтвердил Игнат, кивнув головой. - Нет, я на фабрику уйду, там лучше...

- Судить, говоришь, будут Павла? - спросил Рыбин. - И что же, какое наказание, не слышала?

- Каторга или вечное поселение в Сибири... - тихо ответила она.

Трое парней все сразу посмотрели на нее, а Рыбин опустил голову и медленно спросил:

- А он, когда затевал это дело, знал, что ему грозит?

- Знал! - громко сказала Софья.

Все замолчали, не двигаясь, как бы застыв в одной холодной мысли.

- Так! - продолжал Рыбин сурово и важно. - Я тоже думаю, что знал. Не смерив - он не прыгает, человек серьезный. Вот, ребята, видали? Знал человек, что и штыком его ударить могут, и каторгой попотчуют, а - пошел. Мать на дороге ему ляг - перешагнул бы. Пошел бы, Ниловна, через тебя?

- Пошел бы! - вздрогнув, сказала мать и оглянулась, тяжело вздохнув. Софья молча погладила ее руку и, нахмурив брови, в упор посмотрела на Рыбина.

- Это - человек! - сказал он негромко и оглянул всех темными глазами. И снова шестеро людей молчали. Тонкие лучи солнца золотыми лентами висели в воздухе. Где-то убежденно каркала ворона. Мать осматривалась, расстроенная воспоминаниями о Первом мая, тоской о сыне, об Андрее. На маленькой, тесной поляне валялись бочки из-под дегтя, топырились выкорчеванные пни. Дубы и березы, густо теснясь вокруг поляны, незаметно надвигались на нее со всех сторон, и, связанные тишиной, неподвижные, они бросали на землю темные теплые тени.

Вдруг Яков отшатнулся от дерева, шагнул в сторону, остановился и, взмахнув головой, спросил сухо и громко:

- Это против таких нас с Ефимом поставят?

- А ты думаешь, против кого? - ответил Рыбин угрюмым вопросом. - Нас душат нашими же руками, в этом и фокус!

- Я все-таки пойду в солдаты! - негромко и упрямо заявил Ефим.

- Кто отговаривает? - воскликнул Игнат. - Иди! И, в упор глядя на Ефима, усмехаясь, сказал:

- Только когда в меня стрелять будешь, цель в голову... не калечь, а сразу убивай!

- Слышал я это! - резко крикнул Ефим.

- Погоди, ребята! - заговорил Рыбин, оглядывая их, и поднял руку неторопливым движением. - Вот - женщина! - сказал он, указывая на мать. - Сын у нее, наверное, пропал теперь...

- Зачем ты это говоришь? - спросила мать, тоскливо и негромко.

- Надо! - ответил он угрюмо. - Надо, чтобы твои волосы не зря седели. Ну, что же, - убили ее этим? Ниловна, книжек принесла?

Мать взглянула на него и, помолчав, ответила:

- Принесла...

- Так! - сказал Рыбин, ударив ладонью по столу. - Я это сразу понял, как увидал тебя, - зачем тебе идти сюда, коли не для этого? Видали? Сына выбили из ряда - мать на его место встала!

Он, зловеще грозя рукой, матерно выругался.

Мать испугалась его крика, она смотрела на него и видела, что лицо Михаила резко изменилось - похудело, борода стала неровной, под нею чувствовались кости скул. На синеватых белках глаз явились тонкие красные жилки, как будто он долго не спал, нос у него стал хрящеватее, хищно загнулся. Раскрытый ворот пропитанной дегтем, когда-то красной, рубахи обнажил сухие ключицы, густую черную шерсть на груди, и во всей фигуре теперь было еще более мрачного, траурного. Сухой блеск воспаленных глаз освещал темное лицо огнем гнева. Софья, побледнев, молчала, не отрывая глаз от мужиков. Игнат покачивал головой, сощурив глаза, а Яков, снова стоя у шалаша, темными пальцами сердито отламывал кору жерди. Вдоль стола за спиной матери медленно шагал Ефим.

- Намедни, - продолжал Рыбин, - вызвал меня земский, - говорит мне: "Ты что, мерзавец, сказал священнику?" - "Почему я - мерзавец? Я зарабатываю хлеб свой горбом, я ничего худого против людей не сделал, - говорю, - вот!" Он заорал, ткнул мне в зубы... трое суток я сидел под арестом. Так говорите вы с народом! Так? Не жди прощенья, дьявол! Не я - другой, не тебе - детям твоим возместит обиду мою, - помни! Вспахали вы железными когтями груди народу, посеяли в них зло - не жди пощады, дьяволы наши! Вот.

Он был весь налит кипящей злобой, и в голосе его вздрагивали звуки, пугавшие мать.

- А что я сказал попу? - продолжал он спокойнее. - После схода в селе сидит он с мужиками на улице и рассказывает им, что, дескать, люди - стадо, для них всегда пастуха надо, - так! А я пошутил: "Как назначат в лесу воеводой лису, пера будет много, а птицы - нет!" Он покосился на меня, заговорил насчет того, что, мол, терпеть надо народу и богу молиться, чтобы он силу дал для терпенья. А я сказал - что, мол, народ молится много, да, видно, время нет у бога, - не слышит! Вот. Он привязался ко мне - какими молитвами я молюсь? Я говорю - одной всю жизнь, как и весь народ: "Господи, научи таскать барам кирпичи, есть каменья, выплевывать поленья!" Он мне и договорить не дал. Вы - барыня? - вдруг оборвав рассказ, спросил Рыбин Софью.

- Почему я барыня? - быстро спросила она его, вздрогнув от неожиданности.

- Почему! - усмехнулся Рыбин. - Такая судьба, с тем родились! Вот. Думаете - ситцевым платочком дворянский грех можно скрыть от людей? Мы узнаем попа и в рогоже. Вы вот локоть в мокро на столе положили - вздрогнули, сморщились. И спина у вас прямая для рабочего человека...

Боясь, что он обидит Софью своим тяжелым голосом, усмешкой и словами, мать торопливо и строго заговорила:

- Она моя подруга, Михаиле Иваныч, она - хороший человек, - в этом деле седые волосы нажила. Ты - не очень... Рыбин тяжело вздохнул.

- Разве я говорю обидное?

Софья, взглянув на него, сухо спросила:

- Вы что-то хотели сказать мне?

- Я? Да! Вот тут недавно человек явился новый, двоюродный брат Якову, больной он, в чахотке. Позвать его - можно?

- Что же, позовите! - ответила Софья. Рыбин взглянул на нее, прищурив глаза, и, понизив голос, сказал:

- Ефим, ты бы пошел к нему, - скажи, чтобы к ночи он явился, - вот.

Ефим надел картуз и молча, ни на кого не глядя, не торопясь, скрылся в лесу. Рыбин кивнул головой вслед ему, глухо говоря:

- Мучается! Ему идти в солдаты, - ему и вот Якову. Яков просто говорит: "Не могу", а тот тоже не может, а хочет идти... Думает - можно солдат потревожить. Я полагаю - стены лбом не прошибешь... Вот они - штыки в руку и пошли. Да-а, мучается! А Игнатий бередит ему сердце, - напрасно!

- Вовсе не напрасно! - хмуро сказал Игнат, не глядя на Рыбина. - Его там обработают, начнет палить не хуже других...

- Едва ли! - задумчиво отозвался Рыбин. - Но, конечно, лучше бежать от этого. Россия велика - где найдешь? Паспортишко достал и ходи по деревням...

- Я так и сделаю! - заметил Игнат, постукивая себе щепой по ноге. - Уж как решились идти против - иди прямо!

Разговор оборвался. Заботливо кружились пчелы и осы, звеня в тишине и оттеняя ее. Чирикали птицы, и где-то далеко звучала песня, плутая по полям. Помолчав, Рыбин сказал:

- Ну, - нам работать надо... Вы, может, отдохнете? Там, в шалаше, нары есть. Набери-ка им листа сухого, Яков... А ты, мать, давай книги...

Мать и Софья начали развязывать котомки. Рыбин наклонился над ними и, довольный, говорил:

- Немало принесли, - ишь ты! Давно в этих делах, - как вас звать-то? - обратился он к Софье.

- Анна Ивановна! - ответила она. - Двенадцать лет... А что?

- Ничего. В тюрьме бывали, чай?

- Бывала...

- Видишь? - негромко и с упреком сказала мать. - А ты грубое говорил при ней...

Он помолчал и, забрав в руки кучу книг, сказал, оскалив зубы:

- Вы на меня не обижайтесь! Мужику с барином как смоле с водой, - трудно вместе, отскакивает!

- Я не барыня, а человек! - возразила Софья, мягко усмехаясь.

- И это может быть! - отозвался Рыбин. - Говорят, будто собака раньше волком была. Пойду, спрячу это. Игнат и Яков подошли к нему, протянув руки.

- Дай-ка нам! - сказал Игнат.

- Все одинаковы? - спросил Рыбин Софью.

- Разные. Тут газета есть...

- О?

Они трое поспешно ушли в шалаш.

- Горит мужик! - тихонько сказала мать, проводив их задумчивым взглядом.

- Да, - тихо отозвалась Софья. - Никогда я еще не видала такого лица, как у него, - великомученик какой-то! Пойдем и мы туда, мне хочется взглянуть на них...

- Вы на него не сердитесь, что суров он... - тихонько попросила мать.

Софья усмехнулась.

- Какая вы славная, Ниловна...

Когда они встали в дверях, Игнат поднял голову, мельком взглянул на них и, запустив пальцы в кудрявые волосы, наклонился над газетой, лежавшей на коленях у него; Рыбин, стоя, поймал на бумагу солнечный луч, проникший в шалаш сквозь щель в крыше, и, двигая газету под лучом, читал, шевеля губами; Яков, стоя на коленях, навалился на край нар грудью и тоже читал.

Мать, пройдя в угол шалаша, села там, а Софья, обняв ее за плечи, молча наблюдала.

- Дядя Михаиле, ругают нас, мужиков! - вполголоса сказал Яков, не оборачиваясь. Рыбин обернулся, взглянул на него и ответил усмехаясь:

- Любя!

Игнат потянул в себя воздух, поднял голову и, закрыв глаза, молвил:

- Написано тут - "крестьянин перестал быть человеком", - конечно, перестал!

По его простому, открытому лицу скользнула тень обиды.

- На-ко, поди, надень мою шкуру, повертись в ней, я погляжу, чем ты будешь, - умник!

- Я лягу! - тихонько сказала мать Софье. - Устала все-таки немного, и голова кружится от запаха. А вы?

- Не хочу.

Мать протянулась на нарах и задремала. Софья сидела над нею, наблюдая за читающими, и, когда оса или шмель кружились над лицом матери, она заботливо отгоняла их прочь. Мать видела это полузакрытыми глазами, и ей была приятна забота Софьи.

Подошел Рыбин и спросил гулким шепотом:

- Спит?

- Да.

Он помолчал, пристально посмотрел в лицо матери, вздохнул и тихо заговорил:

- Она, может, первая, которая пошла за сыном его дорогой, первая!

- Не будем ей мешать, уйдемте! - предложила Софья.

- Да, нам работать надо. Поговорить хотелось бы, да уж до вечера! Идем, ребята...

Они ушли все трое, оставив Софью у шалаша. А мать подумала:

"Ну, ничего, слава богу! Подружились..."

И спокойно уснула, вдыхая пряный запах леса и дегтя.

VI

Пришли дегтярники, довольные, что кончили работу. Разбуженная их голосами, мать вышла из шалаша, позевывая

и улыбаясь.

- Вы работали, а я, будто барыня, спала! - сказала она, оглядывая всех ласковыми глазами.

- Прощается тебе! - отозвался Рыбин. Он был более спокоен, усталость поглотила избыток возбуждения.

- Игнат, - сказал он, - схлопочи-ка насчет чая! Мы тут поочередно хозяйство ведем, - сегодня Игнатий нас поит, кормит!

- Я бы уступил свою очередь! - заметил Игнат и стал собирать щепки и сучья для костра, прислушиваясь.

- Всем гости интересны! - проговорил Ефим, усаживаясь рядом с Софьей.

- Я тебе помогу, Игнат! - тихо сказал Яков, уходя в шалаш.

Он вынес оттуда каравай хлеба и начал резать его на куски, раскладывая по столу.

- Чу! - тихо воскликнул Ефим. - Кашляет... Рыбин прислушался и сказал, кивнув головой:

- Да, идет...

И, обращаясь к Софье, объяснил:

- Сейчас придет свидетель. Я бы его водил по городам, ставил на площадях, чтобы народ слушал его. Говорит он всегда одно, но это всем надо слышать...

Тишина и сумрак становились гуще, голоса людей звучали мягче. Софья и мать наблюдали за мужиками - все они двигались медленно, тяжело, с какой-то странной осторожностью, и тоже следили за женщинами.

Из леса на поляну вышел высокий сутулый человек, он шел медленно, крепко опираясь на палку, и было слышно его хриплое дыхание.

- Вот и я! - сказал он и начал кашлять.

Он был одет в длинное, до пят, потертое пальто, из-под круглой измятой шляпы жидкими прядями бессильно свешивались желтоватые прямые волосы. Светлая бородка росла на его желтом костлявом лице, рот у него был полуоткрыт, глаза глубоко завалились под лоб и лихорадочно блестели оттуда, из темных ям.

Когда Рыбин познакомил его с Софьей, он спросил ее:

- Книг, слышал я, принесли?

- Принесла.

- Спасибо... за народ!.. Сам он еще не может понять правды... так вот я, который понял... благодарю за него.

Он дышал быстро, хватая воздух короткими, жадными вздохами. Голос у него прерывался, костлявые пальцы бессильных рук ползали по груди, стараясь застегнуть пуговицы пальто.

- Вам вредно быть в лесу так поздно. Лес - лиственный, сыро и душно! - заметила Софья.

- Для меня уже нет полезного! - ответил он задыхаясь. - Мне только смерть полезна...

Слушать его голос было тяжело, и вся его фигура вызывала то излишнее сожаление, которое сознает свое бессилие и возбуждает угрюмую досаду. Он присел на бочку, сгибая колени так осторожно, точно боялся, что ноги у него переломятся, вытер потный лоб.

Волосы у него были сухие, мертвые.

Вспыхнул костер, все вокруг вздрогнуло, заколебалось, обожженные тени пугливо бросились в лес, и над огнем мелькнуло круглое лицо Игната о надутыми щеками. Огонь погас. Запахло дымом, снова тишина и мгла сплотились на поляне, насторожась и слушая хриплые слова больного.

- А для народа я еще могу принести пользу как свидетель преступления... Вот, поглядите на меня... мне двадцать восемь лет, но - помираю! А десять лет назад я без натуги поднимал на плечи по двенадцати пудов, - ничего! С таким здоровьем, думал я, лет семьдесят пройду, не споткнусь. А прожил десять - больше не могу. Обокрали меня хозяева, сорок лет жизни ограбили, сорок лет!

- Вот она, его песня! - глухо сказал Рыбин.

Снова вспыхнул огонь, но уже сильнее, ярче, вновь метнулись тени к лесу, снова отхлынули к огню и задрожали вокруг костра; в безмолвной, враждебной пляске. В огне трещали и ныли сырые сучья. Шепталась, шелестела листва деревьев, встревоженная волной нагретого воздуха. Веселые, живые языки пламени играли, обнимаясь, желтые и красные, вздымались кверху, сея искры, летел горящий лист, а звезды в небе улыбались искрам, маня к себе.

- Это - не моя песня, ее тысячи людей поют, не понимая целебного урока для народа в своей несчастной жизни. Сколько замученных работой калек молча помирают с голоду... - Он закашлялся, сгибаясь, вздрагивая.

Яков поставил на стол ведро с квасом, бросил связку зеленого луку и сказал больному:

- Иди, Савелий, я молока тебе принес... Савелий отрицательно качнул головой, но Яков взял его под мышку, поднял и повел к столу.

- Послушайте, - сказала Софья Рыбину тихо, с упреком, - зачем вы его сюда позвали? Он каждую минуту может умереть...

- Может! - согласился Рыбин. - Пока что - пусть говорит. Для пустяков жизнь погубил - для людей пусть еще потерпит, - ничего! Вот.

- Вы точно любуетесь чем-то! - воскликнула Софья. Рыбин взглянул на нее и угрюмо ответил:

- Это господа Христом любуются, как он на кресте стонал, а мы от человека учимся и хотим, чтобы вы поучились немного... Мать пугливо подняла бровь и сказала ему:

- А ты - полно!..

За столом больной снова заговорил:

- Истребляют людей работой, - зачем? Жизнь у человека воруют, - зачем, говорю? Наш хозяин, - я на фабрике Нефедова жизнь потерял, - наш хозяин одной певице золотую посуду подарил для умывания, даже ночной горшок золотой! В этом горшке моя сила, моя жизнь. Вот для чего она пошла, - человек убил меня работой, чтобы любовницу свою утешить кровью моей, - ночной горшок золотой купил ей на кровь мою!

- Человек создан по образу и подобию божию, - сказал Ефим усмехаясь, - а его вот куда тратят...

- А не молчи! - воскликнул Рыбин, ударив ладонью по столу.

- Не терпи! - тихо добавил Яков.

Игнат усмехнулся.

Мать заметила, что парни, все трое, слушали с ненасытным вниманием голодных душ и каждый раз, когда говорил Рыбин, они смотрели ему в лицо подстерегающими глазами. Речь Савелия вызывала на лицах у них странные, острые усмешки. В них не чувствовалось жалости к больному.

Нагнувшись к Софье, мать тихонько спросила:

- Неужто правду говорит он?

Софья ответила громко:

- Да, это правда! О таком подарке в газетах писали, это было в Москве...

- И казни ему не было, никакой! - глухо сказал Рыбин. - А надо бы его казнить, - вывести на народ и разрубить в куски и мясо его поганое бросить собакам. Великие казни будут народом сделаны, когда встанет он. Много крови прольет он, чтобы смыть обиды свои. Эта кровь - его кровь, из его жил она выпита, он ей хозяин.

- Холодно! - сказал больной.

Яков помог ему встать и отвел к огню.

Костер горел ярко, и безлицые тени дрожали вокруг него, изумленно наблюдая веселую игру огня. Савелий сел на пень и протянул к огню прозрачные, сухие руки. Рыбин кивнул в его сторону и сказал Софье:

- Это - резче книг! Когда машина руку оторвет или убьет рабочего, объясняется - сам виноват. А вот когда высосут кровь у человека и бросят его, как падаль, - это не объясняется ничем. Всякое убийство я пойму, а истязание - шутки ради - не понимаю! Для чего истязуют народ, для чего всех нас мучают? Ради шуток, ради веселья, чтобы забавно было жить на земле, чтобы все можно было купить на кровь - певицу, лошадей, ножи серебряные, посуду золотую, игрушки дорогие ребятишкам. Ты работай, работай больше, а я накоплю денег твоим трудом и любовнице урыльник золотой подарю.

Мать слушала, смотрела, и еще раз перед нею во тьме сверкнул и лег светлой полосой путь Павла и всех, с кем он шел.

Окончив ужин, все расположились вокруг костра; передними, торопливо поедая дерево, горел огонь, сзади нависла тьма, окутав лес и небо. Больной, широко открыв глаза, смотрел в огонь, непрерывно кашлял, весь дрожал - казалось, что остатки жизни нетерпеливо рвутся из его груди, стремясь покинуть тело, источенное недугом. Отблески пламени дрожали на его лице, не оживляя мертвой кожи. Только глаза больного горели угасающим огнем.

- Может, в шалаш уйти тебе, Савелий? - спросил Яков, наклонясь над ним.

- Зачем? - ответил он с натугой. - Я посижу, - недолго мне осталось с людьми побыть!..

Он оглянул всех, помолчал и, бледно усмехнувшись, продолжал:

- Мне с вами хорошо. Смотрю на вас и думаю - может, эти возместят за тех, кого ограбили, за народ, убитый для жадности... Ему не ответили, и скоро он задремал, бессильно свесив голову на грудь. Рыбин посмотрел на него и тихонько заговорил:

- Приходит к нам, сидит и рассказывает всегда одно - про эту издевку над человеком. В ней - вся его душа, как будто ею глаза ему выбили и больше он ничего не видит.

- Да ведь чего же надо еще? - задумчиво сказала мать. - Уж если люди тысячами день за днем убиваются в работе для того, чтобы хозяин мог деньги на шутки бросать, чего же?..

- Скучно слушать его! - сказал тихо Игнат. - Это и один раз услышишь - не забудешь, а он всегда одно говорит!

- Тут в одном - все стиснуто... вся жизнь, пойми! - угрюмо заметил Рыбин. - Я десять раз слыхал его судьбу, а все-таки, иной раз, усомнишься. Бывают добрые часы, когда не хочешь верить в гадость человека, в безумство его... когда всех жалко, и богатого, как бедного... и богатый тоже заблудился! Один слеп от голода, другой - от золота. Эх, люди, думаешь, эх, братья! Встряхнись, подумай честно, подумай, не щадя себя, подумай!

Больной качнулся, открыл глаза, лег на землю. Яков бесшумно встал, сходил в шалаш, принес оттуда полушубок, одел брата и снова сел рядом с Софьей.

Румяное лицо огня, задорно улыбаясь, освещало темные фигуры вокруг него, и голоса людей задумчиво вливались в тихий треск и шелест пламени.

Софья рассказывала о всемирном бое народа за право на жизнь, о давних битвах крестьян Германии, о несчастиях ирландцев, о великих подвигах рабочих-французов в частых битвах за свободу...

В лесу, одетом бархатом ночи, на маленькой поляне, огражденной деревьями, покрытой темным небом, перед лицом огня, в кругу враждебно удивленных теней - воскресали события, потрясавшие мир сытых и жадных, проходили один за другим народы земли, истекая кровью, утомленные битвами, вспоминались имена борцов за свободу и правду.

Тихо звучал глуховатый голос женщины. Как бы доходя из прошлого, он будил надежды, внушал уверенность, и люди молча слушали повесть о своих братьях по духу. Они смотрели в лицо женщины, худое, бледное; перед ними все ярче освещалось святое депо всех народов мира - бесконечная борьба за свободу. Человек видел свои желания и думы в далеком, занавешенном темной, кровавой завесой прошлом, среди неведомых ему иноплеменников, и внутренне, - умом и сердцем, - приобщался к миру, видя в нем друзей, которые давно уже единомышленно и твердо решили добиться на земле правды, освятили свое решение неисчислимыми страданиями, пролили реки крови своей ради торжества жизни новой, светлой и радостной. Возникало и росло чувство духовной близости со всеми, рождалось новое сердце земли, полное горячим стремлением все понять, все объединить

в себе.

- Наступит день, когда рабочие всех стран поднимут головы и твердо скажут - довольно! Мы не хотим более этой жизни! - уверенно звучал голос Софьи. - Тогда рухнет призрачная сила сильных своей жадностью; уйдет земля из-под ног их и не на что будет опереться им...

- Так и будет! - сказал Рыбин, наклоняя голову. - Не жалей себя - все одолеешь!

Мать слушала, высоко подняв бровь, с улыбкой радостного удивления, застывшей на лице. Она видела, что все резкое, звонкое, размашистое, - все, что казалось ей лишним в Софье, - теперь исчезло, утонуло в горячем, ровном потоке ее рассказа. Ей нравилась тишина ночи, игра огня, лицо Софьи, но больше всего - строгое внимание мужиков. Они сидели неподвижно, стараясь не нарушать спокойное течение рассказа, боясь оборвать светлую нить, связывавшую их с миром. Лишь порою кто-нибудь из них осторожно подкладывал дров в огонь и, когда из костра поднимались рои искр и дым, - отгонял искры и дым от женщин, помахивая в воздухе рукой.

Однажды Яков встал, тихонько попросил:

- Подождите говорить...

Сбегал в шалаш, принес оттуда одежду, и вместе с Игнатом они молча окутали ноги и плечи женщин. Снова Софья говорила, рисуя день победы, внушая людям веру в свои силы, будя в них сознание общности со всеми, кто отдает свою жизнь бесплодному труду на глупые забавы пресыщенных. Слова не волновали мать, но вызванное рассказом Софьи большое, всех обнявшее чувство наполняло и ее грудь благодарно молитвенной думой о людях, которые среди опасностей идут к тем, кто окован цепями труда, и приносят с собою для них дары честного разума, дары любви к правде.

"Помоги, господи!" - думала она, закрывая глаза.

На рассвете Софья, утомленная, замолчала и, улыбаясь, оглянула задумчивые, посветлевшие лица вокруг себя.

- Пора нам идти! - сказала мать.

- Пора! - устало молвила Софья. Кто-то из парней шумно вздохнул.

- Жалко, что уходите вы! - необычно мягким голосом сказал Рыбин. - Хорошо говорите! Большое это дело - породнить людей между собой! Когда вот знаешь, что миллионы хотят того же, что и мы, сердце становится добрее. А в доброте - большая сила!

- Ты его добром, а он тебя - колом! - тихонько усмехнувшись, сказал Ефим и быстро вскочил на ноги. - Уходить им пора, дядя Михаиле, покуда не видал никто. Раздадим книжки - начальство будет искать - откуда явились? Кто-нибудь вспомнит - а вот странницы приходили...

- Ну, спасибо, мать, за труды твои! - заговорил Рыбин, прервав Ефима. - Я все про Павла думаю, глядя на тебя, - хорошо ты пошла!

Смягченный, он улыбался широкой и доброй улыбкой. Было свежо, а он стоял в одной рубахе с расстегнутым воротом, глубоко обнажавшим грудь. Мать оглянула его большую фигуру и ласково посоветовала:

- Надел бы что-нибудь - холодно! - Изнутри греет! - ответил он.

Трое парней, стоя у костра, тихо беседовали, а у ног их лежал больной, закрытый полушубками. Бледнело небо, таяли тени, вздрагивали листья, ожидая солнца.

- Ну, прощайте, значит! - говорил Рыбин, пожимая руку Софье. - А как вас в городе найти?

- Это ты меня ищи! - сказала мать.

Парни медленно, тесной группой подошли к Софье и жали ей руку молча, неуклюже ласковые. В каждом ясно было видно скрытое довольство, благодарное и дружеское, и это чувство, должно быть, смущало их своей новизной. Улыбаясь сухими от бессонной ночи глазами, они молча смотрели в лицо Софьи и переминались с ноги на ногу.

- Молока не выпьете ли на дорогу? - спросил Яков.

- Да есть ли оно? - сказал Ефим.

Игнат, смущенно приглаживая волосы, заявил:

- Нету, - пролил я его...

И все трое усмехнулись.

Говорили о молоке, но мать чувствовала, что они думают о другом, без слов, желая Софье и ей доброго, хорошего. Это заметно трогало Софью и тоже вызывало у нее смущение, целомудренную скромность, которая не позволила ей сказать что-нибудь иное, кроме тихого:

- Спасибо, товарищи!

Они переглянулись, точно это слово мягко покачнуло их.

Раздался глухой кашель больного. Угасли угли в горевшем костре.

- Прощайте! - вполголоса говорили мужики, и грустное слово долго провожало женщин.

Они, не торопясь, шли в предутреннем сумраке по лесной тропе, и мать, шагая сзади Софьи, говорила:

- Хорошо все это, словно во сне, так хорошо! Хотят люди правду знать, милая вы моя, хотят! И похоже это, как в церкви, пред утреней на большой праздник... еще священник не пришел, темно и тихо, жутко во храме, а народ уже собирается... там зажгут свечу пред образом, тут затеплят и - понемножку гонят темноту, освещая божий дом.

- Верно! - весело ответила Софья. - Только здесь божий дом - вся земля.

- Вся земля! - задумчиво качая головой, повторила мать. - Так это хорошо, и поверить трудно даже... И хорошо говорили вы, дорогая моя, очень хорошо! А я боялась - не понравитесь вы им...

Софья, помолчав, ответила тихо и невесело:

- С ними становишься проще...

Они шли и разговаривали о Рыбине, о больном, о парнях, которые так внимательно молчали и так неловко, но красноречиво выражали свое чувство благодарной дружбы мелкими заботами о женщинах. Вышли в поле. Встречу поднималось солнце. Еще не видимое глазом, оно раскинуло по небу прозрачный веер розовых лучей, и капли росы в траве заблестели разноцветными искрами бодрой, вешней радости. Просыпались птицы, оживляя утро веселым звоном. Хлопотливо каркая, тяжело махая крыльями, летели толстые вороны, где-то тревожно свистела иволга. Открывались дали, снимая встречу солнцу ночные тени со своих холмов.

- Иной раз говорит, говорит человек, а ты его не понимаешь, покуда не удастся ему сказать тебе какое-то простое слово, и одно оно вдруг все осветит! - вдумчиво рассказывала мать. - Так и этот больной. Я слышала и сама знаю, как жмут рабочих на фабриках и везде. Но к этому сызмала привыкаешь, и не очень это задевает сердце. А он вдруг сказал такое обидное, такое дрянное. Господи! Неужели для того всю жизнь работе люди отдают, чтобы хозяева насмешки позволяли себе? Это - без оправдания!

Мысль матери остановилась на случае, и он своим тупым, нахальным блеском освещал перед нею ряд однородных выходок, когда-то известных ей и забытых ею.

- Видно - уж всем они сыты и тошно им! Знаю я - земский начальник один заставлял мужиков лошади его кланяться, когда по деревне вели, и кто не кланялся, того он под арест сажал. Ну, зачем это нужно было ему? Нельзя понять, нельзя! Софья негромко запела песню, бодрую, как утро...

VII

Жизнь Ниловны потекла странно спокойно. Спокойствие это порой удивляло ее. Сын сидел в тюрьме, она знала, что его ждет тяжелое наказание, но каждый раз, когда она думала об этом, память ее помимо воли вызывала перед нею Андрея, Федю и длинный ряд других лиц. Фигура сына, поглощая всех людей одной судьбы с ним, разрасталась в ее глазах, вызывала созерцательное чувство, невольно и незаметно расширяя думы о Павле, отклоняя их во все стороны. Они раскидывались всюду тонкими, неровными лучами, всего касаясь, пытались все осветить, собрать в одну картину и мешали ей остановиться на чем-нибудь одном, мешали плотно сложиться тоске о сыне и страху за него.

Софья скоро уехала куда-то, дней через пять явилась веселая, живая, а через несколько часов снова исчезла и вновь явилась недели через две. Казалось, что она носится в жизни широкими кругами, порою заглядывая к брату, чтобы наполнить его квартиру своей бодростью и музыкой.

Музыка стала приятна матери. Слушая, она чувствовала, что теплые волны бьются ей в грудь, вливаются в сердце, оно бьется ровнее и, как зерна в земле, обильно увлажненной, глубоко вспаханной, в нем быстро, бодро растут волны дум, легко и красиво цветут слова, разбуженные силою звуков.

Матери трудно было мириться с неряшливостью Софьи, которая повсюду разбрасывала свои вещи, окурки, пепел, и еще труднее с ее размашистыми речами, - все это слишком кололо глаза рядом со спокойной уверенностью Николая, с неизменной, мягкой серьезностью его слов. Софья казалась ей подростком, который торопится выдать себя за взрослого, а на людей смотрит как на любопытные игрушки. Она много говорила о святости труда и бестолково увеличивала труд матери своим неряшеством, говорила о свободе и заметно для матери стесняла всех резкой нетерпимостью, постоянными спорами, В ней было много противоречивого, и мать, видя это, относилась к ней с напряженной осторожностью, с подстерегающим вниманием, без того постоянного тепла в сердце, которое вызывал у нее Николай.

Он, всегда озабоченный, жил изо дня в день однообразной, размеренной жизнью: в восемь часов утра пил чай и, читая газету, сообщал матери новости. Слушая его, мать с поражающей ясностью видела, как тяжелая машина жизни безжалостно перемалывает людей в деньги. Она чувствовала в нем нечто общее с Андреем. Как хохол, он говорил о людях беззлобно, считая всех виноватыми в дурном устройстве жизни, но вера в новую жизнь была у него не так горяча, как у Андрея, и не так ярка. Он говорил всегда спокойно, голосом честного и строгого судьи, и хотя - даже говоря о страшном - улыбался тихой улыбкой сожаления, - но его глаза блестели холодно и твердо. Видя их блеск, мать понимала, что этот человек никому и ничего не прощает, - не может простить, - и, чувствуя, что для него тяжела эта твердость, жалела Николая. И все более он нравился ей.

В девять часов он уходил на службу, она убирала комнаты, готовила обед, умывалась, надевала чистое платье и, сидя в своей комнате, рассматривала картинки в книгах. Она уже научилась читать, но это всегда требовало от нее напряжения, и, читая, она быстро утомлялась, переставала понимать связь слов. А рассматривание картинок увлекало ее, как ребенка, - о, ни открывали перед нею

127

понятный, почти осязаемый мир, новый и чудесный. Вставали огромные города, прекрасные здания, машины, корабли, монументы, неисчислимые богатства, созданные людьми, и поражающее ум разнообразие творчества природы. Жизнь расширялась бесконечно, каждый день открывая глазам огромное, неведомое, чудесное, и все сильнее возбуждала проснувшуюся голодную душу женщины обилием своих богатств, неисчислимостью красот. Она особенно любила рассматривать фолианты зоологического атласа, и хотя он был напечатан на иностранном языке, но давал ей наиболее яркое представление о красоте, богатстве и обширности земли.

- Велика земля! - говорила она Николаю.

Более всего умиляли ее насекомые и особенно бабочки, она с изумлением рассматривала рисунки, изображавшие их, и рассуждала:

- Красота какая, Николай Иванович, а? И сколько везде красоты этой милой, - а все от нас закрыто и все мимо летит, не видимое нами. Люди мечутся - ничего не знают, ничем не могут любоваться, ни времени у них на это, ни охоты. Сколько могли бы взять радости, если бы знали, как земля богата, как много на ней удивительного живет. И все - для всех, каждый - для всего, - так ли?

- Именно! - говорил Николай улыбаясь. И приносил еще книг с картинками.

По вечерам у него часто собирались гости - приходил Алексей Васильевич, красивый мужчина с бледным лицом и черной бородой, солидный и молчаливый; Роман Петрович, угреватый круглоголовый человек, всегда с сожалением чмокавший губами; Иван Данилович, худенький и маленький, с острой бородкой и тонким голосом, задорный, крикливый и острый, как шило; Егор, всегда шутивший над собою, товарищами и своей болезнью, все разраставшейся в нем. Являлись и другие люди, приезжавшие из разных дальних городов. Николай вел с ними долгие и тихие беседы, всегда об одном - о рабочих людях земли. Спорили, горячились, размахивая руками, пили много чая, иногда Николай, под шум беседы, молча сочинял прокламации, потом читал товарищам, их тут же переписывали печатными буквами, мать тщательно собирала кусочки разорванных черновиков и сжигала их.

Она разливала чай и удивлялась горячности, с которой они говорили о жизни и судьбе рабочего народа, о том, как скорее и лучше посеять среди него мысли о правде, поднять его дух. Часто они, сердясь, не соглашались друг с другом, обвиняли один другого в чем-то, обижались и снова спорили.

Мать чувствовала, что она знает жизнь рабочих лучше, чем эти люди, ей казалось, что она яснее их видит огромность взятой ими на себя задачи, и это позволяло ей относиться ко всем ним с снисходительным, немного грустным чувством взрослого к детям, которые играют в мужа и жену, не понимая драмы этих отношений. Она невольно сравнивала их речи с речами сына, Андрея и, сравнивая, чувствовала разницу, которой сначала не могла понять. Порою ей казалось, что здесь кричат сильнее, чем, бывало, кричали в слободке, она объясняла это себе:

"Знают больше - говорят громче..."

Но слишком часто она видела, что все эти люди как будто нарочно подогревают друг друга и горячатся напоказ, точно каждый из них хочет доказать товарищам, что для него правда ближе и дороже, чем для них, а другие обижались на это и, в свою очередь доказывая близость к правде, начинали спорить резко, грубо. Каждый хотел вскочить выше другого, казалось ей, и это вызывало у нее тревожную грусть. Она двигала бровью и, глядя на всех умоляющими глазами, думала:

"Забыли про Пашу-то с товарищами..."

Всегда напряженно вслушиваясь в споры, конечно не понимая их, она искала за словами чувство и видела - когда в слободке говорили о добре, его брали круглым, в целом, а здесь все разбивалось на куски и мельчало; там глубже и сильнее чувствовали здесь была область острых, все разрезающих дум. И здесь больше говорили о разрушении старого, а там мечтали о новом, от этого речи сына и Андрея были ближе, понятнее ей...

Замечала она, что когда к Николаю приходил кто-либо из рабочпх, - хозяин становился необычно развязен, что-то сладкое являлось на лице его, а говорил он иначе, чем всегда, не то грубее, не то небрежнее.

"Старается, чтобы поняли его!" - думала она. Но это ее не утешало, и она видела, что гость-рабочий тоже ежится, точно связан изнутри и не может говорить так легко и свободно, как он говорит с нею, простой женщиной. Однажды, когда Николай вышел, она заметила какому-то парню:

- Чего ты стесняешься? Чай, не мальчонка на экзамене...

Тот широко усмехнулся.

- С непривычки и раки краснеют... все-таки не свой брат... Иногда приходила Сашенька, она никогда не сидела долго, всегда говорила деловито, не смеясь, и каждый раз, уходя, спрашивала мать:

- Что, Павел Михайлович - здоров?

- Слава богу! - говорила мать. - Ничего, веселый!

- Кланяйтесь ему! - просила девушка и исчезала. Порою мать жаловалась ей, что долго держат Павла, не назначают суда над ним. Сашенька хмурилась и молчала, а пальцы у нее быстро шевелились.

Ниловна ощущала желание сказать ей:

"Милая ты моя, ведь я знаю, что любишь ты его..." Но не решалась - суровое лицо девушки, ее плотно сжатые губы и сухая деловитость речи как бы заранее отталкивали ласку. Вздыхая, мать безмолвно жала протянутую ей руку и думала:

"Несчастная ты моя..."

Однажды приехала Наташа. Она очень обрадовалась, увидев мать, расцеловала ее и, между прочим, как-то вдруг тихонько сообщила:

- А моя мама умерла, умерла, бедная!.. Тряхнула головой, быстрым жестом руки отерла глаза и продолжала:

- Жалко мне ее, ей не было пятидесяти лет, могла бы долго еще жить. Л посмотришь с другой стороны и невольно думаешь - смерть, вероятно, легче этой жизни. Всегда одна, всем чужая, не нужная никому, запуганная окриками отца - разве она жила? Живут - ожидая чего-нибудь хорошего, а ей нечего было ждать, кроме обид...

- Верно вы говорите, Наташа! - сказала мать, подумав. - Живут - ожидая хорошего, а если нечего ждать - какая жизнь? - И ласково погладив руку девушки, она спросила: - Одна теперь остались вы?

- Одна! - легко ответила Наташа.

Мать помолчала и вдруг заметила с улыбкой:

- Ничего! Хороший человек один не живет - к нему всегда люди пристанут...

VIII

Наташа поступила учительницей в уезд на ткацкую фабрику, и Ниловна начала доставлять к ней запрещенные книжки, прокламации, газеты.

Это стало ее делом. По нескольку раз в месяц, переодетая монахиней, торговкой кружевами и ручным полотном, зажиточной мещанкой или богомолкой-странницей, она разъезжала и расхаживала по губернии с мешком за спиной или чемоданом в руках. В вагонах и на пароходах, в гостиницах и на постоялых дворах - она везде держалась просто и спокойно, первая вступала в беседы с незнакомыми людьми, безбоязненно привлекая к себе внимание своей ласковой, общительной речью и уверенными манерами бывалого, много видевшего человека.

Ей нравилось говорить с людьми, нравилось слушать их рассказы о жизни, жалобы и недоумения. Сердце ее обливалось радостью каждый раз, когда она замечала в человеке острое недовольство, - то недовольство, которое, протестуя против ударов судьбы, напряженно ищет ответов на вопросы, уже сложившиеся в уме. Перед нею все шире и пестрее развертывалась картина жизни человеческой - суетливой, тревожной жизни в борьбе за сытость. Всюду было ясно видно грубо-голое, нагло-откровенное стремление обмануть человека, обобрать его, выжать из него побольше пользы для себя, испить его крови. И она видела, что всего было много на земле, а народ нуждался и жил вокруг неисчислимых богатств - полуголодный. В городах стоят храмы, наполненные золотом и серебром, не нужным богу, а на папертях храмов дрожат нищие, тщетно ожидая, когда им сунут в руку маленькую медную монету. Она и раньше видала это - богатые церкви и шитые золотом ризы попов, лачуги нищего народа и его позорные лохмотья, но раньше это казалось ей естественным, а теперь - непримиримым и оскорбляющим бедных людей, которым - она знала - церковь ближе и нужнее, чем богатым.

По картинкам, изображавшим Христа, по рассказам о нем она знала, что он, друг бедных, одевался просто, а в церквах, куда беднота приходила к нему за утешением, она видела его закованным в наглое золото и шелк, брезгливо шелестевший при виде нищеты.

И невольно вспоминались ей слова Рыбина: "И богом обманули нас!"

Незаметно для нее она стала меньше молиться, но все больше думала о Христе и о людях, которые, не упоминая имени его, как будто даже не зная о нем, жили - казалось ей - по его заветам и, подобно ему считая землю царством бедных, желали разделить поровну между людьми все богатства земли. Думала она об этом много, и росла в душе ее эта дума, углубляясь и обнимая все видимое ею, все, что слышала она, росла, принимая светлое лицо молитвы, ровным огнем обливавшей темный мир, всю жизнь и всех людей. И ей казалось, что сам Христос, которого она всегда любила смутной любовью - сложным чувством, где страх был тесно связан с надеждой и умиление с печалью, - Христос теперь стал ближе к ней и был уже иным - выше и виднее для нее, радостнее и светлее лицом, - точно он, в самом деле, воскресал для жизни, омытый и оживленный горячею кровью, которую люди щедро пролили во имя его, целомудренно не возглашая имени несчастном? друга людей. Из своих путешествий она всегда возвращалась к Николаю радостно возбужденная тем, что видела и слышала дорогой, бодрая и довольная исполненной работой.

- Хорошо это - ездить везде и много видеть! - говорила она Николаю по вечерам. - Понимаешь, как строится жизнь. Оттирают, откидывают народ на край ее, обиженный, копошится он там, но - хочет не хочет, а думает - за что? Почему меня прочь отгоняют? Почему всего много, а голоден я? И сколько ума везде, а я глуп и темен? И где он, бог милостивый, пред которым нет бога того и бедного, но все - дети, дорогие сердцу? Возмущается понемногу народ жизнью своей, - чувствует, что неправда задушит его, коли он не подумает о себе!

И все чаще она ощущала требовательное желание своим языком говорить людям о несправедливостях жизни; иногда - ей трудно было подавить это желание - Николай, заставая ее над картинками, улыбаясь, рассказывал что-нибудь всегда чудесное. Пораженная дерзостью задач человека, она недоверчиво спрашивала Николая:

- Да разве это можно?

И он настойчиво, с непоколебимой уверенностью в правде своих пророчеств, глядя через очки в лицо ее добрыми глазами, говорил ей сказки о будущем.

- Желаниям человека нет меры, его сила - неисчерпаема! Но мир все-таки еще очень медленно богатеет духом, потому что теперь каждый, желая освободить себя от зависимости, принужден копить не знания, а деньги. А когда люди убьют жадность, когда они освободят себя из плена подневольного труда...

Она редко понимала смысл его слов, но чувство спокойной веры, оживлявшее их, становилось все более доступно для нее.

- На земле слишком мало свободных людей, вот ее несчастие! - говорил он.

Это было понятно - она знала освободившихся от жадности и злобы, она понимала, что, если бы таких людей было больше, - темное и страшное лицо Жизни стало бы приветливее и проще, более добрым и светлым.

- Человек невольно должен быть жестоким! - с грустью говорил Николай.

Она утвердительно кивала головой, вспоминая речи хохла.

IX

Однажды Николай, всегда аккуратный, пришел со службы много позднее, чем всегда, и, не раздеваясь, возбужденно потирая руки, торопливо сказал:

- Знаете, Ниловна, сегодня из тюрьмы бежал один из наших товарищей. Но кто он? Не удалось узнать...

Мать покачнулась на ногах, охваченная волнением, села на стул, спрашивая шепотом:

- Может быть, Паша?

- Может быть! - ответил Николай, вздернув плечи. - Но как ему помочь скрыться, где его найти? Я сейчас ходил по улицам - не встречу ли? Это глупо, но надо что-нибудь делать! И я снова пойду...

- Я тоже! - крикнула мать.

- Вы пойдите к Егору, не знает ли он что-нибудь? - предложил Николай, поспешно исчезая.

Она накинула платок на голову и, охваченная надеждой, быстро вышла на улицу вслед за ним. Рябило в глазах, и сердце стучало торопливо, заставляя ее почти бежать. Она шла встречу "возможного, опустив голову, и ничего не замечала вокруг.

"Приду, а он там!" - мелькала надежда, толкая ее.

Было жарко, она задыхалась от усталости и, когда дошла до лестницы в квартиру Егора, остановилась, не имея сил идти дальше, обернулась и, удивленно, тихонько крикнув, на миг закрыла глаза - ей показалось, что в воротах стоит Николай Весовщиков, засунув руки в карманы. Но когда она снова взглянула - никого не было...

"Почудилось!" - мысленно сказала она, шагая по ступеням и прислушиваясь. Внизу на дворе был слышен глухой топот медленных шагов. Остановясь на повороте лестницы, она, нагнувшись, посмотрела вниз и снова увидала рябое лицо, улыбавшееся ей.

- Николай! Николай... - воскликнула она, опускаясь встречу ему, а сердце разочарованно заныло.

- А ты иди! Иди! - негромко ответил он, махнув рукой.

Она быстро взбежала по лестнице, вошла в комнату Егора и, увидав его лежащим на диване, задыхаясь, прошептала:

- Николай бежал... из тюрьмы!..

- Какой? - хрипло спросил Егор, поднимая голову с подушки. - Их там двое...

- Весовщиков... Идет сюда!..

- Чудесно!

Он уже вошел в комнату, запер дверь на крюк и, сняв шапку тихо смеялся, приглаживая волосы на голове. Упираясь локтями в диван, Егор поднялся, крякнул, кивая головой:

- Пожалуйте...

Широко улыбаясь, Николай подошел к матери, схватил ее руку:

- Кабы не увидал я тебя - хоть назад в тюрьму иди! Никого в городе не знаю, а в слободу идти - сейчас же схватят. Хожу и думаю - дурак! Зачем ушел? Вдруг вижу - Ниловна бежит! Я за тобой...

- Как это ты ушел? - спросила мать. Он неловко присел на край дивана и говорил, смущенно пожимая плечами:

- Случай подвернулся! Гулял я, а уголовники начали надзирателя бить. Там один есть такой, из жандармов, за воровство выгнан, - шпионит, доносит, жить не дает никому! Бьют они его, суматоха, надзиратели испугались, бегают, свистят. Я вижу - ворота открыты, площадь, город. И пошел не торопясь... Как во сне. Отошел немного, опомнился - куда идти? Смотрю - а ворота тюрьмы уже заперты...

- Гм! - сказал Егор. - А вы бы, господин, воротились, вежливо постучали в дверь и попросили пустить вас. Извините, мол, я несколько увлекся...

- Да, - усмехаясь, продолжал Николай, - это глупость. Ну, все-таки перед товарищами нехорошо, - никому не сказал ничего... Иду. Вижу - покойника несут, ребенка. Пошел за гробом, голову наклонил, не гляжу ни на кого. Посидел на кладбище, обвеяло меня воздухом, и одна мысль в голову пришла...

- Одна? - спросил Егор и, вздохнув, добавил: - Я думаю, ей там не тесно.

Весовщиков безобидно засмеялся, тряхнув головой.

- Ну, теперь у меня голова не такая пустая, как была. А ты, Егор Иванович, все хвораешь...

- Каждый делает, что может! - ответил Егор, влажно кашляя. - Продолжай!

- Потом пошел в земский музей. Походил там, поглядел, а сам все думаю - как же, куда я теперь? Даже рассердился на себя. И очень есть захотелось! Вышел на улицу, хожу, досадно мне... Вижу - полицейские присматриваются ко всем. Ну, думаю, с моей рожей скоро попаду на суд божий!.. Вдруг Ниловна навстречу бежит, я посторонился да за ней, - вот и все!

- А я тебя и не заметила! - виновато молвила мать. Она рассматривала Весовщикова, и ей казалось, что он как будто легче стал.

- Верно, товарищи беспокоятся... - почесывая голову, сказал Николай.

- А начальства тебе не жалко? Оно ведь тоже беспокоится! - заметил Егор. Он открыл рот и начал так двигать губами, точно жевал воздух. - Однако шутки прочь! Надо тебя прятать, что нелегко, хотя и приятно. Если бы я мог встать... - Он задохнулся, бросил руки к себе на грудь и слабыми движениями стал растирать ее.

- Сильно ты расхворался, Егор Иванович! - сказал Николай и опустил голову. Мать вздохнула, тревожно обвела глазами маленькую. тесную комнату.

- Это мое личное дело! - ответил Егор. - Вы, мамаша, спрашивайте о Павле, нечего притворяться! Весовщиков широко улыбнулся.

- Павел ничего! Здоров. Он вроде старосты у нас там. С начальством разговаривает и вообще - командует. Его уважают...

Власова кивала головой, слушая рассказы Весовщикова, и искоса смотрела на отекшее, синеватое лицо Егора. Неподвижно застывшее, лишенное выражения, оно казалось странно плоским, и только глаза па нем сверкали живо и весело.

- Дали бы мне поесть, - ей-богу, очень хочется! - неожиданно воскликнул Николай.

- Мамаша, на полке лежит хлеб, потом пойдите в коридор, налево вторая дверь - постукайте в нее. Откроет женщина, так вы скажите ей, пусть идет сюда и захватит с собой все, что имеет съедобного.

- Куда же - все? - запротестовал Николай.

- Не волнуйся - это немного...

Мать вышла, постучала в дверь и, прислушиваясь к тишине
за нею, с печалью подумала о Егоре:

"Умирает..."

- Кто это? - спросили за дверью.

- От Егора Ивановича! - негромко ответила мать. - Просит вас к себе...

- Сейчас приду! - не открывая, ответили ей. Она подождала немного и снова постучалась. Тогда дверь быстро отворилась, и в коридор вышла высокая женщина в очках. Торопливо оправляя смятый рукав кофточки, она сурово спросила мать:

- Вам что угодно?

- Я от Егора Ивановича...

- Ага! Идемте. О, да я же знаю вас! - тихо воскликнула женщина. - Здравствуйте! Темно здесь...

Власова взглянула на нее и вспомнила, что она бывала изредка у Николая.

"Все свои!" - мелькнуло у нее в голове.

Наступая на Власову, женщина заставила ее идти вперед, а сама, идя сзади, спрашивала:

- Ему плохо?

- Да, лежит. Просил вас принести покушать...

- Ну, это лишнее...

Когда они входили к Егору, их встретил его хрип:

- Направляюсь к праотцам, друг мой. Людмила Васильевна, сей муж ушел из тюрьмы без разрешения начальства, дерзкий! Прежде всего накормите его, потом спрячьте куда-нибудь.

Женщина кивнула головой и, внимательно глядя в лицо больного, строго сказала:

- Вы, Егор, должны были послать за мной тотчас же, как только к вам пришли! И вы дважды, я вижу, не принимали лекарство - что за небрежность? Товарищ, идите ко мне! Сейчас сюда явятся из больницы за Егором.

- Все-таки в больницу меня? - спросил Егор.

- Да. Я буду там с вами.

- И там? О господи!

- Не дурите...

Разговаривая, женщина поправила одеяло на груди Егора, пристально осмотрела Николая, измерила глазами лекарство в пузырьке. Говорила она ровно, негромко, движения у нее были плавны, лицо бледное, темные брови почти сходились над переносьем. Ее лицо не нравилось матери - оно казалось надменным, а глаза смотрели без улыбки, без блеска. И говорила она так, точно командовала.

- Мы уйдем! - продолжала она. - Я скоро ворочусь! Вы дайте Егору столовую ложку вот этого. Не позволяйте ему говорить...

И она ушла, уводя с собой Николая.

- Чудесная женщина! - сказал Егор, вздохнув. - Великолепная женщина... Вас, мамаша, надо бы к ней пристроить, - она устает очень...

- А ты не говори! На-ко, выпей лучше!.. - мягко попросила мать.

Он проглотил лекарство и продолжал, прищурив глаз:

- Все равно я умру, если и буду молчать...

Другим глазом он смотрел в лицо матери, губы его медленно раздвигались в улыбку. Мать наклонила голову, острое чувство жалости вызывало у нее слезы.

- Ничего, это естественно... Удовольствие жить влечет за собой обязанность умереть...

Мать положила руку на голову его и снова тихо сказала:

- Помолчи, а?..

Он закрыл глаза, как бы прислушиваясь к хрипам в груди своей, и упрямо продолжал:

- Бессмысленно молчать, мамаша! Что я выиграю молчанием? Несколько лишних секунд агонии, а проиграю удовольствие поболтать с хорошим человеком. Я думаю, что на том свете нет таких хороших людей, как на этом...

Мать беспокойно перебила его речь:

- Вот придет она, барыня-то, и будет ругать меня за то, что ты говоришь...

- Она не барыня, а - революционерка, товарищ, чудесная душа. Ругать вас, мамаша, она непременно будет. Всех ругает, всегда...

И медленно, с усилием двигая губами, Егор стал рассказывать историю жизни своей соседки. Глаза его улыбались, мать видела, что он нарочно поддразнивает ее и, глядя на его лицо, подернутое влажной синевой, тревожно думала:

"Умрет..."

Вошла Людмила и, тщательно закрывая за собой дверь, заговорила, обращаясь к Власовой:

- Вашему знакомому необходимо переодеться и возможно скорее уйти от меня, так вы, Пелагея Ниловна, сейчас же идите, достаньте платье для него и принесите все сюда. Жаль - нет Софьи, это ее специальность - прятать людей.

- Она завтра приедет! - заметила Власова, накидывая платок на плечи.

Каждый раз, когда ей давали какое-нибудь поручение, ее

крепко охватывало желание исполнить это дело быстро и хорошо, и она уже не могла думать ни о чем, кроме своей задачи, И теперь, озабоченно опустив брови, деловито спрашивала:

- Как одеть его думаете вы?

- Все равно! Он пойдет ночью...

- Ночью хуже - людей меньше на улицах, следят больше, а он не очень ловкий...

Егор хрипло засмеялся.

- А можно в больницу к тебе прийти? - спросила мать.

Он, кашляя, кивнул головой. Людмила заглянула в лицо матери темными глазами и предложила:

- Хотите дежурить у него в очередь со мной? Да? Хорошо! А теперь - идите скорее. Ласково, но властно взяв мать под руку, она вывела ее за дверь и там тихо сказала:

- Не обижайтесь, что я выпроваживаю вас! Но ему вредно говорить... А у меня есть надежда...

Она сжала руки, пальцы ее хрустнули, а веки утомленно опустились на глаза...

Это объяснение смутило мать, и она пробормотала;

- Что это вы?

- Смотрите, нет ли шпионов! - тихо сказала женщина. Подняв руки к лицу, она потирала виски, губы у нее вздрагивали, лицо стало мягче.

- Знаю!.. - ответила ей мать не без гордости. Выйдя из ворот, она остановилась на минуту, поправляя платок, и незаметно, но зорко оглянулась вокруг. Она уже почти безошибочно умела отличить шпиона в уличной толпе. Ей были хорошо знакомы подчеркнутая беспечность походки, натянутая развязность жестов, выражение утомленности и скуки на лице и плохо спрятанное за всем этим опасливое, виноватое мерцание беспокойных, неприятно острых глаз.

На этот раз она не заметила знакомого лица и, не торопясь, пошла по улице, а потом наняла извозчика и велела отвезти себя на рынок. Покупая платье для Николая, она жестоко торговалась с продавцами и, между прочим, ругала своего пьяницу мужа, которого ей приходится одевать чуть не каждый месяц во все новое. Эта выдумка мало действовала на торговцев, но очень нравилась ей самой, - дорогой она сообразила, что полиция, конечно, поймет необходимость для Николая переменить платье и пошлет сыщиков на рынок. С такими же наивными предосторожностями она возвратилась на квартиру Егора, потом ей пришлось провожать Николая на окраину города. Они шли с Николаем по разным сторонам улицы, и матери было смешно и приятно видеть, как Весовщиков тяжело шагал, опустив голову и путаясь ногами в длинных полах рыжего пальто, и как он поправлял шляпу, сползавшую ему на нос. В одной из пустынных улиц их встретила Сашенька, и мать, простясь с Весовщиковым кивком головы, пошла домой.

"А Паша сидит... И - Андрюша..." - думала она печально.

X

Николай встретил ее тревожным восклицанием:

- Вы знаете - Егору очень плохо, очень! Его свезли в больницу, здесь была Людмила, она просит вас прийти туда к ней...

- В больницу?

Нервным движением поправив очки, Николай помог ей надеть кофту и, пожимая руку ее сухой, теплой рукой, сказал вздрагивающим голосом:

- Да! Захватите вот этот сверток. Устроили Весовщикова?

- Все хорошо...

- Я тоже приду к Егору...

От усталости у матери кружилась голова, а тревожное настроение Николая вызвало у нее тоскливое предчувствие драмы.

"Умирает", - тупо стучала в голове ее темная мысль.

Но когда она пришла в маленькую, чистую и светлую комнату больницы и увидала, что Егор, сидя на койке в белой груде подушек, хрипло хохочет, - это сразу успокоило ее. Она, улыбаясь, встала в дверях и слушала, как больной говорит доктору:

- Лечение - это реформа...

- Не балагань, Егор! - тонким голосом озабоченно воскликнул доктор.

- А я - революционер, ненавижу реформы... Доктор осторожно положил руку Егора на колени ему, встал со стула и, задумчиво дергая бороду, начал щупать пальцами отеки на лице больного.

Мать хорошо знала доктора, он был одним из близких товарищей Николая, его звали Иван Данилович. Она подошла к Егору, - он высунул язык встречу ей. Доктор обернулся.

- А, Ниловна! Здравствуйте! Что у вас в руках?

- Книги, должно быть.

- Ему нельзя читать! - заметил маленький доктор.

- Он хочет сделать меня идиотом! - пожаловался Егор. Короткие, тяжелые вздохи с влажным хрипом вырывались из груди Егора, лицо его было покрыто мелким потом, и, медленно поднимая непослушные, тяжелые руки, он отирал ладонью лоб. Странная неподвижность опухших щек изуродовала его широкое доброе лицо, все черты исчезли под мертвенной маской, и только глаза, глубоко запавшие в отеках, смотрели ясно, улыбаясь снисходительной улыбкой.

- Эй, наука! Я устал, - можно лечь?.. - спросил он.

- Нельзя! - кратко сказал доктор.

- Ну, я лягу, когда ты уйдешь...

- Вы, Ниловна, не позволяйте ему этого! Поправьте подушки. И, пожалуйста, не говорите с ним, это ему вредно...

Мать кивнула головой. Доктор ушел быстрыми, мелкими шагами. Егор закинул голову, закрыл глаза и замер, только пальцы его рук тихо шевелились. От белых стен маленькой комнаты веяло сухим холодом, тусклой печалью. В большое окно смотрели кудрявые вершины лип, в темной, пыльной листве ярко блестели желтые пятна - холодные прикосновения грядущей осени.

- Смерть подходит ко мне медленно... неохотно... - не двигаясь и не открывая глаз, заговорил Егор. - Ей, видимо, немного жаль меня - такой был уживчивый парень...

- Ты бы молчал, Егор Иванович! - просила мать, тихонько поглаживая его руку.

- Подожди, замолчу...

Задыхаясь, произнося слова с напряжением, он продолжал, прерывая речь длинными паузами бессилия:

- Это превосходно, что вы с нами, - приятно видеть ваше лицо. Чем она кончит? - спрашиваю я себя. Грустно, когда подумаешь, что вас - как всех - ждет тюрьма и всякое свинство. Вы не боитесь тюрьмы?

- Нет! - просто ответила она.

- Ну да, конечно. А все-таки тюрьма - дрянь, это вот она искалечила меня. Говоря по совести - я не хочу умирать...

"Может, не умрешь еще!" - хотела сказать она, но, взглянув в его лицо, промолчала.

- Я бы мог еще работать... Но если нельзя работать, нечем жить и - глупо жить...

"Справедливо, а - не утешает!" - невольно вспомнила мать слова Андрея и тяжело вздохнула. Она очень устала за день, ей хотелось есть. Однотонный влажный шепот больного, наполняя комнату, беспомощно ползал по гладким стенам. Вершины лип за окном были подобны низко опустившимся тучам и удивляли своей печальной чернотой. Все странно замирало в сумрачной неподвижности, в унылом ожидании ночи.

- Как мне нехорошо! - сказал Егор и, закрыв глаза, умолк.

- Усни! - посоветовала мать. - Может быть, лучше будет. Потом прислушалась к его дыханию, оглянулась, просидела несколько минут неподвижно, охваченная холодной печалью, и задремала.

Осторожный шум у двери разбудил ее, - вздрогнув, она увидела открытые глаза Егора.

- Заснула, прости! - тихонько сказала она.

- И ты прости... - повторил он тоже тихо. В окно смотрел вечерний сумрак, мутный холод давил глаза, все странно потускнело, лицо больного стало темным. Раздался шорох и голос Людмилы:

- Сидят в темноте и шепчутся. Где же здесь кнопка? Комната вдруг вся налилась белым, неласковым светом. Среди нее стояла Людмила, вся черная, высокая, прямая.

Егор сильно вздрогнул всем телом, поднял руку к груди.

- Что? - вскрикнула Людмила, подбегая к нему. Он смотрел на мать остановившимися глазами, и теперь они казались большими и странно яркими.

Широко открыв рот, он поднимал голову вверх, а руку протянул вперед. Мать осторожно взяла его руку и, сдерживая дыхание, смотрела в лицо Егора. Судорожным и сильным движением шеи он запрокинул голову и громко сказал:

- Не могу, - кончено!..

Тело его мягко вздрогнуло, голова бессильно упала на плечо, и в широко открытых глазах мертво отразился холодный свет лампы, горевшей над койкой.

- Голубчик мой! - прошептала мать.

Людмила медленно отошла от койки, остановилась у окна и, глядя куда-то перед собой, незнакомым Власовой, необычно громким голосом сказала:

- Умер...

Она согнулась, поставила локти на подоконник и вдруг, точно ее ударили по голове, бессильно опустилась на колени, закрыла лицо руками и глухо застонала.

Сложив тяжелые руки Егора на груди его, поправив на подушке странно тяжелую голову, мать, отирая слезы, подошла к Людмиле, наклонилась над нею, тихо погладила ее густые волосы. Женщина медленно повернулась к ней, ее матовые глаза болезненно расширились, она встала на ноги и дрожащими губами зашептала:

- Мы вместе жили в ссылке, шли туда, сидели в тюрьмах... Порою было невыносимо, отвратительно, многие падали духом...

Сухое, громкое рыдание перехватило ей горло, она поборола его и, приблизив к лицу матери свое лицо, смягченное нежным, грустным чувством, помолодившим ее, продолжала быстрым шепотом, рыдая без слез:

- А он всегда был неутомимо весел, шутил, смеялся, мужественно скрывая свои страдания... старался ободрить слабых. Добрый, чуткий, милый... Там, в Сибири, безделье развращает людей, часто вызывает к жизни дурные чувства - как он умел бороться с ними!.. Какой это был товарищ, если бы вы знали! Тяжела, мучительна была его личная жизнь, но никто не слыхал жалоб его, никто, никогда! Я была близким другом ему, я многим обязана его сердцу, он дал мне все, что мог, от своего ума и, одинокий, усталый, никогда не просил взамен ни ласки, ни внимания...

Она подошла к Егору, наклонилась и, целуя его руку, тоскливо, негромко говорила:

- Товарищ, дорогой мой, милый, благодарю, благодарю всем сердцем, прощай! Буду работать, как ты, не уставая, без сомнений, всю жизнь!.. Прощай!

Рыдания потрясали ее тело, и, задыхаясь, она положила голову на койку у ног Егора. Мать молча плакала обильными слезами. Она почему-то старалась удержать их, ей хотелось приласкать Людмилу особой, сильной лаской, хотелось говорить о Егоре хорошими словами любви и печали. Сквозь слезы она смотрела в его опавшее лицо, в глаза, дремотно прикрытые опущенными веками, на губы, темные, застывшие в легкой улыбке. Было тихо и скучно светло...

Вошел Иван Данилович, как всегда, торопливыми, мелкими шагами, - вошел, вдруг остановился среди комнаты и, быстрым жестом сунув руки в карманы, спросил нервно и громко:

- Давно?..

Ему не ответили. Он, тихо покачиваясь на ногах и потирая лоб, подошел к Егору, пожал руку его и отошел в сторону.

- Не удивительно, с его сердцем это должно было случиться полгода назад... по крайней мере...

Его высокий, неуместно громкий, насильственно спокойный голос вдруг порвался. Прислонясь спиной к стене, он быстрыми пальцами крутил бородку и, часто мигая глазами, смотрел на группу у койки.

- Еще один! - сказал он тихо.

Людмила встала, отошла к окну, открыла его. Через минуту они все трое стояли у окна, тесно прижимаясь друг к другу, и смотрели в сумрачное лицо осенней ночи. Над черными вершинами деревьев сверкали звезды, бесконечно углубляя даль небес...

Людмила взяла мать под руку и молча прижалась к ее плечу. Доктор, низко наклонив голову, протирал платком пенсне. В тишине за окном устало вздыхал вечерний шум города, холод веял в лица, шевелил волосы на головах. Людмила вздрагивала, по щеке ее текла слеза. В коридоре больницы метались измятые, напуганные звуки, торопливое шарканье ног, стоны, унылый шепот. Люди, неподвижно стоя у окна, смотрели во тьму и молчали.

Мать почувствовала себя лишней и, осторожно освободив руку, пошла к двери, поклонясь Егору.

- Вы уходите? - тихо и не оглядываясь, спросил доктор.

- Да... На улице она подумала о Людмиле, вспомнив ее скупые слезы:

"И поплакать-то не умеет..."

Предсмертные слова Егора вызвали у нее тихий вздох. Медленно шагая по улице, она вспоминала его живые глаза, его шутки, рассказы о жизни.

"Хорошему человеку жить трудно, умереть - легко... Как-то я помирать буду?.."

Потом представила себе Людмилу и доктора у окна в белой, слишком светлой комнате, мертвые глаза Егора позади них и, охваченная гнетущей жалостью к людям, тяжело вздохнула и пошла быстрее - какое-то смутное чувство торопило ее.

"Надо скорее!" - думала она, подчиняясь грустной, но бодрой силе, мягко толкавшей ее изнутри.

XI

Весь следующий день мать провела в хлопотах, устраивая похороны, а вечером, когда она, Николай и Софья пили чай, явилась Сашенька, странно шумная и оживленная. На щеках у нее горел румянец, глаза весело блестели, и вся она, казалось матери, была наполнена какой-то радостной надеждой. Ее настроение резко и бурно вторглось в печальный тон воспоминаний об умершем и, не сливаясь с ним, смутило всех и ослепило, точно огонь, неожиданно вспыхнувший во тьме. Николай, задумчиво постукивая пальцем по столу, сказал:

- Вы не похожи на себя сегодня, Саша...

- Да? Может быть! - ответила она и засмеялась счастливым смехом.

Мать посмотрела на нее с молчаливым упреком, а Софья напоминающим тоном заметила:

- А мы говорили об Егоре Ивановиче...

- Какой чудесный человек, не правда ли? - воскликнула Саша. - Я не видала его без улыбки на лице, без шутки. И как он работал! Это был художник революции, он владел революционной мыслью, как великий мастер. С какой простотой и силой он рисовал всегда картины лжи, насилий, неправды.

Она говорила негромко, с задумчивой улыбкой в глазах, но эта улыбка не угашала в ее взгляде огня не понятного никому, но всеми ясно видимого ликования.

Им не хотелось уступить настроение печали о товарище чувству радости, внесенному Сашей, и, бессознательно защищая свое грустное право питаться горем, они невольно старались ввести девушку в круг своего настроения...

- И вот он умер! - внимательно глядя на нее, настойчиво сказала Софья.

Саша оглянула всех быстрым, спрашивающим взглядом, брови ее нахмурились. И, опустив голову, замолчала, поправляя волосы медленным жестом.

- Умер? - громко сказала она после паузы с снова окинула всех вызывающими глазами. - Что значит - умер? Что - умерло? Разве умерло мое уважение к Егору, моя любовь к нему, товарищу, память о работе мысли его, разве умерла эта работа, исчезли чувства, которые он вызвал в моем сердце, разбито представление мое о нем как о мужественном, честном человеке? Разве все это умерло? Это не умрет для меня никогда, я знаю. Мне кажется, мы слишком торопимся сказать о человеке - он умер. "Мертвы уста его, но слово вечно да будет жить в сердцах живых!"

Взволнованная, она снова села к столу, облокотилась на него и тише, вдумчивее продолжала, с улыбкой глядя на товарищей затуманенными глазами:

- Может быть, я говорю глупо, по - я верю, товарищи, в бессмертие честных людей, в бессмертие тех, кто дал мне счастье жить прекрасной жизнью, которой я живу, которая радостно опьяняет меня удивительной сложностью своей, разнообразием явлений и ростом идей, дорогих мне, как сердце мое. Мы, может быть, слишком бережливы в трате своих чувств, много живем мыслью, и это несколько искажает нас, мы оцениваем, а не чувствуем...

- С вами случилось что-нибудь хорошее? - спросила Софья улыбаясь.

- Да! - кивнув головой, сказала Саша. - Очень, мне кажется! Я всю ночь беседовала с Весовщиковым. Я не любила его раньше, он мне казался грубым и темным. Да он и был таким, несомненно. В нем жило неподвижное, темное раздражение на всех, он всегда как-то убийственно тяжело ставил себя в центре

140

всего и грубо, озлобленно говорил - я, я, я! В этом было что-то мещанское, раздражающее...

Она улыбнулась и снова обвела всех сияющим взглядом.

- Теперь он говорит - товарищи! И надо слышать, как он это говорит. С какой-то смущенной, мягкой любовью, - этого не передашь словами! Стал удивительно прост и искренен, и весь переполнен желанием работы. Он нашел себя, видит свою силу, знает, чего у него нет; главное, в нем родилось истинно товарищеское чувство...

Власова слушала речь Саши, и ей было приятно видеть суровую девушку смягченной, радостной. Но в то же время где-то глубоко в ее душе зарождалась ревнивая мысль:

"А как же Паша-то?.."

- Он, - продолжала Саша, - весь охвачен мыслями о товарищах, и знаете, в чем убеждает меня? В необходимости

устроить для них побег, да! Он говорит, что это очень просто и легко...

Софья подняла голову и оживленно сказала:

- А вы как думаете, Саша? Это - мысль!

Чашка чая в руке матери задрожала. Саша нахмурила брови, сдерживая свое оживление, помолчала и серьезным голосом, но радостно улыбаясь, сбивчиво проговорила:

- Если действительно все так, как он говорит, - мы должны попытаться! Это наша обязанность!..

Она покраснела, опустилась на стул, замолчала. "Милая ты моя, милая!" - улыбаясь, думала мать. Софья тоже улыбнулась, а Николай, мягко глядя в лицо Саши, тихо засмеялся. Тогда девушка подняла голову, строго посмотрела на всех и, бледная, сверкнув глазами, сухо, с обидой в голосе, сказала:

- Вы смеетесь, я понимаю вас... Вы считаете меня лично заинтересованной?

- Почему, Саша? - лукаво спросила Софья, вставая и подходя к ней. Вопрос этот показался матери лишним и обидным для девушки, она вздохнула и, подняв бровь, с упреком посмотрела на Софью.

- Но - я отказываюсь! - воскликнула Саша. - Я не приму участия в решении вопроса, если вы будете рассматривать его...

- Перестаньте, Саша! - спокойно сказал Николай. Мать тоже подошла к ней и, наклонясь, осторожно погладила ее голову. Саша схватила ее руку и, подняв кверху покрасневшее лицо, смущенно взглянула в лицо матери. Та улыбнулась и, не найдя, что сказать Саше, печально вздохнула. А Софья села рядом с Сашей на стул, обняла за плечи и, с любопытной улыбкой заглядывая ей в глаза, сказала:

- Вы чудачка!..

- Да, я, кажется, наглупила...

- Как могли вы подумать... - продолжала Софья. Но Николай деловито и серьезно прервал ее:

- Об устройстве побега, если он возможен, - не может быть двух мнений. Прежде всего - мы должны знать, хотят ли этого заключенные товарищи...

Саша опустила голову.

Софья, закуривая папиросу, взглянула на брата и широким жестом бросила спичку куда-то в угол.

- Как, чай, им не хотеть! - вздохнув, сказала мать. - Только не верю я, что можно это...

Все молчали, а ей так хотелось послушать еще о возможности побега!

- Мне нужно повидаться с Весовщиковым! - сказала Софья.

- Завтра я скажу вам, когда и где! - негромко ответила Саша.

- Что он будет делать? - спросила Софья, расхаживая по комнате.

- Его решили пристроить наборщиком в новую типографию. до того времени поживет у лесничего.

Брови Саши нахмурились, лицо приняло обычное суровое выражение, и голос звучал сухо. Николай подошел к матери, перемывавшей чашки, и сказал ей:

- Вы послезавтра на свидание идете, так надо передать Павлу записку. Понимаете - нужно знать...

- Я понимаю, понимаю! - торопливо отозвалась она. - Я уж передам...

- Я ухожу! - заявила Саша и, быстро, молча пожав всем руки, шагая как-то особенно твердо, ушла, прямая и сухая.

Софья положила руки на плечи матери и, покачивая ее на стуле, с улыбкой спросила:

- Вы, Ниловна, любили бы такую дочь?..

- О господи! Хоть день один видеть их вместе! - воскликнула Власова, готовая заплакать.

- Да, немножко счастья - это хорошо для каждого!.. - негромко заметил Николай. - Но нет людей, которые желали бы немножко счастья. А когда его много - оно дешево...

Софья села за пианино и начала играть что-то грустное.

XII

На другой день поутру несколько десятков мужчин и женщин стояли у ворот больницы, ожидая, когда вынесут на улицу гроб их товарища. Вокруг них осторожно кружились шпионы, ловя чуткими ушами отдельные возгласы, запоминая лица, манеры и слова, а с другой стороны улицы на них смотрела группа полицейских с револьверами у пояса. Нахальство шпионов, насмешливые улыбки полиции и ее готовность показать свою силу раздражали толпу. Иные, скрывая свое раздражение, шутили, другие угрюмо смотрели в землю, стараясь не замечать оскорбительного, третьи, не сдерживая гнева, иронически смеялись над администрацией, которая боится людей, вооруженных только словом. Бледно-голубое небо осени светло смотрело в улицу, вымощенную круглыми серыми камнями, усеянную желтой листвой, и ветер, взметывая листья, бросал их под ноги людей.

Мать стояла в толпе и, наблюдая знакомые лица, с грустью думала:

"Не много вас, не много! А рабочего народа - нет почти..."

Отворились ворота, на улицу вынесли крышку гроба с венками в красных лентах. Люди дружно сняли шляпы - точно стая черных птиц взлетела над их головами. Высокий полицейский офицер с густыми черными усами на красном

142

лице быстро шел в толпу, за ним, бесцеремонно расталкивая людей, шагали солдаты, громко стуча тяжелыми сапогами по камням. Офицер сказал сип-дым, командующим голосом:

- Прошу снять ленты!

Его тесно окружили мужчины и женщины, что-то говорили ему, размахивая руками, волнуясь, отталкивая друг друга. Перед глазами матери мелькали бледные, возбужденные лица с трясущимися губами, по лицу одной женщины катились слезы обиды...

- Долой насилие! - крикнул чей-то молодой голос и одиноко потерялся в шуме спора.

Мать тоже почувствовала в сердце горечь и, обращаясь к соседу своему, бедно одетому молодому человеку, сказала возмущенно:

- И похоронить человека не дают, как хочется товарищам, - что уж это!

Росла враждебность, над головами людей качалась крышка гроба, ветер играл лентами, окутывая головы и лица, и был слышен сухой и нервный шелест шелка.

Мать обнял страх возможного столкновения, она торопливо и негромко говорила направо и налево:

- Бог с ними, коли так, - снять бы ленты! Уступить бы, что уж!..

Громкий и резкий голос звучал, заглушая шум:

- Мы требуем, чтобы нам не мешали проводить в последний путь замученного вами...

Кто-то высоко и тонко запел:

Вы жертвою пали в борьбе...

- Прошу снять ленты! Яковлев, срежь!

Был слышен лязг вынимаемой шашки. Мать закрыла глаза, ожидая крика. Но стало тише, люди ворчали, огрызались, как затравленные волки. Потом молча, низко опустив головы, они двинулись вперед, наполняя улицу шорохом шагов.

Впереди плыла в воздухе ограбленная крышка гроба со смятыми венками, и, качаясь с боку на бок, ехали верхом полицейские. Мать шла по тротуару, ей не было видно гроба в густой, тесно окружившей его толпе, которая незаметно выросла и заполнила собой всю широту улицы. Сзади толпы тоже возвышались серые фигуры верховых, по бокам, держа руки на шашках, шагала пешая полиция, и всюду мелькали знакомые матери острые глаза шпионов, внимательно щупавшие лица людей.

Прощай, наш товарищ, прощай... -

грустно запели два красивых голоса.

- Не надо! - раздался крик. - Будем молчать, господа! В этом крике было что-то суровое, внушительное. Печальная песня оборвалась, говор стал тише, и только твердые удары ног о камни наполняли улицу глухим, ровным звуком. Он поднимался над головами людей, уплывая в прозрачное небо, и сотрясал воздух подобно отзвуку первого грома еще далекой грозы. Холодный ветер, все усиливаясь, враждебно нес встречу людям пыль и сор городских улиц, раздувал платье и волосы, слепил глаза, бил в грудь, путался в ногах...

Эти молчаливые похороны без попов и щемящего душу пения, задумчивые лица, нахмуренные брови вызывали у матери жуткое чувство, а мысль ее, медленно кружась, одевала впечатления в грустные слова.

143

"Не много вас, которые за правду..." Она шагала, опустив голову, и ей казалось, что это хоронят не Егора, а что-то другое, привычное, близкое и нужное ей. Ей было тоскливо, неловко. Сердце наполнялось шероховатым тревожным чувством несогласия с людьми, провожавшими Егора.

"Конечно, - думала она, - Егорушка в бога не верил, и все они тоже..."

Но не хотела окончить свою мысль и вздыхала, желая столкнуть тяжесть с души.

"О, господи, господи Иисусе Христе! Неужто и меня вот так..."

Пришли на кладбище и долго кружились там по узким дорожкам среди могил, пока не вышли на открытое пространство, усеянное низенькими белыми крестами. Столпились около могилы и замолчали. Суровое молчание живых среди могил обещало что-то страшное, от чего сердце матери вздрогнуло и замерло в ожидании. Между крестов свистел и выл ветер, на крышке гроба печально трепетали измятые цветы...

Полиция насторожилась, вытянулась, глядя на своего начальника. Над могилой встал высокий молодой человек без шапки, с длинными волосами, чернобровый, бледный. И в то же время раздался сиплый голос начальника полиции:

- Господа...

- Товарищи! - громко и звучно начал чернобровый.

- Позвольте! - крикнул полицейский. - Объявляю, что не могу допустить речей...

- Я скажу всего несколько слов! - спокойно заявил молодой человек. - Товарищи! Над могилой нашего учителя и друга давайте поклянемся, что не забудем никогда его заветы, что каждый из нас будет всю жизнь неустанно рыть могилу источнику всех бед нашей родины, злой силе, угнетающей ее, - самодержавию!

- Арестовать! - крикнул полицейский, но его голос заглушил нестройный взрыв криков:

- Долой самодержавие!

Расталкивая толпу, полицейские бросились к оратору, а он, тесно окруженный со всех сторон, кричал, взмахнув рукой:

- Да здравствует свобода!

Мать оттолкнули в сторону, там она в страхе прислонилась к кресту и, ожидая удара, закрыла глаза. Буйный вихрь нестройных звуков оглушал ее, земля качалась под ногами, ветер и страх затрудняли дыхание. Тревожно носились по воздуху свистки полицейских, раздавался грубый, командующий голос, истерично кричали женщины, трещало дерево оград, и глухо звучал тяжелый топот ног по сухой земле. Это длилось долго, и стоять с закрытыми глазами ей стало невыносимо страшно. Она взглянула и, крикнув, бросилась вперед, протягивая руки. Недалеко от нее, на узкой дорожке, среди могил, полицейские, окружив длинноволосого человека, отбивались от толпы, нападавшей на них со всех сторон. В воздухе бело и холодно мелькали обнаженные шашки, взлетая над головами и быстро падая вниз. Мелькали трости, обломки оград, в дикой пляске кружились крики сцепившихся людей, возвышалось бледное лицо молодого человека, - над бурей злобного раздражения гудел его крепкий голос:

- Товарищи! На что тратите себя?..

Он побеждал. Бросая палки, люди один за другим отскакивали прочь, а мать все пробивалась вперед, увлекаемая неодолимой силой, и видела, как Николай, в шляпе, сдвинутой на затылок, отталкивал в сторону охмеленных злобой людей, слышала его упрекающий голос:

- Вы с ума сошли! Да успокойтесь же!.. Ей казалось, что одна рука у него красная.

- Николай Иванович, уйдите! - закричала она, бросаясь к нему.

- Куда вы? Вас там ударят...

Схватив ее за плечо, рядом с нею стояла Софья, без шляпы, с растрепанными волосами, поддерживая молодого парня, почти мальчика. Он отирал рукой разбитое, окровавленное лицо и бормотал дрожащими губами:

- Пустите, ничего...

- Займитесь им, отвезите к нам! Вот платок, завяжите лицо!.. - быстро говорила Софья и, вложив руку парня в руку матери, побежала прочь, говоря: - Скорее уходите, арестуют!..

По всем направлениям кладбища расходились люди, за ними, между могил, тяжело шагали полицейские, неуклюже путаясь в полах шинелей, ругаясь и размахивая шашками. Парень провожал их волчьим взглядом.

- Идем скорее! - тихо крикнула мать, отирая платком его лицо.

Он бормотал, выплевывая кровь:

- Да вы не беспокойтесь, - не больно мне. Он меня ручкой сабли... Ну, и я его тоже - ка-ак дам палкой! Даже завыл он!..

И, потрясая окровавленным кулаком, закончил срывающимся голосом:

- Погодите, не то будет. Мы вас раздавим без драки, когда мы встанем, весь рабочий народ!

- Скорее! - торопила мать, быстро шагая к маленькой калитке в ограде кладбища. Ей казалось, что там, за оградой, в поле спряталась и ждет их полиция и, как только они выйдут, - она бросится на них, начнет бить. Но, когда, осторожно открыв дверку, она выглянула в поле, одетое серыми тканями осенних сумерек, - тишина и безлюдье сразу успокоили ее.

- Дайте-ка я завяжу вам лицо-то, - говорила она.

- Да не надо, мне и так не стыдно! Драка честная: он - меня, я - его...

Мать наскоро перевязала рану. Вид крови наполнял ей грудь жалостью, и, когда пальцы ее ощущали влажную теплоту, дрожь ужаса охватывала ее. Она молча и быстро повела раненого полем, держа его за руку. Освободив рот, он с усмешкой в голосе говорил:

- Куда вы меня тащите, товарищ? Я сам могу идти!..

Но она чувствовала, что он шатается, ноги его шагают нетвердо и рука дрожит. Слабеющим голосом он говорил и спрашивал ее, не дожидаясь ответа:

- Я жестяник Иван, - а вы кто? Нас трое было в кружке Егора Ивановича, - жестяников трое... а всех одиннадцать. Очень мы любили его - царство ему небесное!.. Хоть я не верю в бога... В одной из улиц мать наняла извозчика, усадив Ивана в экипаж, шепнула ему:

- Теперь молчите! - и осторожно закутала рот ему платком.

Он поднял руку к лицу и - уже не мог освободить рта, рука бессильно упала на колени. Но все-таки продолжал бормотать сквозь платок:

- Ударов этих я вам не забуду, милые мои... А до него с нами занимался студент Титович... политической экономией... Потом арестовали...

Мать, обняв Ивана, положила его голову себе на грудь, парень вдруг весь отяжелел и замолчал. Замирая от страха, она исподлобья смотрела по сторонам, ей казалось, что вот откуда-нибудь из-за угла выбегут полицейские, увидят завязанную голову Ивана, схватят его и убьют.

- Выпил? - спросил извозчик, обернувшись на козлах и добродушно улыбаясь.

- Хватил горячего до слез! - вздохнув, ответила мать.

- Сын?

- Да, сапожник. А я в кухарках живу...

- Маешься. Та-ак...

Махнув кнутом на лошадь, извозчик опять обернулся и тише продолжал:

- А сейчас, слышь, на кладбище драка была!.. Хоронили, значит, одного политического человека, - из этаких, которые против начальства... там у них с начальством спорные дела. Хоронили его тоже этакие, дружки его, стало быть. И давай там кричать - долой начальство, оно, дескать, народ разоряет... Полиция бить их! Говорят, которых порубили насмерть. Ну, и полиции тоже попало... - Он замолчал и, сокрушенно покачивая головой, странным голосом выговорил: - Мертвых беспокоят, покойников будят!

Пролетка с треском подпрыгивала по камням, голова Ивана мягко толкала грудь матери, извозчик, сидя вполоборота, задумчиво бормотал:

- Идет волнение в народе, - беспорядок поднимается с земли, да! Вчера ночью в соседях у нас пришли жандармы, хлопотали чего-то вплоть до утра, а утром забрали с собой кузнеца одного и увели. Говорят, отведут его ночью на реку и тайно утопят. А кузнец - ничего человек был...

- Как звали его? - спросила мать.

- Кузнеца-то? Савел, а прозвище Евченко. Молодой еще, уж много понимал. Понимать-то, видно, - запрещается! Придет, бывало, и говорит: "Какая ваша жизнь, извозчики?" - "Верно, говорим, жизнь хуже собачьей".

- Стой! - сказала мать.

Иван очнулся от толчка и тихо застонал.

- Развезло парня! - заметил извозчик. - Эх ты, водка - водочка...

С трудом переставляя ноги, качаясь всем телом, Иван шел по двору и говорил:

- Ничего, - я могу...

XIII

Софья была уже дома, она встретила мать с папиросой в зубах, суетливая, возбужденная.

Укладывая раненого на диван, она ловко развязывала его голову и распоряжалась, щуря глаза от дыма папиросы.

- Иван Данилович, привезли! Вы устали, Ниловна? Напугались, да? Ну, отдыхайте. Николай, Ниловне рюмку портвейна!

Ошеломленная пережитым, тяжело дыша и ощущая в груди болезненное покалывание, мать бормотала:

- Вы обо мне не беспокойтесь...

И всем существом своим трепетно просила внимания к себе, успокаивающей ласки.

Из соседней комнаты вышли Николай, с перевязанной рукой, и доктор Иван Данилович, весь растрепанный, ощетинившийся, как еж. Он быстро подошел к Ивану, наклонился над ним, говоря:

- Воды, больше воды, чистых полотняных тряпок, ваты! Мать двинулась в кухню, но Николай взял ее под руку левой рукой и ласково сказал, уводя ее в столовую:

- Это не вам говорят, а Софье. Наволновались вы, милый человек, да?

Мать встретила его пристальный, участливый взгляд и с рыданием, которого не могла удержать, воскликнула:

- Что это было, голубчик вы мой! Рубили, людей рубили!

- Я видел! - подавая ей вино и кивнув головой, сказал Николай. - Погорячились немного обе стороны. Но вы не беспокойтесь - они били плашмя, и серьезно ранен, кажется, только один. Его ударили на моих глазах, я его и вытащил из свалки...

Лицо Николая и голос, тепло и свет в комнате успокаивали Власову. Благодарно взглянув на него, она спросила:

- Вас тоже ударили?

- Это я сам, кажется, неосторожно задел рукой за что-то и сорвал кожу. Пейте чай, - холодно, а вы одеты легко...

Она протянула руку к чашке, увидала, что пальцы ее покрыты пятнами запекшейся крови, невольным движением опустила руку на колени - юбка была влажная. Широко открыв глаза, подняв бровь, она искоса смотрела на свои пальцы, голова у нее кружилась и в сердце стучало:

"Так вот и Пашу тоже, - могут!"

Вошел Иван Данилович в жилете, с засученными рукавами рубашки, и на молчаливый вопрос Николая сказал своим тонким голосом:

- На лице незначительная рана, а череп проломлен, хотя

тоже не сильно, - парень здоровый! Однако много потерял крови. Будем отправлять в больницу?

- Зачем? Пускай остается здесь! - воскликнул Николай.

- Сегодня можно, ну, пожалуй, завтра, а потом мне удобнее будет, чтобы он лег в больницу. У меня нет времени делать визиты! Ты напишешь листок о событии на кладбище?

- Конечно! - ответил Николай. Мать тихо встала и пошла на кухню.

- Куда вы, Ниловна? - беспокоясь, остановил он ее. - Соня одна управится!

Она взглянула на него и, вздрагивая, ответила, странно усмехаясь:

- В крови я...

Переодеваясь в своей комнате, она еще раз задумалась о спокойствии этих людей, об их способности быстро переживать страшное. Это отрезвляло ее, изгоняя страх из сердца. Когда она вошла в комнату, где лежал раненый, Софья, наклонясь над ним, говорила ему:

- Глупости, товарищ!

- Да я стеснять вас буду! - возражал он слабым голосом.

- А вы молчите, это вам полезнее...

Мать встала позади Софьи и, положив руки на ее плечо, о улыбкой глядя в бледное лицо раненого, усмехаясь, заговорила, как он бредил на извозчике и пугал ее неосторожными словами. Иван слушал, глаза его лихорадочно горели, он чмокал губами и тихо, смущенно восклицал:

- Ох... экий дурак!

- Ну, мы вас оставим! - поправив на нем одеяло, заявила Софья. - Отдохните!

Они ушли в столовую и там долго беседовали о событии дня.

И уже относились к драме этой как к чему-то далекому, уверенно заглядывая в будущее, обсуждая приемы работы на завтра. Лица были утомлены, но мысли бодры, и, говоря о своем деле, люди не скрывали недовольства собой. Нервно двигаясь на стуле, доктор, с усилием притупляя свой тонкий, острый голос, говорил:

- Пропаганда, пропаганда! Этого мало теперь, рабочая молодежь права! Нужно шире поставить агитацию, - рабочие правы, я говорю...

Николай хмуро и в тон ему отозвался:

- Отовсюду идут жалобы на недостаток литературы, а мы все еще не можем поставить хорошую типографию. Людмила из сил выбивается, она захворает, если мы не дадим ей помощников...

- А Весовщиков? - спросила Софья.

- Он не может жить в городе. Он возьмется за дело только в новой типографии, а для нее не хватает еще одного человека...

- Я не подойду? - тихо спросила мать.

Они все трое взглянули на нее и несколько секунд молчали.

- Хорошая мысль! - воскликнула Софья.

- Нет, это трудно для вас, Ниловна! - сухо сказал Николай. - Вам пришлось бы жить за городом, прекратить свидания с Павлом и вообще...

Вздохнув, она возразила:

- Для Паши это не велика потеря, да и мне эти свидания только душу рвут! Говорить ни о чем нельзя. Стоишь против сына дурой, а тебе в рот смотрят, ждут - не скажешь ли чего лишнего...

События последних дней утомили ее, и теперь, услышав о возможности для себя жить вне города, вдали от его драм, она жадно ухватилась за эту возможность.

Но Николай замял разговор.

- О чем думаешь, Иван? - обратился он к доктору. Подняв низко опущенную над столом голову, доктор угрюмо ответил:

- Мало нас, вот о чем! Необходимо работать энергичнее... и необходимо убедить Павла и Андрея бежать, они оба слишком ценны для того, чтобы сидеть без дела...

Николай нахмурил брови и сомнительно покачал головой, мельком взглянув на мать. Она поняла, что при ней им неловко говорить о ее сыне, и ушла в свою комнату, унося в груди тихую обиду на людей за то, что они отнеслись так невнимательно к ее желанию. Лежа в постели с открытыми глазами, она, под тихий шепот голосов, отдалась во власть тревог.

Истекший день был мрачно непонятен и полон зловещих намеков, но ей тяжело было думать о нем, и, отталкивая от себя угрюмые впечатления, она задумалась о Павле. Ей хотелось видеть его на свободе, и в то же время это пугало ее: она чувствовала, что вокруг нее все обостряется, грозит резкими столкновениями. Молчаливое терпение людей исчезало, уступая место напряженному ожиданию, заметно росло раздражение, звучали резкие слова, отовсюду веяло чем-то возбуждающим... Каждая прокламация вызывала на базаре, в лавках, среди прислуги и ремесленников оживленные толки, каждый арест в городе будил пугливое, недоумевающее, а иногда и бессознательно сочувственное эхо суждений о причинах ареста. Все чаще слышала она от простых людей когда-то пугавшие ее слова: бунт, социалисты, политика; их произносили насмешливо, но за насмешкой неумело прятался пытливый вопрос; со злобой - и за нею звучал страх; задумчиво - с надеждой и угрозой. Медленно, но широкими кругами по застоявшейся темной жизни расходилось волнение, просыпалась сонная мысль, и привычное, спокойное отношение к содержанию дня колебалось. Все это она видела яснее других, ибо лучше их знала унылое лицо жизни, и теперь, видя на нем морщины раздумья и раздражения, она и радовалась и пугалась. Радовалась - потому что считала это делом своего сына, боялась - зная, что если он выйдет из тюрьмы, то встанет впереди всех, на самом опасном месте. И погибнет.

Иногда образ сына вырастал перед нею до размеров героя сказки, он соединял в себе все честные, смелые слова, которые она слышала, всех людей, которые ей нравились, все героическое и светлое, что она знала. Тогда, умиленная, гордая, в тихом восторге, она любовалась им и, полная надежд, думала:

"Все будет хорошо, все!" Ее любовь - любовь матери - разгоралась, сжимая сердце почти до боли, потом материнское мешало росту человеческого, сжигало его, и на месте великого чувства, в сером пепле тревоги, робко билась унылая мысль:

"Погибнет... пропадет!.."

XIV

В полдень она сидела в тюремной канцелярии против Павла и, сквозь туман в глазах рассматривая его бородатое лицо, искала случая передать ему записку, крепко сжатую между пальцев.

- Здоров, и все здоровы! - говорил он негромко. - Ну, а ты как?

- Ничего! Егор Иванович скончался! - машинально сказала она.

- Да? - воскликнул Павел и тихо опустил голову.

- На похоронах полиция дралась, арестовали одного! - простодушно продолжала она. Помощник начальника тюрьмы возмущенно чмокнул тонкими губами и, вскочив со стула, забормотал:

- Это запрещено, надо же понять! Запрещено говорить о политике!..

Мать тоже поднялась со стула и, как бы не понимая, виновато заявила:

- Я не о политике, о драке! А дрались они, это верно. И даже одному голову разбили...

- Все равно! Я прошу вас молчать! То есть молчать обо всем, что не касается лично вас - семьи и вообще дома вашего!

Чувствуя, что запутался, он сел за столом и, разбирая бумаги уныло и утомленно добавил:

- Я - отвечаю, да...

Мать оглянулась и, быстро сунув записку в руку Павла, облегченно вздохнула.

- Не понимаешь, о чем говорить... Павел усмехнулся.

- Я тоже не понимаю...

- Тогда не нужны и свидания! - раздраженно заметил чиновник. - Говорить не о чем, а ходят, беспокоят...

- Скоро ли суд-то? - помолчав, спросила мать.

- На днях прокурор был, сказал, что скоро...

Они говорили друг другу незначительные, ненужные обоим слова, мать видела, что глаза Павла смотрят в лицо ей мягко, любовно. Все такой же ровный и спокойный, как всегда, он не изменился, только борода сильно отросла и старила его, да кисти рук стали белее. Ей захотелось сделать ему приятное, сказать о Николае, и она, не изменяя голоса, тем же тоном, каким говорила ненужное и неинтересное, продолжала:

- Крестника твоего видела...

Павел пристально взглянул ей в глаза, молча спрашивая. Желая напомнить ему о рябом лице Весовщикова, она постучала себя пальцем по щеке...

- Ничего, мальчик жив и здоров, на место скоро определится.

Сын понял, кивнул ей головой и с веселой улыбкой в глазах ответил:

- Это - хорошо!

- Ну, вот! - удовлетворенно произнесла она, довольная собой, тронутая его радостью.

Прощаясь с нею, он крепко пожал руку ее.

- Спасибо, мать!

Ей хмелем бросилось в голову радостное чувство сердечной близости к нему, и, не находя сил ответить словами, она ответила молчаливым рукопожатием.

Дома она застала Сашу. Девушка обычно являлась к Ниловне в те дни, когда мать бывала на свидании. Она никогда не расспрашивала о Павле, и если мать сама не говорила о нем, Саша пристально смотрела в лицо ее и удовлетворялась этим. Но теперь она встретила ее беспокойным вопросом:

- Ну, что он?

- Ничего, здоров!

- Записку отдали?

- Конечно! Я так ловко ее сунула...

- Он читал?

- Где же? Разве можно!

- Да, я забыла! - медленно сказала девушка. - Подождем еще неделю, еще неделю! А как вы думаете - он согласится?

Она нахмурила брови и смотрела в лицо матери остановившимися глазами.

- Да я не знаю, - размышляла мать. - Почему не уйти, если без опасности это?

Саша тряхнула головой и сухо спросила:

- Вы не знаете, что можно есть больному? Он просит есть.

- Все можно, все! Я сейчас...

Она пошла в кухню, Саша медленно двинулась за ней.

- Помочь вам?

- Спасибо, что вы?!

Мать наклонилась к печке, доставая горшок. Девушка тихо сказала ей:

- Подождите...

Лицо ее побледнело, глаза тоскливо расширились, и дрожащие губы с усилием зашептали горячо и быстро:

- Я хочу вас просить. Я знаю - он не согласится! Уговорите его! Он - нужен, скажите ему, что он необходим для дела, что я боюсь - он захворает. Вы видите - суд все еще не назначен...

Ей, видимо, трудно было говорить. Она вся выпрямилась, смотрела в сторону, голос у нее звучал неровно. Утомленно опустив веки, девушка кусала губы, а пальцы крепко сжатых рук хрустели.

Мать была смята ее порывом, но поняла его и, взволнованная, полная грустного чувства, обняв Сашу, тихонько ответила:

- Дорогая вы моя! Никого он, кроме себя, не послушает,
никого!

Они обе молчали, тесно прижавшись друг к другу. Потом Саша осторожно сняла с своих плеч руки матери и сказала вздрагивая:

- Да, ваша правда! Все это глупости, нервы...

И вдруг, серьезная, просто кончила:

- Однако давайте покормим раненого...

Сидя у постели Ивана, она уже заботливо и ласково спрашивала:

- Сильно болит голова?

- Не очень, только смутно все! И слабость, - конфузливо натягивая одеяло к подбородку, отвечал Иван и прищуривал глаза, точно от яркого света. Заметив, что он не решается есть при ней, Саша встала и ушла.

Иван сел на постели, взглянул вслед ей и, мигая, сказал:

- Кра-асивая!..

Глаза у него были светлые и веселые, зубы мелкие, плотные, голос еще не установился.

- Вам сколько лет? - задумчиво спросила мать.

- Семнадцать...

- Родители-то где?

- В деревне; я с десяти лет здесь, - кончил школу и - сюда!

А вас как звать, товарищ?

Мать всегда смешило и трогало это слово, обращенное к ней. И теперь, улыбаясь, она спросила:

- На что вам знать?

Юноша, смущенно помолчав, объяснил:

- Видите, студент из нашего кружка, то есть который читал с нами, он говорил нам про мать Павла Власова, рабочего, - знаете, демонстрация Первого мая?

Она кивнула головой и насторожилась.

- Он первый открыто поднял знамя нашей партии! - с гордостью заявил юноша, и его гордость созвучно отозвалась в сердце матери.

- Меня при том не было, - мы тогда думали здесь свою демонстрацию наладить - сорвалось! Мало нас было тогда. А на тот год - пожалуйте!.. Увидите!

Он захлебнулся от волнения, предвкушая будущие события, потом, размахивая в воздухе ложкой, продолжал:

- Так вот Власова - мать, говорю. Она тоже вошла в партию после этого. Говорят, такая - просто чудеса!

Мать широко улыбнулась, ей было приятно слышать восторженные похвалы мальчика. Приятно и неловко. Она даже хотела сказать ему: "Это я Власова!..", но удержалась и с мягкой насмешкой, с грустью сказала себе: "Эх ты, старая дура!.."

- А вы - кушайте больше! Выздоравливайте скорее для хорошего дела! - вдруг взволнованно заговорила она, наклоняясь к нему.

Дверь отворилась, пахнуло сырым осенним холодом, вошла Софья, румяная, веселая.

- Шпионы за мной ухаживают, точно женихи за богатой невестой, честное слово! Надо мне убираться отсюда... Ну как, Ваня? Хорошо? Что Павел, Ниловна? Саша здесь?

Закуривая папиросу, она спрашивала и не ждала ответов, лаская мать и юношу взглядом серых глаз. Мать смотрела на нее и, внутренне улыбаясь, думала:

"Вот и я тоже выхожу в хорошие люди!"

И, снова наклонясь к Ивану, сказала:

- Выздоравливайте, сынок!

И ушла в столовую. Там Софья рассказывала Саше:

- У нее уже готово триста экземпляров! Она убьет себя такой работой! Вот - героизм! Знаете, Саша, это большое счастье жить среди таких людей, быть их товарищем, работать с ними...

- Да! - тихо ответила девушка. Вечером за чаем Софья сказала матери:

- А вам, Ниловна, снова надо посетить деревню.

- Ну, что же! Когда?

- Дня через три - можете?

- Хорошо...

- Вы поезжайте! - негромко посоветовал Николай. - Наймите почтовых лошадей и, пожалуйста, другой дорогой, через Никольскую волость...

Он замолчал и нахмурился. Это не шло к его лицу, странно и некрасиво изменяя всегда спокойное выражение.

- Через Никольское далеко! - заметила мать. - И дорого на лошадях...

- Видите ли что, - продолжал Николай. - Я вообще против этой поездки. Там беспокойно, - были уже аресты, взят какой-то учитель, надо быть осторожнее. Следовало бы выждать время...

Софья, постукивая пальцами по столу, заметила:

- Нам важно сохранить непрерывность в распространении литературы. Вы не боитесь ехать, Ниловна? - вдруг спросила она.

Мать почувствовала себя задетой.

- Когда же я боялась? И в первый раз делала это без страха... а тут вдруг... - Не кончив фразу, она опустила голову. Каждый раз, когда ее спрашивали - не боится

152

ли она, удобно ли ей, может ли она сделать то или это, - она слышала в подобных вопросах просьбу к ней, ей казалось, что люди отодвигают ее от себя в сторону, относятся к ней иначе, чем друг к другу.

- Напрасно вы меня спрашиваете - боюсь ли я, - заговорила она вздыхая, - друг друга вы не спрашиваете насчет страха.

Николай торопливо снял очки, снова надел их и пристально взглянул в лицо сестры. Смущенное молчание встревожило Власову, она виновато поднялась со стула, желая что-то сказать им, но Софья дотронулась до ее руки и тихонько попросила:

- Простите меня! Я больше не буду! Это рассмешило мать, и через несколько минут все трое озабоченно и дружно говорили о поездке в деревню.

XV

На рассвете мать тряслась в почтовой бричке по размытой осенним дождем дороге. Дул сырой ветер, летели брызги грязи, а ямщик, сидя на облучке вполоборота к ней, задумчиво и гнусаво жаловался:

- Я ему говорю - брату то есть, - что ж, давай делиться! Начали мы делиться...

Он вдруг хлестнул кнутом левую лошадь и озлобленно крикнул:

- Н-но! Играй, мать твоя ведьма!..

Жирные осенние вороны озабоченно шагали по голым пашням, холодно посвистывая, налетал на них ветер. Вороны подставляли ударам ветра свои бока, он раздувал им перья, сбивая с ног, тогда они, уступая силе, ленивыми взмахами крыльев перелетали па новое место.

- Ну, обделил он меня. Вижу я - нечем мне взяться, - говорил ямщик.

Мать слышала его слова точно сквозь сон, память строила перед нею длинный ряд событий, пережитых за последние годы, и, пересматривая их, она повсюду видела себя. Раньше жизнь создавалась где-то вдали, неизвестно кем и для чего, а вот теперь многое делается на ее глазах, с ее помощью. И это вызывало у нее спутанное чувство недоверия к себе и довольства собой, недоумения и тихой грусти...

Все вокруг колебалось в медленном движении, в небе, тяжело обгоняя друг друга, плыли серые тучи, по сторонам дороги мелькали мокрые деревья, качая нагими вершинами, расходились кругом поля, выступали холмы, расплывались.

Гнусавый голос ямщика, звон бубенцов, влажный свист и шорох ветра сливались в трепетный, извилистый ручей, он тек над полем с однообразной силой...

- Богатому и в раю тесно, - такое дело!.. Начал он жать, начальство ему приятели, - качаясь на облучке, тянул ямщик.

Когда приехали на станцию, он отпряг лошадей и сказал матери безнадежным голосом:

- Дала бы ты мне пятак, - хоть бы выпил я!

Она дала монету, и, встряхнув ее на ладони, ямщик тем же тоном известил мать:

- На три - водки выпью, на две - хлеба съем... После полудня, разбитая, озябшая, мать приехала в большое село Никольское, прошла на станцию, спросила себе чаю и села у окна, поставив под лавку свой тяжелый чемодан. Из окна было видно небольшую площадь, покрытую затоптанным ковром желтой травы, волостное правление - темно-серый дом с провисшей крышей. На крыльце волости сидел лысый длиннобородый мужик в одной рубахе и курил трубку. По траве шла свинья. Недовольно встряхивая ушами, она тыкалась рылом в землю и покачивала головой.

Плыли тучи темными массами, наваливались друг на друга.

Было тихо, сумрачно и скучно, жизнь точно спряталась куда-то, притаилась.

Вдруг на площадь галопом прискакал урядник, осадил рыжую лошадь у крыльца волости и, размахивая в воздухе нагайкой, закричал на мужика - крики толкались в стекла окна, но слов не было слышно. Мужик встал, протянул руку, указывая вдаль, урядник прыгнул на землю, зашатался на ногах, бросил мужику повод, хватаясь руками за перила, тяжело поднялся на крыльцо и исчез в дверях волости...

Снова стало тихо. Лошадь дважды ударила копытом по мягкой земле. В комнату вошла девочка-подросток с короткой желтой косой на затылке и ласковыми глазами на круглом лице. Закусив губы, она несла на вытянутых руках большой, уставленный посудой поднос с измятыми краями и кланялась, часто кивая головой.

- Здравствуй, умница! - ласково сказала мать.

- Здравствуйте!

Расставляя по столу тарелки и чайную посуду, девочка вдруг оживленно объявила:

- Сейчас разбойника поймали, ведут!

- Какого же это разбойника?

- Не знаю...

- А что он сделал?

- Я не знаю! - повторила девочка. - Я только слышала - поймали! Сторож из волости за становым побежал.

Мать посмотрела в окно, - на площади явились мужики. Иные шли медленно и степенно, другие - торопливо застегивая на ходу полушубки. Останавливаясь у крыльца волости, все смотрели куда-то влево.

Девочка тоже взглянула на улицу и убежала из комнаты,

громко хлопнув дверью. Мать вздрогнула, подвинула свой чемодан глубже под лавку и, накинув на голову шаль, пошла к двери, спеша и сдерживая вдруг охватившее ее непонятное желание идти скорее, бежать...

Когда она вышла на крыльцо, острый холод ударил ей в глаза, в грудь, она задохнулась, и у нее одеревенели ноги, - посредине площади шел Рыбин со связанными за спиной руками, рядом с ним шагали двое сотских, мерно ударяя о землю палками, а у крыльца волости стояла толпа людей и молча ждала.

Ошеломленная, мать неотрывно смотрела, - Рыбин что-то говорил, она слышала его голос, но слова исчезали без эха в темной дрожащей пустоте ее сердца.

Она очнулась, перевела дыхание - у крыльца стоял мужик с широкой светлой бородой, пристально глядя голубыми глазами в лицо ей. Кашляя и потирая горло обессиленными страхом руками, она с трудом спросила его:

- Это что же?

- А вот - глядите! - ответил мужик и отвернулся. Подошел еще мужик и встал рядом.

Сотские остановились перед толпой, она все росла быстро, но молча, и вот над ней вдруг густо поднялся голос Рыбина:

- Православные! Слыхали вы о верных грамотах, в которых правда писалась про наше крестьянское житье? Так вот - за эти грамоты страдаю, это я их в народ раздавал!

Люди окружили Рыбина теснее. Голос его звучал спокойно, мерно. Это отрезвляло мать.

- Слышишь? - толкнув в бок голубоглазого мужика, тихонько спросил другой. Тот, не отвечая, поднял голову и снова взглянул в лицо матери. И другой мужик тоже посмотрел на нее - он был моложе первого, с темной редкой бородкой и пестрым от веснушек, худым лицом. Потом оба они отодвинулись от крыльца в сторону.

"Боятся!" - невольно отметила мать.

Внимание ее обострялось. С высоты крыльца она ясно видела избитое, черное лицо Михаила Ивановича, различала горячим блеск его глаз, ей хотелось, чтобы он тоже увидал ее, и она, приподнимаясь на ногах, вытягивала шею к нему.

Люди смотрели на него хмуро, с недоверием и молчали. Только в задних рядах толпы был слышен подавленный говор.

- Крестьяне! - полным и тугим голосом говорил Рыбин. - Бумагам этим верьте, - я теперь за них, может, смерть приму, били меня, истязали, хотели выпытать - откуда я их взял, и еще бить будут, - все стерплю! Потому - в этих грамотах правда положена, правда эта дороже хлеба для нас должна быть, - вот!

- Зачем он это говорит? - тихо воскликнул один из мужиков у крыльца. Голубоглазый медленно ответил:

- Теперь все равно - двум смертям не бывать, а одной не миновать...

Люди стояли молчаливо, смотрели исподлобья, сумрачно, на всех как будто лежало что-то невидимое, но тяжелое.

На крыльце явился урядник и, качаясь, пьяным голосом заревел:

- Это кто говорит?

Он вдруг скатился с крыльца, схватил Рыбина за волосы и, дергая его голову вперед, отталкивая назад, кричал:

- Это ты говоришь, сукин сын, это ты?

Толпа покачнулась, загудела. Мать в бессильной тоске опустила голову. И снова раздался голос Рыбина:

- Вот, глядите, люди добрые...

- Молчать! - Урядник ударил его в ухо. Рыбин пошатнулся на ногах, повел плечами.

- Связали руки вам и мучают, как хотят...

- Сотские! Веди его! Разойдись, народ! - Прыгая перед Рыбиным, как цепная собака перед куском мяса, урядник толкал его кулаками в лицо, в грудь, в живот.

- Не бей! - крикнул кто-то в толпе.

Зачем бьешь? - поддержал другой голос.

Идем! - сказал голубоглазый мужик, кивнув головой. И они оба не спеша пошли к волости, а мать проводила их добрым взглядом. Она облегченно вздохнула - урядник снова тяжело взбежал на крыльцо и оттуда, грозя кулаком, исступленно орал:

- Веди его сюда! Я говорю...

- Не надо! - раздался в толпе сильный голос - мать поняла, что это говорил мужик с голубыми глазами. - Не допускай, ребята! Уведут туда - забьют до смерти. Да на нас же потом скажут, - мы, дескать, убили! Не допускай!

- Крестьяне! - гудел голос Михаилы. - Разве вы не видите жизни своей, не понимаете, как вас грабят, как обманывают, кровь вашу пьют? Все вами держится, вы - первая сила на земле, - а какие права имеете? С голоду издыхать - одно ваше право!..

Мужики вдруг закричали, перебивая друг друга.

- Правильно говорит!

- Станового зовите! Где становой?..

- Урядник поскакал за ним...

- Пьяный-то!..

- Не наше дело начальство собирать...

Шум все рос, поднимался выше. - Говори! Не дадим бить... - Развяжите руки ему... - Гляди, - греха не было бы!..

- Больно руки мне! - покрывая все голоса, ровно и звучно оворил Рыбин. - Не убегу я, мужики! От правды моей не скроюсь, она во мне живет...

Несколько человек солидно отошли от толпы в разные стороны, вполголоса переговариваясь и покачивая головами. Но все больше сбегалось плохо и наскоро одетых, возбужденных людей. Они кипели темной пеной вокруг Рыбина, а он стоял среди них, как часовня в лесу, подняв руки над головой, и, потрясая ими, ричал в толпу:

- Спасибо, люди добрые, спасибо! Мы сами должны друг ружке руки освободить, - так! Кто нам поможет? Он отер бороду и снова поднял руку, всю в крови.

- Вот кровь моя - за правду льется!

Мать сошла с крыльца, но с земли ей не видно было Михаилы, сжатого народом, и она снова поднялась на ступени. В груди у нее было горячо, и что-то неясно радостное трепетало там.

- Крестьяне! Ищите грамотки, читайте, не верьте начальству и попам, когда они говорят, что безбожники и бунтовщики те люди, которые для нас правду несут. Правда тайно ходит по земле, она гнезд ищет в народе, - начальству она вроде ножа и огня, не может оно принять ее, зарежет она его, сожжет! Правда вам - друг добрый, а начальству - заклятый враг! Вот отчего она прячется!..

Снова в толпе вспыхнуло несколько восклицаний:

- Слушай, православные!.. - Эх, брат, пропадешь ты...

- Кто тебя выдал?

- Поп! - сказал один из сотских. Двое мужиков крепко выругались.

- Гляди, ребята! - раздался предупреждающий крик.

XVI

К толпе шел становой пристав, высокий, плотный человек с круглым лицом. Фуражка у него была надета набок, один ус закручен кверху, а другой опускался вниз, и от этого лицо его казалось кривым, обезображенным тупой, мертвой улыбкой. В левой руке он нес шашку, а правой размахивал в воздухе. Были слышны его шаги, тяжелые и твердые. Толпа расступалась перед ним. Что-то угрюмое и подавленное появилось на лицах, шум смолкал, понижался, точно уходил в землю. Мать чувствовала, что на лбу у нее дрожит кожа и глазам стало горячо. Ей снова захотелось пойти в толпу, она наклонилась вперед и замерла в напряженной позе.

- Что такое? - спросил пристав, остановясь против Рыбина и меряя его глазами.
- Почему не связаны руки? Сотские! Связать!

Голос у него был высокий и звонкий, но бесцветный.

- Были связаны, - народ развязал! - ответил один из сотских.

- Что? Народ? Какой народ?

Становой посмотрел на людей, стоявших перед ним полукругом. И тем же однотонным, белым голосом, не повышая, не понижая его, продолжал:

- Это кто - народ?

Он ткнул наотмашь эфесом шашки в грудь голубоглазого
мужика.

- Это ты, Чумаков, народ? Ну, кто еще? Ты, Мишин? И дернул кого-то правой рукой за бороду.

- Разойдись, сволочь!.. А то я вас, - я вам покажу! В голосе, на лице его не было ни раздражения, ни угрозы, он говорил спокойно, бил людей привычными, ровными движениями крепких длинных рук. Люди отступали перед ним, опуская головы, повертывая в сторону лица.

- Ну? Вы что же? - обратился он к сотским. - Вяжи!

Выругался циничными словами, снова посмотрел на Рыбина и громко сказал ему:

- Руки назад, - ты!

- Не хочу я, чтобы вязали руки мне! - заговорил Рыбин. - Бежать не собираюсь, не дерусь, - зачем связывать меня?

- Что? - спросил пристав, шагнув к нему.

- Довольно вам мучить народ, звери! - возвышая голос, продолжал Рыбин. - Скоро придет и для вас красный день...

Становой стоял перед ним и смотрел в его лицо, шевеля усами. Потом он отступил на шаг и свистящим голосом изумленно запел:

- А-а-ах, сукин сын! Ка-акие слова?

И вдруг быстро и крепко ударил Рыбина по лицу.

- Кулаком правду не убьешь! - крикнул Рыбин, наступая да него. - И бить меня не имеешь права, собака ты паршивая!

- Не смею? Я? - протяжно взвыл становой.

И снова взмахнул рукой, целя в голову Рыбина. Рыбин присел, удар не коснулся его, и становой, пошатнувшись, едва устоял на ногах. В толпе кто-то громко фыркнул, и снова раздался гневный крик Михаила:

- Не смей, говорю, бить меня, дьявол!

Становой оглянулся - люди угрюмо и молча сдвигались в тесное, темное кольцо...

- Никита! - громко позвал становой, оглядываясь. - Никита, эй!

Из толпы выдвинулся коренастый, невысокий мужик в коротком полушубке. Он смотрел в землю, опустив большую лохматую голову.

- Никита! - покручивая ус и не торопясь, сказал становой. - Дай ему в ухо, хорошенько!

Мужик шагнул вперед, остановился против Рыбина, поднял голову. В упор, в лицо ему Рыбин бил тяжелыми, верными словами:

- Вот, глядите, люди, как зверье душит вас вашей же рукой! Глядите, думайте!

Мужик медленно поднял руку и лениво ударил его по голове.

- Разве так, сукин ты сын?! - взвизгнул становой.

- Эй, Никита! - негромко сказали из толпы. - Бога не забывай!

- Бей, говорю! - крикнул становой, толкая мужика в шею.

Мужик шагнул в сторону и угрюмо сказал, наклонив голову:

- Не буду больше...

- Что? Лицо станового дрогнуло, он затопал ногами и, ругаясь, бросился на Рыбина. Тупо хлястнул удар, Михайло покачнулся, взмахнул рукой, но вторым ударом становой опрокинул его на землю и, прыгая вокруг, с ревом начал бить ногами в грудь, бока, в голову Рыбина.

Толпа враждебно загудела, закачалась, надвигаясь на станового, он заметил это, отскочил и выхватил шашку из ножен.

- Вы так? Бунтовать? А-а?.. Вот оно что?..

Голос у него вздрогнул, взвизгнул и точно переломился, захрипел. Вместе с голосом он вдруг потерял свою силу, втянул голову в плечи, согнулся и, вращая во все стороны пустыми глазами, попятился, осторожно ощупывая ногами почву сзади себя.

Отступая, он кричал хрипло и тревожно:

- Хорошо! Берите его, я ухожу, - ну-ка? Знаете ли вы, сволочь проклятая, что он политический преступник, против царя идет, бунты заводит, знаете? А вы его защищать, а? Вы бунтовщики? Ага-а!..

Не шевелясь, не мигая глазами, без сил и мысли, мать стояла точно в тяжелом сне, раздавленная страхом и жалостью. В голове у нее, как шмели, жужжали обиженные, угрюмые и злые крики людей, дрожал голос станового, шуршали чьи-то шепоты...

- Коли он провинился - суди!.. - Вы - помилуйте его, ваше благородие... - Что вы, в самом деле, без всякого закону?.. - Разве можно? Этак все начнут бить, тогда что будет?.. Люди разбились на две группы - одна, окружив станового, кричала и уговаривала его, другая, меньше числом, осталась вокруг избитого и глухо, угрюмо гудела. Несколько человек подняли его с земли, сотские снова хотели вязать руки ему.

- Погодите вы, черти! - кричали им.

Михайло отирал с лица и бороды грязь, кровь и молчал, оглядываясь. Взгляд его скользнул по лицу матери, - она, вздрогнув, потянулась к нему, невольно взмахнула рукою, - он отвернулся. Но через несколько минут его глаза снова остановились на лице ее. Ей показалось - он выпрямился, поднял голову, окровавленные щеки задрожали...

"Узнал, - неужели узнал?.."

И закивала ему головой, вздрагивая от тоскливой, жуткой радости. Но в следующий момент она увидела, что около него стоит голубоглазый мужик и тоже смотрит на нее. Его взгляд на минуту разбудил в ней сознание опасности...

"Что же это я? Ведь и меня схватят!" Мужик что-то сказал Рыбину, тот тряхнул головой и вздрагивающим голосом, но четко и бодро заговорил:

- Ничего! Не один я на земле, - всю правду не выловят они! Где я был, там обо мне память останется, - вот! Хоть и разорили они гнездо, нет там больше друзей-товарищей...

"Это он для меня говорит!" - быстро сообразила мать.

- Но будет день, вылетят на волю орлы, освободится народ!

Какая-то женщина принесла ведро воды и стала, охая и причитая, обмывать лицо Рыбина. Ее тонкий, жалобный голос путался в словах Михаила и мешал матери понимать их. Подошла толпа мужиков со становым впереди, кто-то громко кричал;

- Давай подводу под арестанта, эй! Чья очередь?

Потом раздался новый, как бы обиженный голос станового:

- Я тебя могу ударить, а ты меня нет, не можешь, не смеешь, болван!

- Так! А ты кто - бог? - крикнул Рыбин. Нестройный и негромкий взрыв восклицаний заглушил голос его.

- Не спорь, дядя! Тут - начальство!..

- Не сердись, ваше благородие! Не в себе человек... Ты молчи, чудак!

- Вот сейчас в город тебя повезут...

- Там закону больше! Крики толпы звучали умиротворяюще, просительно, они сливались в неясную суету, и все было в ней безнадежно, жалобно. Сотские повели Рыбина под руки на крыльцо волости, скрылись в двери. Мужики медленно расходились по площади, мать видела, что голубоглазый направляется к ней и исподлобья смотрит на нее. У нее задрожали ноги под коленками, унылое чувство засосало сердце, вызывая тошноту.

"Не надо уходить! - подумала она. - Не надо!"

И, крепко держась за перила, ждала.

Становой, стоя на крыльце волости, говорил, размахивая руками, упрекающим, уже снова белым, бездушным голосом:

- Дураки вы, сукины дети! Ничего не понимая, лезете в такое дело, - в государственное дело! Скоты! Благодарить меня должны, в ноги мне поклониться за доброту мою! Захочу я - все пойдете в каторгу...

Десятка два мужиков стояли, сняв шапки, и слушали. Темнело, тучи опускались ниже. Голубоглазый подошел к крыльцу и сказал, вздохнув:

- Вот какие дела у нас...

- Да-а, - тихо отозвалась она.

Он посмотрел на нее открытым взглядом и спросил:

- Чем занимаетесь?

- Кружева скупаю у баб, полотна тоже... Мужик медленно погладил бороду. Потом, глядя по направлению к волости, сказал скучно и негромко:

- Этого у нас не найдется...

Мать смотрела на него сверху вниз и ждала момента, когда удобнее уйти в комнату. Лицо у мужика было задумчивое, красивое, глаза грустные. Широкоплечий и высокий, он был одет в кафтан, сплошь покрытый заплатами, в чистую ситцевую рубаху, рыжие, деревенского сукна штаны и опорки, надетые на босую ногу. Мать почему-то облегченно вздохнула. И вдруг, подчиняясь чутью, опередившему неясную мысль, она неожиданно для себя спросила его:

- А что, ночевать у тебя можно будет?

Спросила, и все в ней туго натянулось - мускулы, кости. Она выпрямилась, глядя на мужика остановившимися глазами. В голове у нее быстро мелькали колючие мысли:

"Погублю Николая Ивановича. Пашу не увижу - долго! Изобьют!"

Глядя в землю и не торопясь, мужик ответил, запахивая

кафтан на груди:

- Ночевать? Можно, чего же? Изба только плохая у меня...

- Не избалована я! - безотчетно ответила мать.

- Можно! - повторил мужик, меряя ее пытливым взглядом.

Уже стемнело, и в сумраке глаза его блестели холодно, лицо казалось очень бледным. Мать, точно спускаясь под гору, сказала негромко:

- Значит, я сейчас и пойду, а ты чемодан мой возьмешь...

- Ладно.

Он передернул плечами, снова запахнул кафтан и тихо проговорил:

- Вот - подвода едет...

На крыльце волости появился Рыбин, руки у него снова

были связаны, голова и лицо окутаны чем-то серым.

- Прощайте, добрые люди! - звучал его голос в холоде вечерних сумерек. - Ищите правды, берегите ее, верьте человеку, который принесет вам чистое слово, не жалейте себя ради правды!..

- Молчать, собака! - крикнул откуда-то голос станового. - Сотский, гони лошадей, дурак!

- Чего вам жалеть? Какая ваша жизнь?.. Подвода тронулась. Сидя на ней с двумя сотскими по бокам, Рыбин глухо кричал:

- Чего ради погибаете в голоде? Старайтесь о воле, она даст и хлеба и правды, - прощайте, люди добрые!..

Торопливый шум колес, топот лошадей, голос станового обняли его речь, запутали и задушили ее.

- Кончено! - сказал мужик, тряхнув головой, и, обратясь к матери, негромко продолжал: - Вы там посидите на станции, - я погодя приду...

Мать вошла в комнату, села за стол перед самоваром, взяла в руку кусок хлеба, взглянула на него и медленно положила обратно на тарелку. Есть не хотелось, под ложечкой снова росло ощущение тошноты. Противно теплое, оно обессиливало, высасывая кровь из сердца, и кружило голову. Перед нею стояло лицо голубоглазого мужика - странное, точно недоконченное, оно не возбуждало доверия. Ей почему-то не хотелось подумать прямо, что он выдаст ее, но эта мысль уже возникла у нее и тягостно лежала на сердце, тупая и неподвижная.

160

"Заметил он меня! - лениво и бессильно соображала она. - Заметил, догадался..."

А дальше мысль не развивалась, утопая в томительном унынии, вязком чувстве тошноты.

Робкая, притаившаяся за окном тишина, сменив шум, обнажала в селе что-то подавленное, запуганное, обостряла в груди ощущение одиночества, наполняя душу сумраком, серым и мягким, как зола.

Вошла девочка и, остановясь у двери, спросила:

- Яичницу принести?

- Не надо. Не хочется уж мне, напугали меня криком-то! Девочка подошла к столу, возбужденно, но негромко рассказывая:

- Как станового-то бил! Я близко стояла, видела, все зубы ему выкрошил, - плюет он, а кровь густая-густая, темная!.. Глазов-то совсем нету! Дегтярник он. Урядник там у нас лежит, пьянехонек, и все еще вина требует. Говорит - их шайка целая была, а этот, бородатый-то, старший, атаман, значит. Троих поймали, а один убежал, слышь. Еще учителя поймали, тоже с ними. В бога они не верят и других уговаривают, чтобы церкви ограбить, вот они какие! А наши мужики - которые жалели его, этого-то, а другие говорят - прикончить бы! У нас есть такие злые мужики - ай-ай!

Мать внимательно вслушивалась в бессвязную быструю речь, стараясь подавить свою тревогу, рассеять унылое ожидание. А девочка, должно быть, была рада тому, что ее слушали, и, захлебываясь словами, все с большим оживлением болтала, понижая голос:

- Тятька говорит - это от неурожая все! Второй год не родит у нас земля, замаялись! Теперь от этого такие мужики заводятся - беда! Кричат на сходках, дерутся. Намедни, когда Васюкова за недоимки продавали, он ка-ак треснет старосту по роже. Вот тебе моя недоимка, говорит...

За дверью раздались тяжелые шаги. Упираясь руками в стол, мать поднялась на ноги...

Вошел голубоглазый мужик и, не снимая шапку, спросил:

- Где багаж-то?

Он легко поднял чемодан, тряхнул им и сказал:

- Пустой! Марька, проводи приезжую ко мне в избу.

И ушел, не оглядываясь.

- Здесь ночуете? - спросила девочка.

- Да! За кружевами я, кружева покупаю... - У нас не плетут! Это в Тинькове плетут, в Дарьиной, а у нас - нет! - объяснила девочка.

- Я туда завтра...

Заплатив девочке за чай, она дала ей три копейки и очень обрадовала ее этим. На улице, быстро шлепая босыми ногами по влажной земле, девочка говорила:

- Хотите, я в Дарьину сбегаю, скажу бабам, чтобы сюда несли кружева? Они придут, а вам не надо ехать туда. Двенадцать верст все-таки...

- Не нужно этого, милая! - ответила мать, шагая рядом с ней. Холодный воздух освежил ее, и в ней медленно зарождалось неясное решение. Смутное, но что-то обещавшее, оно развивалось туго, и женщина, желая ускорить рост его, настойчиво спрашивала себя:

"Как быть? Если прямо, на совесть..."

Было темно, сыро и холодно. Тускло светились окна изб красноватым неподвижным светом. В тишине дремотно мычал скот, раздавались короткие окрики. Темная, подавленная задумчивость окутала село...

- Сюда! - сказала девочка. - Плохую ночевку выбрала вы, - беден больно мужик...

Она нащупала дверь, отворила ее, бойко крикнула в избу:

- Тетка Татьяна!

И убежала. Из темноты долетел ее голос:

- Прощайте!..

XVII

Мать остановилась у порога и, прикрыв глаза ладонью, осмотрелась. Изба была тесная, маленькая, но чистая, - это сразу бросалось в глаза. Из-за печки выглянула молодая женщина, молча поклонилась и исчезла. В переднем углу на столе горела лампа.

Хозяин избы сидел за столом, постукивая пальцем по его краю, и пристально смотрел в глаза матери.

- Проходите! - не вдруг сказал он. - Татьяна, ступай-ка, позови Петра, живее!

Женщина быстро ушла, не взглянув на гостью. Сидя на лавке против хозяина, мать осматривалась, - ее чемодана не было видно. Томительная тишина наполняла избу, только огонь в лампе чуть слышно потрескивал. Лицо мужика, озабоченное, нахмуренное, неопределенно качалось в глазах матери, вызывая в ней унылую досаду.

- А где мой чемодан? - вдруг и неожиданно для самой себя громко спросила она.

Мужик повел плечами и задумчиво ответил:

- Не пропадет...

Понизив голос, хмуро продолжал:

- Я давеча при девчонке нарочно сказал, что пустой он, - нет, он не пустой! Тяжело в нем положено!

- Ну? - спросила мать. - Так что?

Он встал, подошел к ней, наклонился и тихо спросил:

- Человека этого знаете?

Мать вздрогнула, но твердо ответила:

- Знаю!

Это краткое слово как будто осветило ее изнутри и сделало ясным все извне. Она облегченно вздохнула, подвинулась на лавке, села тверже...

Мужик широко усмехнулся.

- Я доглядел, когда знак вы ему делали, и он тоже. Я спросил его на ухо - знакомая, мол, на крыльце-то стоит?

- А он что? - быстро спросила мать.

Он? Сказал - много нас. Да! Много, говорит... Вопросительно взглянув в глаза гостьи и снова улыбаясь, продолжал:

- Большой силы человек!.. Смелый... прямо говорит - я! Бьют его, а он свое ломит...

Его голос, неуверенный и несильный, неконченное лицо и светлые, открытые глаза все более успокаивали мать. Место тревоги и уныния в груди ее постепенно занималось едкой, колющей жалостью к Рыбину. Не удерживаясь, со злобой, внезапной и горькой, она воскликнула подавленно:

- Разбойники, изуверы!

И всхлипнула.

Мужик отошел от нее, угрюмо кивая головой.

- Нажило себе начальство дружков, - да-а!

И, вдруг снова повернувшись к матери, он тихо сказал ей:

- Я вот что, я так догадываюсь, что в чемодане - газета, - верно?

- Да! - просто ответила мать, отирая слезы. - Ему везла.

Он, нахмурив брови, забрал бороду в кулак и, глядя в сторону, помолчал.

- Доходила она до нас, книжки тоже доходили. Человека этого мы знаем... видали!

Мужик остановился, подумал, потом спросил:

- Теперь, значит, что вы будете делать с этим - с чемоданом?

Мать посмотрела на него и сказала с вызовом:

- Вам оставлю!..

Он не удивился, не протестовал, только кратко повторил:

- Нам...

Утвердительно кивнув головой, выпустил бороду из кулака, расчесал ее пальцами и сел.

С неумолимой, упорной настойчивостью память выдвигала перед глазами матери сцену истязания Рыбина, образ его гасил в ее голове все мысли, боль и обида за человека заслоняли все чувства, она уже не могла думать о чемодане и ни о чем более. Из глаз ее безудержно текли слезы, а лицо было угрюмо и голос не вздрагивал, когда она говорила хозяину избы:

- Грабят, давят, топчут в грязь человека, окаянные!

- Сила! - тихо отозвался мужик. - Силища у них большая!

- А где берут? - воскликнула мать с досадой. - От нас же берут, от народа, все от нас взято!

Ее раздражал этот мужик своим светлым, но непонятным
лицом.

- Да-а! - задумчиво протянул он. - Колесо.

Чутко насторожился, наклонил голову к двери и, дослушав, тихонько сказал:

- Идут...

- Кто?

- Свои... надо быть...

Вошла его жена, за нею в избу шагнул мужик. Бросил в гол шапку, быстро подошел к хозяину и спросил его:

- Ну, как?

Тот утвердительно кивнул головой.

- Степан! - сказала женщина, стоя у печи. - Может, они, проезжая, поесть хотят?

- Не хочу, спасибо, милая! - ответила мать. Мужик подошел к матери и быстрым, надорванным голосом заговорил:

- Значит, позвольте познакомиться! Зовут меня Петр Егоров Рябинин, по прозвищу Шило. В делах ваших я несколько понимаю. Грамотен и не дурак, так сказать...

Он схватил протянутую ему руку матери и, потрясая ее, обратился к хозяину:

- Вот, Степан, гляди! Варвара Николаевна барыня добрая, верно! А говорит насчет всего этого - пустяки, бредни! Мальчишки будто и разные там студенты по глупости народ мутят. Однако мы с тобой видим - давеча солидного, как следует быть, мужика заарестовали, теперь вот - они, женщина пожилая и, как видать, не господских кровей. Не обижайтесь - вы каких родов будете?

Говорил он торопливо, внятно, не переводя дыхания, бородка у него нервно дрожала и глаза, щурясь, быстро ощупывали лицо и фигуру женщины. Оборванный, всклокоченный, со спутанными волосами на голове, он, казалось, только что подрался с кем-то, одолел противника и весь охвачен радостным возбуждением победы. Он понравился матери своей бойкостью и тем, что сразу заговорил прямо и просто. Ласково глядя в лицо ему, она ответила на вопрос, - он же еще раз сильно тряхнул ее руку и тихонько, суховато засмеялся ломающимся смехом.

- Дело чистое, Степан, видишь? Дело отличное! Я тебе говорил - это народ собственноручно начинает. А барыня - она правды не скажет, ей это вредно. Я ее уважаю, что же говорить! Человек хороший и добра нам хочет, ну - немножко - и чтобы без убытка для себя! Народ же - он желает прямо идти и ни убытка, ни вреда не боится - видал? Ему вся жизнь вредна, везде - убыток, ему некуда повернуться, кругом - ничего, кроме - стой! - кричат со всех сторон.

- Я вижу! - сказал Степан, кивая головой, и тотчас же добавил: - Насчет багажа она беспокоится.

Петр хитро подмигнул матери и снова заговорил, успокоительно помахивая рукой:

- Не беспокойтесь! Все будет в порядке, мамаша! Чемоданчик ваш у меня. Давеча, как он сказал мне про вас, что, дескать, вы тоже с участием в этом и человека того знаете, - я ему говорю - гляди, Степан! Нельзя рот разевать в таком строгом случае! Ну, и ы, мамаша, видно, тоже почуяли нас, когда мы около стояли. У честных людей рожи заметные, потому - немного их по улицам ходит, - прямо сказать! Чемоданчик ваш у меня...

Он сел рядом с нею и, просительно заглядывая в глаза ее, продолжал:

- Ежели вы желаете выпотрошить его - мы вам в этом поможем с удовольствием. Книжки нам требуются...

- Она все хочет нам отдать! - заметил Степан.

- И отлично, мамаша! Место всему найдем!..

Он вскочил на ноги, засмеялся и, быстро шагая по избе взад-перед, говорил, довольный:

- Случай, так сказать, удивительный! Хоша вполне простой. В одном месте порвалось, в другом захлестнулось! Ничего! А газета, мамаша, хорошая, и дело свое она делает - протирает глаза! Господам - неприятна. Я тут верстах в семи у барыни одной работаю, по столярному делу, - хорошая женщина, надо сказать, книжки дает разные, - иной раз прочитаешь - так и осенит! Вообще - мы ей благодарны. Но показал я ей газеты номерок - она даже обиделась несколько. "Бросьте, говорит, это, Петр! Это, говорит, мальчишки без разума делают. И от этого только горе ваше вырастет, тюрьма и Сибирь, говорит, за этим..."

Он снова неожиданно замолчал, подумал и спросил:

- А скажите, мамаша, - этот человек - родственник ваш?

- Чужой! - ответила мать.

Петр беззвучно засмеялся, чем-то очень довольный, и закивал головой, но в следующую секунду матери показалось, что слово "чужой" не на месте по отношению к Рыбину и обижает ее.

- Не родня я ему, - сказала она, - но знаю его давно и уважаю, как родного брата... старшего!

Нужное слово не находилось, это было неприятно ей, и снова она не могла сдержать тихого рыдания. Угрюмая, ожидающая тишина наполнила избу. Петр, наклонив голову на плечо, стоял, точно прислушиваясь к чему-то. Степан, облокотясь на стол, все время задумчиво постукивал пальцем по доске. Жена его прислонилась у печи в сумраке, мать чувствовала ее неотрывный взгляд и порою сама смотрела в лицо ей - овальное, смуглое, с прямым носом и круто обрезанным подбородком. Внимательно и зорко светились зеленоватые глаза.

- Друг, значит! - тихо молвил Петр. - С характером, н-да!.. Оценил себя высоко, - как следует! Вот, Татьяна, человек, а? Ты говоришь...

- Он женатый? - спросила Татьяна, перебивая его речь, и тонкие губы ее небольшого рта плотно сжались.

- Вдовый! - ответила мать грустно.

- Оттого и смел! - сказала Татьяна низким, грудным голосом. - Женатый такой дорогой не пойдет - боится...

- А я? Женат и все, - воскликнул Петр.

- Полно, кум! - не глядя на него и скривив губы, говорила женщина. - Ну, что ты такое? Только говоришь да, редко, книжку прочитаешь. Немного людям пользы от того, что ты со Степаном по углам шушукаешь.

- Меня, брат, многие слышат! - возразил мужик обиженно и тихо. - Я - вроде дрожжей тут, ты это напрасно...

Степан молча взглянул на жену и снова опустил голову.

- И зачем мужики женятся? - спросила Татьяна. - Работница нужна, говорят, - чего работать?

- Мало тебе еще! - глухо вставил Степан.

- Какой толк в этой работе? Впроголодь живешь изо дня в день все равно. Дети родятся - поглядеть за ними время нет, - из-за работы, которая хлеба не дает.

Она подошла к матери, села рядом с нею, говоря настойчиво, без жалобы и грусти...

- У меня - двое было. Один, двухлетний, сварился кипятком, другого - не доносила, мертвый родился, - из-за работы этой треклятой! Радость мне? Я говорю

- напрасно мужики женятся, только вяжут себе руки, жили бы свободно, добивались бы нужного порядка, вышли бы за правду прямо, как тот человек! Верно говорю, матушка?..

- Верно! - сказала мать. - Верно, милая, - иначе не одолеешь жизни...

- У вас муженек-то есть?

- Помер. Сын у меня... - А он где, с вами живет?

- В тюрьме сидит! - ответила мать.

И почувствовала, что эти слова, вместе с привычной грустью, всегда вызываемой ими, налили грудь ее спокойной гордостью.

- Второй раз сажают - все за то, что он понял божью правду и открыто сеял ее... Молодой он, красавец, умный! Газету - он придумал, и Михаила Ивановича он на путь поставил, - хоть и вдвое старше его Михайло-то! Теперь вот - судить будут за это сына моего и - засудят, а он уйдет из Сибири и снова будет делать свое дело...

Она говорила, а гордое чувство все росло в груди у нее и, создавая образ героя, требовало слов себе, стискивало горло. Ей необходимо было уравновесить чем-либо ярким и разумным то мрачное, что она видела в этот день и что давило ей голову бессмысленным ужасом, бесстыдной жестокостью. Бессознательно подчиняясь этому требованию здоровой души, она собирала все, что видела светлого и чистого, в один огонь, ослеплявший ее своим чистым горением...

- Уже их много родилось, таких людей, все больше рождается, и все они, до конца своего, будут стоять за свободу для людей, за правду...

Она забыла осторожность и хотя не называла имен, но рассказывала все, что ей было известно о тайной работе для освобождения народа из цепей жадности. Рисуя образы, дорогие ее сердцу, она влагала в свои слова всю силу, все обилие любви, так поздно разбуженной в ее груди тревожными толчками жизни, и сама с горячей радостью любовалась людьми, которые вставали в памяти, освещенные и украшенные ее чувством.

- Работа идет общая по всей земле, во всех городах, силе хороших людей - нет ни меры, ни счета, все растет она, и будет расти до победного нашего часа...

Голос ее лился ровно, слова она находила легко и быстро низала их, как разноцветный бисер, на крепкую нить своего желания очистить сердце от крови и грязи этого дня. Она видела, что мужики точно вросли там, где застала их речь ее, не шевелятся, смотрят в лицо ей серьезно, слышала прерывистое дыхание женщины, сидевшей рядом с ней, и все это увеличивало силу ее веры в то, что она говорила и обещала людям...

- Все, кому трудно живется, кого давит нужда и беззаконие, одолели богатые и прислужники их, - все, весь народ должен идти встречу людям, которые за него в тюрьмах погибают, на смертные муки идут. Без корысти объяснят они, где лежит путь к счастью для всех людей, без обмана скажут - трудный путь - и насильно никого не поведут за собой, но как встанешь рядом с ними - не уйдешь от них никогда, видишь - правильно все, эта дорога, а - не другая!

Ей приятно было осуществлять давнее желание свое - вот, она сама говорила людям о правде!

- С такими людьми можно идти народу, они на малом не помирятся, не остановятся, пока не одолеют все обманы, всю злобу и жадность, они не сложат

166

рук, покуда весь народ не сольется в одну душу, пока он в один голос не скажет - я владыка, я сам построю законы, для всех равные!..

Усталая, она замолчала, оглянулась. В грудь ей спокойно легла уверенность, что ее слова не пропадут бесполезно. Мужики смотрели на нее, ожидая еще чего-то. Петр сложил руки на груди, прищурил глаза, и на пестром лице его дрожала улыбка. Степан, облокотясь одной рукой на стол, весь подался вперед, вытянул шею и как бы все еще слушал. Тень лежала на лице его, и от этого оно казалось более законченным. Его жена, сидя рядом о матерью, согнулась, положив локти на колена, и смотрела под ноги себе.

- Вот как! - шепотом сказал Петр и осторожно сел на лавку, покачивая головой.

Степан медленно выпрямился, посмотрел на жену и развел в воздухе руками, как бы желая обнять что-то...

- Ежели за это дело браться, - задумчиво и негромко начал он, - то уже, действительно, надо всей душой... Петр робко вставил:

- Н-да, назад не оглядывайся!..

- Затеяно это широко! - продолжал Степан.

- На всю землю! - снова добавил Петр.

XVIII

Мать оперлась спиной о стену и, закинув голову, слушала их негромкие, взвешивающие слова. Встала Татьяна, оглянулась и снова села. Ее зеленые глаза блестели сухо, когда она недовольно и с пренебрежением на лице посмотрела на мужиков.

- Много, видно, горя испытали вы? - вдруг сказала она, обращаясь к матери.

- Было! - отозвалась мать.

- Хорошо говорите, - тянет сердце за вашей речью. Думаешь - господи! хоть бы в щелку посмотреть на таких людей и на жизнь. Что живешь? Овца! Я вот грамотная, читаю книжки, думаю много, иной раз и ночь не сплю, от мыслей. А что толку? Не буду думать - зря исчезну, и буду - тоже зря.

Она говорила с усмешкой в глазах и порой точно вдруг перекусывала свою речь, как нитку. Мужики молчали. Ветер гладил стекла окон, шуршал соломой по крыше, тихонько гудел в трубе. Выла собака. И неохотно, изредка в окно стучали капли дождя. Огонь в лампе дрогнул, потускнел, но через секунду снова разгорелся ровно и ярко.

- Послушала ваши речи - вот для чего люди живут! И так чудно, - слушаю я вас и вижу - да ведь я это знаю! А до вас ничего я этакого не слыхала и мыслей у меня таких не было...

- Поесть бы надо, Татьяна, да погасить огонь! - сказал Степан хмуро и медленно. - Заметят люди - у Чумаковых огонь долго горел. Нам это не важно, а для гостьи, может, нехорошо окажется...

Татьяна встала и пошла к печке.

- Да-а! - тихонько и с улыбкой заговорил Петр. - Теперь, кум, держи ухо востро! Как появится в народе газета...

167

- Я не про себя говорю. Меня и заарестуют - не велика беда!

Жена его подошла к столу и сказала:

- Уйди...

Он встал, отошел в сторону и, глядя, как она накрывает на стол, с усмешкой заявил:

- Цена нашему брату - пятачок пучок, да и то - когда в пучке сотня...

Матери вдруг стало жалко его - он все больше нравился ей теперь. После речи она чувствовала себя отдохнувшей от грязной тяжести дня, была довольна собой и хотела всем доброго, хорошего.

- Неправильно вы судите, хозяин! - сказала она. - Не нужно человеку соглашаться с тем, как его ценят те люди, которым кроме крови его, ничего не надо. Вы должны сами себя оценить, изнутри, не для врагов, а для друзей...

- Какие у нас друзья? - тихо воскликнул мужик. - До первого куска...

- А я говорю - есть друзья у народа...

- Есть, да - не здесь, - вот оно что! - задумчиво отозвался Степан.

- А вы их здесь заведите. Степан подумал и тихо сказал:

- Н-да, надо бы...

- Садитесь за стол! - пригласила Татьяна.

За ужином Петр, подавленный речами матери и как будто растерявшийся, снова оживленно и быстро говорил:

- Вам, мамаша, для незаметности, так сказать, нужно выехать отсюда пораньше. И поезжайте вы на следующую станцию, а не в город, - на почтовых поезжайте...

- Зачем? Я свезу, - сказал Степан.

- Не надо! В случае чего - спросят тебя - ночевала? Ночевала. Куда девалась? Я отвез! Ага-а, ты отвез? Иди-ка в острог! Понял? А в острог торопиться зачем же? Всему свой черед, - время придет - и царь помрет, говорится. А тут просто - ночевала, наняла лошадей, уехала! Мало ли кто ночует у кого? Село проезжее...

- Где это ты, Петр, бояться учился? - насмешливо спросила Татьяна.

- Все надо знать, кума! - ударив себя по колену, воскликнул Петр. - Умей бояться, умей и смелым быть! Ты помнишь, как из-за этой газеты земский Ваганова трепал? Теперь Ваганова-то за большие деньги не уговоришь книгу в руки взять, да! Вы, мамаша, мне верьте, я на всякие штуки шельма острая, это очень всем известно. Книжки и бумажки я вам посею в лучшем виде, сколько угодно! Народ у нас, конечно, не очень грамотен и пуглив, ну, однако, время так поджимает бока, что человек поневоле глаза таращит - в чем дело? А книжка ему совершенно просто отвечает: а вот в чем - думай, соображай! Есть примеры, что неграмотный больше грамотного понимает, особенно ежели грамотный-то сытый! Я тут везде хожу, много вижу - ничего! Жить можно, но требуется мозг и большая ловкость, чтобы сразу в лужу не сесть. Начальство - оно тоже носом чувствует, что как будто холодком подуло от мужика - улыбается он мало и совсем неласково, - вообще отвыкать от начальства хочет! Намедни в Смоляково - тут недалеко деревенька такая - приехали подати выбивать, а мужики - на дыбы да за колья! Становой прямо говорит:

"Ах вы, сукины дети! Да ведь это - против царя?!" Был там мужик один, Спивакин, он и скажи: "А ну вас к нехорошей матери с царем-то! Какой там царь, когда последнюю рубаху с плеч тащит?.." Вот оно куда пошло, мамаша! Конечно,

Спивакина зацапали и в острог, а слово - осталось, и даже мальчишки малые знают его, - оно кричит, живет!

Он не ел, а все говорил быстрым шепотком, бойко поблескивая темными плутоватыми глазами и щедро высыпая перед матерью, точно медную монету из кошеля, бесчисленные наблюдения над жизнью деревни.

Раза два Степан говорил ему:

- Ты бы поел...

Петр хватал кусок хлеба, ложку и снова заливался рассказами, точно щегленок песней. Наконец после ужина он, вскочив на ноги, заявил:

- Ну, мне пора домой!..

Встал перед матерью и, кивая головой, тряс ее руку, говоря:

- Прощайте, мамаша! Может, никогда и не увидимся! Должен вам сказать, что все это очень хорошо! Встретить вас и речи ваши - очень хорошо! В чемоданчике у вас, кроме печатного, еще что-нибудь есть? Платок шерстяной? Чудесно - шерстяной платок, Степан, помни! Сейчас он принесет вам чемоданчик! Идем, Степан! Прощайте! Всего хорошего!..

Когда они ушли, стало слышно, как шуршат тараканы, ветер возится по крыше и стучит заслонкой трубы, мелкий дождь монотонно бьется в окно. Татьяна приготовляла постель для матери, стаскивая с печи и с полатей одежду и укладывая ее на лавке.

- Живой человек! - заметила мать.

Хозяйка, взглянув на нее исподлобья, ответила:

- Звенит, звенит, а - недалеко слышно.

- А как муж ваш? - спросила мать.

- Ничего. Хороший мужик, не пьет, живем дружно, ничего! Только характера слабого...

Она выпрямилась и, помолчав, спросила:

- Ведь теперь что надо, - бунтовать надо народу? Конечно! Об этом все думают, только каждый в особицу, про себя. А нужно, чтобы вслух заговорили... и сначала должен кто-нибудь один решиться...

Она села на лавку и вдруг спросила:

- Говорите - и молодые барышни занимаются этим, ходят по рабочим, читают, - не брезгуют, не боятся?

И, внимательно выслушав ответ матери, глубоко вздохнула. Потом, спустя веки и наклонив голову, снова заговорила:

- В одной книжке прочитала я слова - бессмысленная жизнь. Это я очень поняла, сразу! Знаю я такую жизнь - мысли есть, а не связаны и бродят, как овцы без пастуха, - нечем, некому их собрать... Это и есть - бессмысленная жизнь. Бежала бы я от нее да и не оглянулась, - такая тоска, когда что-нибудь понимаешь!

Мать видела эту тоску в сухом блеске зеленых глаз женщины, на ее худом лице, слышала в голосе. Ей захотелось утешить ее, приласкать.

- Вы-то, милая, понимаете, что делать... Татьяна тихо перебила ее:

- Уметь надо. Готово вам, ложитесь! Отошла к печке и молча встала там, прямая, сурово сосредоточенная. Мать, не раздеваясь, легла, почувствовала ноющую усталость в костях и тихо застонала. Татьяна погасила лампу, и, когда

169

избу тесно наполнила тьма, раздался ее низкий ровный голос. Он звучал так, точно стирал что-то с плоского лица душной тьмы.

- Не молитесь вы. Я тоже думаю, что нет бога. И чудес нет. Мать беспокойно повернулась на лавке, - прямо на нее в окно смотрела бездонная тьма, и в тишину настойчиво вползал едва слышный шорох, шелест. Она заговорила почти шепотом и боязливо:

- Насчет бога - не знаю я, а во Христа верю... И словам его верю - возлюби ближнего, яко себя, - в это верю!..

Татьяна молчала. В темноте мать видела слабый контур ее прямой фигуры, серой на ночном фоне печи. Она стояла неподвижно. Мать в тоске закрыла глаза.

Вдруг раздался холодный голос:

- Смерти деток моих не могу я простить ни богу, ни людям, - никогда!..

Ниловна беспокойно привстала, сердцем поняв силу боли, вызвавшей эти слова.

- Вы молодая, еще будут детки, - ласково сказала она.

Шепотом и не сразу женщина ответила:

- Нет! Испорчена я, доктор говорит, - никогда не рожу больше...

Мышь пробежала по полу. Что-то сухо и громко треснуло, разорвав неподвижность тишины невидимой молнией звука. И снова стали ясно слышны шорохи и шелесты осеннего дождя на соломе крыши, они шарили по ней, как чьи-то испуганные тонкие пальцы. И уныло падали на землю капли воды, отмечая медленный ход осенней ночи...

Сквозь тяжелую дрему мать услыхала глухие шаги на улице, в сенях. Осторожно отворилась дверь, раздался тихий оклик:

Татьяна, легла, что ли?

Нет.

- А она спит?

- Видно, спит.

Вспыхнул огонь, задрожал и утонул во тьме. Мужик подошел к постели матери, поправил тулуп, окутав ее ноги. Эта ласка мягко тронула мать своей простотой, и, снова закрыв глаза, она улыбнулась. Степан молча разделся, влез на полати. Стало тихо.

Чутко вслушиваясь в ленивые колебания дремотной тишины, мать неподвижно лежала, а перед нею во тьме качалось облитое кровью лицо Рыбина...

На полатях раздался сухой шепот.

- Видишь, какие люди берутся за это? Пожилые уж, испили горя досыта, работали, отдыхать бы им пора, а они - вот! Ты же молодой, разумный, - эх, Степа...

Влажный и густой голос мужика ответил:

- За такое дело, не подумав, нельзя взяться...

- Слышала я это...

Звуки оборвались и возникли снова - загудел голос Степана:

- Надо так - сначала поговорить с мужиками отдельно, - вот Маков, Алеша - бойкий, грамотный и начальством обижен. Шорин, Сергей - тоже разумный мужик. Князев - человек честный, смелый. Пока что будет! Надо поглядеть на людей, про которых она говорила. Я вот возьму топор да махну в город, будто дрова колоть, на заработки, мол, пошел. Тут надо осторожно. Она верно говорит:

цена человеку - дело его. Вот как мужик-то этот. Его хоть перед богом ставь, он не сдаст... врылся. А Никитка-то, а? Засовестился, - чудеса!

- При вас бьют человека, а вы - рты разинули...

- Ты - погоди! Ты скажи - слава богу, что мы сами его не били, человека-то, - вот что!

Он шептал долго, то понижая голос так, что мать едва слышала его слова, то сразу начинал гудеть сильно и густо. Тогда женщина останавливала его:

- Тише! Разбудишь...

Мать заснула тяжелым сном - он сразу душной тучей навалился на нее, обнял и увлек.

Татьяна разбудила ее, когда в окна избы еще слепо смотрели серые сумерки утра и над селом в холодной тишине сонно плавал и таял медный звук сторожевого колокола церкви.

- Я самовар поставила, попейте чаю, а то холодно будет, прямо со сна, ехать...

Степан, расчесывая спутанную бороду, деловито спрашивал мать, как ее найти в городе, а ей казалось, что сегодня лицо мужика стало лучше, законченное. За чаем он, усмехаясь, заметил:

- Как это случилось чудно!

- Что? - спросила Татьяна.

- Да вот знакомство! Просто так... Мать задумчиво, но уверенно сказала:

- В этом деле удивительная простота во всем.

Расстались с ней хозяева сдержанно, скупо тратя слова, щедро обнаруживая множество мелких забот об ее удобствах.

Сидя в бричке, мать думала, что этот мужик начнет работать осторожно, бесшумно, точно крот, и неустанно. И всегда будет звучать около него недовольный голос жены, будет сверкать жгучий блеск ее зеленых глаз и не умрет в ней, пока жива она, мстительная, волчья тоска матери о погибших детях.

Вспомнился Рыбин, его кровь, лицо, горячие глаза, слова его, - сердце сжалось в горьком чувстве бессилия перед зверями. И всю дорогу до города, на тусклом фоне серого дня, перед матерью стояла крепкая фигура чернобородого Михаилы, в разорванной рубахе, со связанными за спиной руками, всклокоченной головой, одетая гневом и верою в свою правду. Мать думала о бесчисленных деревнях, робко прижавшихся к земле, о людях, тайно ожидавших прихода правды, и о тысячах людей, которые безмысленно и молча работают всю жизнь, ничего не ожидая.

Жизнь представлялась невспаханным, холмистым полем, которое натужно и немо ждет работников и молча обещает свободным честным рукам:

"Оплодотворите меня семенами разума и правды - я взращу вам сторицею!"

Вспоминая успех свой, она глубоко в груди чувствовала тихий трепет радости и стыдливо подавляла его.

XIX

Дома дверь ей отпер Николай, растрепанный, с книгой в руках.

- Уже? - воскликнул он радостно. - Скоро вы!

Глаза его ласково и живо мигали под очками, он помогал ей раздеваться и, с ласковой улыбкой заглядывая в лицо, говорил:

- А у меня ночью, видите ли, обыск был, я подумал - какая причина? Не случилось ли чего с вами? Но - не арестовали. Ведь если бы вас арестовали, так и меня не оставили бы!..

Он ввел ее в столовую, оживленно продолжая:

- Однако - теперь прогонят со службы. Это - не огорчает. Мне надоело считать безлошадных крестьян!

Комната имела такой вид, точно кто-то сильный, в глупом припадке озорства, толкал с улицы в стены дома, пока не растряс все внутри его. Портреты валялись на полу, обои были отодраны и торчали клочьями, в одном месте приподнята доска пола, выворочен подоконник, на полу у печи рассыпана зола. Мать покачала головой при виде знакомой картины и пристально посмотрела на Николая, чувствуя в нем что-то новое.

На столе стоял погасший самовар, немытая посуда, колбаса и сыр на бумаге вместо тарелки, валялись куски и крошки хлеба, книги, самоварные угли. Мать усмехнулась, Николай тоже сконфуженно улыбнулся.

- Это уж я дополнил картину погрома, но ничего, Ниловна, ничего! Я думаю, они опять придут, оттого и не убирал все это. Ну, как вы съездили?

Вопрос тяжело толкнул ее в грудь - перед нею встал Рыбин, и она почувствовала себя виноватой, что сразу не заговорила о нем. Наклонясь на стуле, она подвинулась к Николаю и, стараясь сохранить спокойствие, боясь позабыть что-нибудь, начала рассказывать.

- Схватили его... Лицо Николая дрогнуло.

- Да?

Мать остановила его вопрос движением руки и продолжала так, точно она сидела пред лицом самой справедливости, принося ей жалобу на истязание человека. Николай откинулся на спинку стула, побледнел и, закусив губу, слушал. Он медленно снял очки, положил их на стол, провел по лицу рукой, точно стирая с него невидимую паутину. Лицо его сделалось острым, странно высунулись скулы, вздрагивали ноздри, - мать впервые видела его таким, и он немного пугал ее.

Когда она кончила, он встал, с минуту молча ходил по комнате, сунув кулаки глубоко в карманы. Потом сквозь зубы пробормотал:

- Крупный человек, должно быть. Ему будет трудно в тюрьме, такие, как он, плохо чувствуют себя там!

Он все глубже прятал руки, сдерживая свое волнение, но все-таки оно чувствовалось матерью и передавалось ей. Глаза у него стали узкими, точно концы ножей. Снова шагая по комнате, он говорил холодно и гневно:

- Вы посмотрите, какой ужас! Кучка глупых людей, защищая свою пагубную власть над народом, бьет, душит, давит всех. Растет одичание, жестокость становится законом жизни - подумайте! Одни бьют и звереют от безнаказанности, заболевают сладострастной жаждой истязаний - отвратительной болезнью рабов, которым дана свобода проявлять всю силу рабьих чувств и скотских привычек.

172

Другие отравляются местью, третьи, забитые до отупения, становятся немы и слепы. Народ развращают, весь народ!

Он остановился и замолчал, стиснув зубы.

- Невольно сам звереешь в этой звериной жизни! - тихо сказал он.

Но, овладев своим возбуждением, почти спокойно, с твердым блеском в глазах, взглянул в лицо матери, залитое безмолвными слезами.

- Нам, однако, нельзя терять времени, Ниловна! Давайте, дорогой товарищ, попробуем взять себя в руки...

Грустно улыбаясь, он подошел к ней и, наклонясь, спросил, пожимая ее руку: Где ваш чемодан?

В кухне! - ответила она.

У наших ворот стоят шпионы - такую массу бумаги мы не сумеем вынести из дому незаметно, - а спрятать негде, а я думаю, они снова придут сегодня ночью. Значит, как ни жаль труда - мы сожжем все это.

- Что? - спросила мать.

- Все, что в чемодане.

Она поняла его, и - как ни грустно было ей - чувство гордости своею удачей вызвало на лице у нее улыбку.

- Ничего там нет, ни листика! - сказала она и, постепенно оживляясь, начала рассказывать о своей встрече с Чумаковым. Николай слушал ее, сначала беспокойно хмуря брови, потом о удивлением и наконец вскричал, перебивая рассказ:

- Слушайте, - да это отлично! Вы удивительно счастливый человек...

Стиснув ее руку, он тихо воскликнул:

- Вы так трогаете вашей верой в людей... я, право, люблю вас, как мать родную!..

Она с любопытством, улыбаясь, следила за ним, хотела понять - отчего он стал такой яркий и живой?

- Вообще - чудесно! - потирая руки, говорил он и смеялся   тихим, ласковым смехом. - Я, знаете, последние дни страшно хорошо жил - все время с рабочими, читал, говорил, смотрел. И в душе накопилось такое - удивительно здоровое, чистое. Какие хорошие люди, Ниловна! Я говорю о молодых рабочих - крепкие, чуткие, полные жажды все понять. Смотришь на них и видишь - Россия будет самой яркой демократией земли!

Он утвердительно поднял руку, точно давал клятву, и, помолчав, продолжал:

- Я сидел тут, писал и - как-то окис, заплесневел на книжках и цифрах. Почти год такой жизни - это уродство. Я ведь привык быть среди рабочего народа, и, когда отрываюсь от него, мне делается неловко, - знаете, натягиваюсь я, напрягаюсь для этой жизни. А теперь снова могу жить свободно, буду с ними видеться, заниматься. Вы понимаете - буду у колыбели новорожденных мыслей, пред лицом юной, творческой энергии. Это удивительно просто, красиво и страшно возбуждает, - делаешься молодым и твердым, живешь богато!

Он засмеялся смущенно и весело, и его радость захватывала сердце матери, понятная ей.

- А потом - ужасно вы хороший человек! - воскликнул Николай. - Как вы ярко рисуете людей, как хорошо их видите!.. Николай сел рядом с ней, смущенно отвернув в сторону радостное лицо и приглаживая волосы, но скоро повернулся и, глядя на мать, жадно слушал ее плавный, простой и яркий рассказ.

- Удивительная удача! - воскликнул он. - У вас была полная возможность попасть в тюрьму, и - вдруг! Да, видимо, пошевеливается крестьянин, - это естественно, впрочем! Эта женщина - удивительно четко вижу я ее!.. Нам нужно пристроить к деревенским делам специальных людей. Людей! Их не хватает нам... Жизнь требует сотни рук...

- Вот бы Паше-то выйти на волю. И - Андрюше! - тихонько сказала она.

Он взглянул на нее и опустил голову.

- Видите ли, Ниловна, это вам тяжело будет слышать, но я все-таки скажу: я хорошо знаю Павла - из тюрьмы он не уйдет! Ему нужен суд, ему нужно встать во весь рост, - он от этого не откажется. И не надо! Он уйдет из Сибири.

Мать вздохнула и тихо ответила:

- Ну, что же? Он знает, как лучше...

- Гм! - говорил Николай в следующую минуту, глядя на нее через очки. - Кабы этот ваш мужичок поторопился прийти к нам! Видите ли, о Рыбине необходимо написать бумажку для деревни, ему это не повредит, раз он ведет себя так смело. Я сегодня же напишу, Людмила живо ее напечатает... А вот как бумажка попадет туда?

- Я свезу...

- Нет, благодарю! - быстро воскликнул Николай. - Я думаю - не годится ли Весовщиков для этого, а?

- Поговорить с ним?

- Вот попробуйте-ка! И поучите его.

- А что же я-то буду делать?

- Не беспокойтесь!

Он сел писать. Она прибирала на столе, поглядывая на него, видела, как дрожит перо в его руке, покрывая бумагу рядами черных слов. Иногда кожа на шее у него вздрагивала, он откидывал голову, закрыв глаза, у него дрожал подбородок. Это волновало ее.

- Вот и готово! - сказал он, вставая. - Вы спрячьте эту бумажку где-нибудь на себе. Но - знайте, если придут жандармы, вас тоже обыщут.

- Пес с ними! - спокойно ответила она.

Вечером приехал доктор Иван Данилович.

- Почему это начальство вдруг так обеспокоилось? - говорил он, бегая по комнате. - Семь обысков было ночью. Где же больной, а?

- Он ушел еще вчера! - ответил Николай. - Сегодня, видишь ли, суббота, у него чтение, так он не может пропустить...

- Ну, это глупо, с расколотой головой на чтениях сидеть...

- Доказывал я ему, но безуспешно...

- Похвастаться охота перед товарищами, - заметила мать, - вот, мол, глядите - я уже кровь свою пролил...

Доктор взглянул на нее, сделал свирепое лицо и сказал, стиснув зубы:

- У-у, кровожадная...

- Ну, Иван, тебе здесь делать нечего, а мы ждем гостей - уходи! Ниловна, дайте-ка ему бумажку...

174

- Еще бумажка? - воскликнул доктор.

- Вот! Возьми и передай в типографию.

- Взял. Передам. Все?

- Все. У ворот - шпион.

- Видел. У моей двери тоже. Ну, до свиданья! До свиданья, свирепая женщина. А знаете, друзья, драка на кладбище - хорошая вещь в конце концов! О ней говорит весь город. Твоя бумажка по этому поводу - очень хороша и поспела вовремя. Я всегда говорил, что хорошая ссора лучше худого мира...

- Ладно, ты иди...

- Не весьма любезно! Ручку, Ниловна! А паренек поступил глупо все-таки. Ты знаешь, где он живет? Николай дал адрес.

- Завтра надо съездить к нему, - славный ребятенок, а?

- Очень...

- Надо его поберечь, - у него мозги здоровые! - говорил доктор, уходя. - Именно из таких ребят должна вырасти истинно пролетарская интеллигенция, которая сменит нас, когда мы отыдем туда, где, вероятно, нет уже классовых противоречий...

- Ты стал много болтать, Иван...

- А - мне весело, это потому. Значит - ожидаешь тюрьмы? Желаю тебе отдохнуть там.

- Благодарю. Я не устал.

Мать слушала их разговор, и ей была приятна забота о рабочем.

Проводив доктора, Николай и мать стали пить чай и закусывать, ожидая ночных гостей и тихо разговаривая. Николай долго рассказывал ей о своих товарищах, живших в ссылке, о тех, которые уже бежали оттуда и продолжают свою работу под чужими именами. Голые стены комнаты отталкивали тихий звук его голоса, как бы изумляясь и не доверяя этим историям о скромных героях, бескорыстно отдавших свои силы великому делу обновления мира. Теплая тень ласково окружала женщину, грея сердце чувством любви к неведомым людям, и они складывались в ее воображении все - в одного огромного человека, полного неисчерпаемой мужественной силы. Он медленно, но неустанно идет по земле, очищая с нее влюбленными в свой труд руками вековую плесень лжи, обнажая перед глазами людей простую и ясную правду жизни. И великая правда, воскресая, всех одинаково приветно зовет к себе, всем равно обещает свободу от жадности, злобы и лжи - трех чудовищ, которые поработили и запугали своей циничной силой весь мир... Этот образ вызывал в душе ее чувство, подобное тому, с которым она, бывало, становилась перед иконой, заканчивая радостной и благодарной молитвой тот день, который казался ей легче других дней ее жизни. Теперь она забыла эти дни, а чувство, вызываемое ими, расширилось, стало более светлым и радостным, глубже вросло в душу и, живое, разгоралось все ярче.

- А жандармы не идут! - вдруг прерывая свой рассказ, воскликнул Николай.

Мать взглянула на него и, помолчав, с досадой отозвалась:

- Ну их ко псам!

- Разумеется! Но - вам пора спать, Ниловна, вы, должно быть, отчаянно устали, - удивительно крепкая вы, следует сказать! Сколько волнений, тревог - и так легко вы переживаете все! Только вот волосы быстро седеют. Ну, идите, отдыхайте.

XX

Мать проснулась, разбуженная громким стуком в дверь кухни. Стучали непрерывно, с терпеливым упорством. Было еще темно, тихо, и в тишине упрямая дробь стука вызывала тревогу. Наскоро одевшись, мать быстро вышла в кухню и, стоя перед дверью, спросила:

- Кто там?

- Я! - ответил незнакомый голос.

- Кто?

- Отоприте! - просительно и тихо ответили из-за двери. Мать подняла крючок, толкнула дверь ногой - вошел Игнат и радостно сказал:

- Ну, - не ошибся!

Он был по пояс забрызган грязью, лицо у него посерело, глаза ввалились, и только кудрявые волосы буйно торчали во все стороны, выбиваясь из-под шапки.

- У нас - беда! - заперев дверь, шепотом произнес он.

- Я знаю...

Это удивило парня. Мигнув глазами, он спросил:

- Откуда?

Она кратко и торопливо рассказала.

- А тех двух взяли? Товарищей-то?

- Их - не было. Они на явку пошли, - рекрута! Пятерых взяли, считая дядю Михаила...

Он потянул воздух носом и, ухмыляясь, сказал:

- А я - остался. Должно - ищут меня.

- Как же ты уцелел? - спросила мать. Дверь из комнаты тихо приотворилась.

- Я? - сидя на лавке и оглядываясь, воскликнул Игнат. - За минуту перед ними лесник прибег - стучит в окно, - держитесь, ребята, говорит, лезут на вас...

Он тихонько засмеялся, вытер лицо полой кафтана и продолжал:

- Ну - дядю Михаила и молотком не оглушишь. Сейчас он мне: "Игнат - в город, живо! Помнишь женщину пожилую?" А сам записку строчит. "На, иди!.." Я ползком, кустами, слышу - лезут! Много их, со всех сторон шумят, дьяволы! Петлей вокруг завода. Лег в кустах, - прошли мимо! Тут я встал и давай шагать, и давай! Две ночи шел и весь день без отдыха.

Видно было, что он доволен собой, в его карих глазах светилась улыбка, крупные красные губы вздрагивали.

- Сейчас я тебя чаем напою! - торопливо говорила мать, схватив самовар.

- Вы записку-то получите...

Он с трудом поднял ногу, морщась и покрякивая поставил на лавку.

В дверях явился Николай.

- Здравствуйте, товарищ! - сказал он, щуря глаза. - Позвольте, я вам помогу.

И, наклонясь, стал быстро разматывать грязную онучу.

- Ну, - тихо воскликнул парень, дергая ногой, и, удивленно мигая глазами, поглядел на мать.

Не замечая его взгляда, она сказала:

- Надо ему водкой ноги-то растереть...

- Конечно! - молвил Николай.

Игнат смущенно фыркнул. Николай нашел записку, расправил ее и, приблизив серую, измятую бумажку к лицу, прочитал:

"Не оставляй дела, мать, без внимания, скажи высокой барыне, чтобы не забывала, чтобы больше писали про наши дела, прошу. Прощай. Рыбин".

Николай медленно опустил руку с запиской и негромко молвил:

- Это великолепно!..

Игнат смотрел на них, тихонько шевеля грязными пальцами разутой ноги; мать, скрывая лицо, смоченное слезами, подошла к нему с тазом воды, села на пол и протянула руки к его ноге - он быстро сунул ее под лавку, испуганно воскликнув:

- Чего?

- А ты давай скорее ногу...

- Сейчас я принесу спирт, - сказал Николай.

Парень засовывал ногу все дальше под лавку и бормотал:

- Что вы? В больнице, что ли...

Тогда она начала разувать другую.

Игнат громко сапнул носом и, неуклюже двигая шеей, смотрел на нее сверху вниз, смешно распустив губы.

- Ты знаешь, - заговорила она вздрагивающим голосом, - били Михаила Ивановича...

- Ну? - тихо и пугливо воскликнул парень.

- Да. И привели его избитого, и в Никольском урядник бил, становой - и по лицу и пинками... в кровь!

- Они это умеют! - отозвался парень, хмуря брови. Плечи у него вздрогнули. - То есть боюсь я их - как чертей! А мужики - не били?

- Один ударил, становой приказал ему. А все - ничего, вступились даже - нельзя, говорят, бить...

- Н-да-а, - мужики-то начинают понимать, где кто стоит и зачем.

- Там тоже есть разумные...

- Где их нет? Нужда! Везде они есть - найти трудно. Николай принес бутылку спирта, положил углей в самовар и молча ушел. Проводив его любопытными глазами, Игнат спросил мать тихонько:

- Барин-то - доктор?

- В этом деле нет господ, все - товарищи...

- Чудно мне! - сказал Игнат, недоверчиво и растерянно улыбаясь.

- Что - чудно?

- Да - так. На одном конце рожи бьют, на другом - ноги моют, а в середине - что?

Дверь из комнаты распахнулась, и Николай, стоя на пороге, сказал:

- А в середине люди, которые лижут руки тем, кто рожи бьет, и сосут кровь тех, чьи рожи бьют, - вот середина!

Игнат уважительно взглянул на него и, помолчав, проговорил:

- Это - похоже!

Парень встал, переступил с ноги на ногу, твердо упираясь ими в пол, и заметил:

- Как новые стали! Спасибо вам... Потом сидели в столовой и пили чай, а Игнат рассказывал солидным голосом:

- Я разносчиком газеты был, ходить я очень здоров.

- Много народа читает? - спросил Николай.

- Все, которые грамотные, даже богачи читают, - они, конечно, не у нас берут... Они ведь понимают - крестьяне землю своей кровью вымоют из-под бар и богачей, - значит, сами и делить ее будут, а уж они так разделят, чтобы не было больше ни хозяев, ни работников, - как же! Из-за чего и в драку лезть, коли не из-за этого!

Он даже как бы обиделся и смотрел на Николая недоверчиво, вопросительно. Николай молча улыбался.

- А ежели сегодня подрались всем миром - одолели, значит - а завтра опять - один богат, а другой беден, - тогда - покорно благодарю! Мы хорошо понимаем - богатство, как сыпучий песок, оно смирно не лежит, а опять потечет во все стороны! Нет, уж это зачем же!

- А ты не сердись! - шутя сказала мать. Николай задумчиво воскликнул:

- Как бы нам поскорее направить туда листок об аресте Рыбина!

Игнат насторожился.

- А есть листок? - спросил он.

- Да.

- Давайте - я снесу! - предложил парень, потирая руки. Мать тихонько засмеялась, не глядя на него.

- Да ведь устал ты и боишься, сказал? Игнат, приглаживая широкой ладонью кудрявые волосы на голове, деловито и спокойно сказал:

- Страх - страхом, а дело - делом! Вы чего насмехаетесь? Ишь вы, тоже!

- Эх ты, - дитя ты мое! - невольно воскликнула мать, поддаваясь чувству радости, вызванному им. Он ухмыльнулся, сконфуженный.

- Ну вот - дитя!

Заговорил Николай, разглядывая парня добродушно прищуренными глазами:

- Вы не пойдете туда...

- А - что? Куда же я? - беспокойно спросил Игнат.

- Вместо вас пойдет другой, а вы ему подробно расскажете, что надо делать и как - хорошо?

- Ладно! - сказал Игнат, не вдруг и неохотно.

- А вам мы достанем хороший паспорт и устроим вас лесником.

Парень быстро вскинул голову и спросил, обеспокоенный:

- А ежели мужики за дровами приедут или там... вообще, - как же я? Вязать? Это - не подойдет мне...

Мать засмеялась и Николай тоже, это снова смутило и огорчило парня.

- Не беспокойтесь! - утешил его Николай. - Не придется вам вязать мужиков, - уж поверьте!..

- Ну то-то! - молвил Игнат и успокоился, весело улыбаясь. - Мне бы вот на фабрику, там, говорят, ребята довольно умные...

Мать поднялась из-за стола и, задумчиво глядя в окна, проговорила:

- Эх, жизнь! Пять раз в день насмеешься, пять наплачешься! Ну, кончил, Игнатий? Иди спать...

- Да я не хочу...

- Иди, иди...

- Строго у вас! Ну, иду... Спасибо за чай-сахар, за

ласку...

Ложась на постель матери, он бормотал, почесывая голову:

- Теперь ото всего дегтем будет вонять у вас... эх! Напрасно все это... Спать мне не хочется... Как он насчет середины-то хватил... Черти...

И, вдруг громко всхрапнув, он заснул, высоко подняв брови и полуоткрыв рот.

XXI

Вечером он сидел в маленькой комнатке подвального этажа на стуле против Весовщикова и пониженным тоном, наморщив брови, говорил ему:

- В среднее окошко четыре раза...

- Четыре? - озабоченно повторил Николай.

- Сначала - три, вот так!

И ударил согнутым пальцем по столу, считая:

- Раз, два три. Потом, обождав, еще раз.

- Понимаю.

- Отопрет рыжий мужик, спросит - за повитухой? Вы скажете - да, от заводчика! Больше ничего, уж он поймет!

Они сидели, наклонясь друг к другу головами, оба плотные, твердые, и, сдерживая голоса, разговаривали, а мать, сложив руки на груди, стояла у стола, разглядывая их. Все эти тайные стуки, условные вопросы и ответы заставляли ее внутренне улыбаться, она думала: "Дети еще..."

На стене горела лампа, освещая на полу измятые ведра, обрезки кровельного железа. Запах ржавчины, масляной краски и сырости наполнял комнату.

Игнат был одет в толстое осеннее пальто из мохнатой материи, и оно ему нравилось, мать видела, как любовно гладил он ладонью рукав, как осматривал себя, тяжело ворочая крепкой шеей. И в груди ее мягко билось:

"Дети! Родные мои..."

- Вот! - сказал Игнат, вставая. - Значит, помните - сначала к Муратову, спросите дедушку...

- Запомнил! - ответил Весовщиков. Но Игнат, по-видимому, не поверил ему, снова повторил все стуки, слова и знаки и наконец протянул руку.

- Кланяйтесь им! Народы хорошие - увидите... Он окинул себя довольным взглядом, погладил пальто руками и спросил мать:

- Идти?

- Найдешь дорогу-то?

- Ну! Найду... До свиданья, значит, товарищи! И ушел, высоко приподняв плечи, выпятив грудь, в новой шапке набекрень, солидно засунув руки в карманы. На висках у него весело дрожали светлые кудри.

- Ну, - вот и я при деле! - сказал Весовщиков, мягко подходя к матери. - Мне уж скучно стало... выскочил из тюрьмы - зачем? Только прячусь. А там я учился, там Павел так нажимал на мозги - одно удовольствие! А что, Ниловна, как насчет побега решили?

- Не знаю! - ответила она, невольно вздохнув. Положив ей на плечо тяжелую руку и приблизив к ней лицо, Николай заговорил:

- Ты скажи им - они тебя послушают, - очень легко это! Ты гляди сама, вот - стена тюрьмы, около - фонарь. Напротив - пустырь, налево - кладбище, направо - улицы, город. К фонарю подходит фонарщик - днем, лампы чистить, - ставит лестницу к стене, влез, зацепил за гребень стены крючья веревочной лестницы, спустил ее во двор тюрьмы и - марш! Там, за стеной, знают время, когда это будет сделано, попросят уголовных устроить шум или сами устроят, а те, кому надо, в это время по лестнице через стенку - раз, два - готово!

Он размахивал перед лицом матери руками, рисуя свой план, все у него выходило просто, ясно, ловко. Она знала его тяжелым, неуклюжим. Глаза Николая прежде смотрели на все с угрюмой злобой и недоверием, а теперь точно прорезались заново, светились ровным, теплым светом, убеждая и волнуя мать...

- Ты подумай, ведь это будет - днем!.. Непременно днем. Кому в голову придет, что заключенный решится бежать днем, на глазах всей тюрьмы?..

- А застрелят! - вздрогнув, молвила женщина.

- Кто? Солдат - нет, надзиратели револьверами гвозди вколачивают...

- Уж очень просто все...

- Увидишь - верно! Нет, ты поговори с ними. У меня все готово - веревочная лестница, крючья для нее, - хозяин будет фонарщиком...

За дверью кто-то возился, кашлял, гремело железо.

- Вот он! - сказал Николай.

В открытую дверь просунулась жестяная ванна, хриплый голос бормотал:

- Лезь, черт.

Потом явилась круглая седая голова без шапки, с выпученными глазами, усатая и добродушная.

Николай помог втащить ванну, в дверь шагнул высокий сутулый человек, закашлял, надувая бритые щеки, плюнул и хрипло поздоровался:

- Доброго здоровья...

- Вот, спроси его! - воскликнул Николай.

- Меня? О чем?

- О побеге...

- А-а! - сказал хозяин, вытирая усы черными пальцами.

- Вот, Яков Васильевич, не верит она, что это просто.

- Мм, - не верит? Значит - не хочет. А мы с тобой хотим, ну и - верим! - спокойно сказал хозяин и, вдруг перегнувшись пополам, начал глухо кашлять. Откашлялся, растирая грудь, долго стоял среди комнаты, сопя и разглядывая мать вытаращенными глазами.

- Решать это Паше и товарищам, - сказала Ниловна.

Николай задумчиво опустил голову.

- Это кто - Паша? - спросил хозяин, садясь.

- Сын мой.

- Как фамилия?

- Власов.

Он кивнул головой, достал кисет, вынул трубку и, набивая ее табаком, отрывисто говорил:

- Слышал. Мой племяш знает его. Он тоже в тюрьме, племяш - Евченко, слыхали? А моя фамилия - Гобун. Вот скоро всех молодых в тюрьму запрут, то-то нам, старикам, раздолье будет! Жандармский мне обещает племянника-то даже в Сибирь заслать. Зашлет, собака!

Закурив, он обратился к Николаю, часто поплевывая на пол.

- Так не хочет? Ее дело. Человек свободен, устал сидеть - иди, устал идти - сиди. Ограбили - молчи, бьют - терпи, убили - лежи. Это известно. А я Савку вытащу. Вытащу.

Его короткие, лающие фразы возбуждали у матери недоумение, а последние слова вызвали зависть.

Идя по улице встречу холодному ветру и дождю, она думала о Николае: "Какой стал, - поди-ка ты!"

И, вспоминая Гобуна, почти молитвенно размышляла: "Видно, не одна я заново живу!.."

А вслед за этим в сердце ее выросла дума о сыне: "Кабы он согласился!"

XXII

В воскресенье, прощаясь с Павлом в канцелярии тюрьмы, она ощутила в своей руке маленький бумажный шарик. Вздрогнув, точно он ожег ей кожу ладони, она взглянула в лицо сына, прося и спрашивая, но не нашла ответа. Голубые глаза Павла улыбались обычной, знакомой ей улыбкой, спокойной и твердой.

- Прощай! - сказала она, вздыхая. Сын снова протянул ей руку, и что-то ласковое дрогнуло в его лице.

- Прощай, мать!

Она ждала, не выпуская руки.

- Не беспокойся, не сердись! - проговорил он. Эти слова и упрямая складка на лбу ответили ей.

- Ну, что ты? - бормотала она, опустив голову. - Чего там... И торопливо ушла, не взглянув на него, чтобы не выдать своего чувства слезами на глазах и дрожью губ. Дорогой ей казалось, что кости руки, в которой она крепко сжала ответ сына, ноют и вся рука отяжелела, точно от удара по плечу. Дома, сунув записку в руку Николая, она встала перед ним и, ожидая, когда он расправит туго скатанную бумажку, снова ощутила трепет надежды. Но Николай сказал:

- Конечно! Вот что он пишет: "Мы не уйдем, товарищи, не можем. Никто из нас. Потеряли бы уважение к себе. Обратите внимание на крестьянина, арестованного недавно. Он заслужил ваши заботы, достоин траты сил. Ему здесь слишком трудно. Ежедневные столкновения с начальством. Уже имел сутки карцера. Его замучают. Мы все просим за него. Утешьте, приласкайте мою мать. Расскажите ей, она все поймет".

Мать подняла голову и тихо, вздрогнувшим голосом сказала:

- Ну - чего же рассказывать мне! Я понимаю! Николай быстро отвернулся в сторону, вынул платок, громко высморкался и пробормотал:

- Схватил насморк, видите ли...

Потом, закрыв глаза руками, чтобы поправить очки, и расхаживая по комнате, он заговорил:

- Видите ли, мы не успели бы все равно...

- Ничего! Пусть судят! - говорила мать, нахмурив брови, а грудь наливалась сырой, туманной тоской.

- Вот, я получил письмо от товарища из Петербурга...

- Ведь он и из Сибири может уйти... может?

- Конечно! Товарищ пишет - дело скоро назначат, приговор известен - всех на поселение. Видите? Эти мелкие жулики превращают свой суд в пошлейшую комедию. Вы понимаете - приговор составлен в Петербурге, раньше суда...

- Вы оставьте это, Николай Иванович! - решительно сказала мать. - Не надо меня утешать, не надо объяснять. Паша худо не сделает, даром мучить ни себя, ни других - не будет! И меня он любит - да! Вы видите - думает обо мне. Разъясните, пишет, утешьте, а?..

Сердце у нее стучало быстро, голова кружилась от возбуждения.

- Ваш сын - прекрасный человек! - воскликнул Николай несвойственно громко. - Я очень уважаю его!

- Вот что, давайте-ка насчет Рыбина подумаем! - предложила она.

Ей хотелось что-нибудь делать сейчас же, идти куда-то, ходить до усталости.

- Да, хорошо! - ответил Николай, расхаживая по комнате. - Нужно бы Сашеньку...

- Она - придет. Она всегда приходит в тот день, когда я вижу Пашу...

Задумчиво опустив голову, покусывая губы и крутя бородку, Николай сел на диван, рядом с матерью.

- Жаль - нет сестры...

- Хорошо устроить это сейчас, пока Паша там, - ему приятно будет! - говорила мать.

Помолчали, и вдруг мать сказала, медленно и тихо:

- Не понимаю, - отчего он не хочет?..

Николай вскочил на ноги, но раздался звонок. Они сразу взглянули друг на друга.

- Это - Саша, гм! - тихонько произнес Николай.

- Как ей скажешь? - так же тихо спросила мать.

- Да-а, знаете...

- Очень жалко ее...

Звонок повторился менее громко, точно человек за дверью тоже не решался. Николай и мать встали и пошли вместе, но у двери в кухню Николай отшатнулся в сторону, сказав:

- Лучше - вы...

- Не согласен? - твердо спросила девушка, когда мать открыла ей дверь.

- Нет.

- Я знала это! - просто выговорила Саша, но лицо у нее побледнело. Она

182

расстегнула пуговицы пальто и, снова застегнув две, попробовала снять его с плеч. Это не удалось ей. Тогда она сказала:

- Дождь, ветер, - противно! Здоров?

- Да.

- Здоров и весел, - негромко сказала Саша, рассматривая свою руку.

- Пишет, чтобы Рыбина освободить! - сообщила мать, не глядя на девушку.

- Да? Мне кажется - мы должны использовать этот план, - медленно проговорила девушка.

- Я тоже так думаю! - сказал Николай, появляясь в двери. - Здравствуйте, Саша!

Протянув руку, девушка спросила:

- В чем же дело? Все согласны, что план удачен?..

- А кто организует? Все заняты...

- Давайте мне! - быстро сказала Саша, вставая на ноги. - У меня есть время.

- Берите! Но надо спросить других...

- Хорошо, я спрошу! Я сейчас же и пойду. И снова начала застегивать пуговицы пальто уверенными движениями тонких пальцев.

- Вы отдохнули бы! - предложила мать.

Она тихонько улыбнулась и ответила, смягчая голос:

- Не беспокойтесь, я не устала...

И, молча пожав им руки, ушла, снова холодная и строгая. Мать и Николай, подойдя к окну, смотрели, как девушка прошла по двору и скрылась под воротами. Николай тихонько засвистал, сел за стол и начал что-то писать.

- Займется этим делом, и будет легче ей! - сказала мать задумчиво и тихо.

- Да, конечно! - отозвался Николай и, обернувшись к матери, с улыбкой на добром лице спросил: - А вас, Ниловна, миновала эта чаша, - вы не знали тоски по любимом человеке?

- Ну! - воскликнула она, махнув рукой. - Какая там тоска? Страх был - как бы вот за того или этого замуж не выдали.

- И никто не нравился? Она подумала и ответила:

- Не помню, дорогой мой. Как не нравиться?.. Верно, кто-нибудь нравился, только - не помню!

Посмотрела на него и просто, со спокойной грустью закончила:

- Много бил меня муж, все, что до него было, - как-то стерлось в памяти.

Он отвернулся к столу, а она на минуту вышла из комнаты, и, когда вернулась, Николай, ласково поглядывая на нее, заговорил, тихонько и любовно глядя словами свои воспоминания:

- А у меня, видите ли, тоже вот, как у Саши, была история! Любил девушку - удивительный человек была она, чудесный. Лет двадцати встретил я ее и с той поры люблю, и сейчас люблю, говоря правду! Люблю все так же - всей душой, благодарно и навсегда...

Стоя рядом с ним, мать видела глаза, освещенные теплым и ясным светом. Положив руки на спинку стула, а на них голову свою, он смотрел куда-то далеко, и все тело его, худое и тонкое, но сильное, казалось, стремится вперед, точно стебель растения к свету солнца.

- Что же вы - женились бы! - посоветовала мать.

- О! Она уже пятый год замужем...

- А раньше-то чего же?

Подумав, он ответил:

- Видите ли, у нас все как-то так выходило - она в тюрьме - я на воле, я на воле - она в тюрьме или в ссылке. Это очень похоже на положение Саши, право! Наконец ее сослали на десять лет в Сибирь, страшно далеко! Я хотел ехать за ней даже. Но стало совестно и ей и мне. А она там встретила другого человека, - товарищ мой, очень хороший парень! Потом они бежали вместе, теперь живут за границей, да...

Николай кончил говорить, снял очки, вытер их, посмотрел

стекла на свет и стал вытирать снова.

- Эх, милый вы мой! - покачивая головой, любовно воскликнула женщина. Ей было жалко его и в то же время что-то в нем заставляло ее улыбаться теплой, материнской улыбкой. А он переменил позу, снова взял в руку перо и заговорил, отмечая взмахами руки ритм своей речи:

- Семейная жизнь понижает энергию революционера, всегда понижает! Дети, необеспеченность, необходимость много работать для хлеба. А революционер должен развивать свою энергию неустанно, все глубже и шире. Этого требует время - мы должны идти всегда впереди всех, потому что мы - рабочие, призванные силою истории разрушить старый мир, создать новую жизнь. А если мы отстаем, поддаваясь усталости или увлеченные близкой возможностью маленького завоевания, - это плохо, это почти измена делу! Нет никого, с кем бы мы могли идти рядом, не искажая нашей веры, и никогда мы не должны забывать, что наша задача - не маленькие завоевания, а только полная победа.

Голос у него стал крепким, лицо побледнело, и в глазах загорелась обычная, сдержанная и ровная сила. Снова громко позвонили, прервав на полуслове речь Николая, - это пришла Людмила в легком не по времени пальто, с покрасневшими от холода щеками. Снимая рваные галоши, она сердитым голосом сказала:

- Назначен суд, - через неделю!

- Это верно? - крикнул Николай из комнаты. Мать быстро пошла к нему, не понимая - испуг или радость волнует ее. Людмила, идя рядом с нею, с иронией говорила своим низким голосом:

- Верно! В суде совершенно открыто говорят, что приговор уже готов. Но что же это? Правительство боится, что его чиновники мягко отнесутся к его врагам? Так долго, так усердно развращая своих слуг, оно все еще не уверено в их готовности быть подлецами?..

Людмила села на диван, потирая худые щеки ладонями, в ее матовых глазах горело презрение, голос все больше наливался гневом.

- Вы напрасно тратите порох, Людмила! - успокоительно сказал Николай. - Ведь они не слышат вас...

Мать напряженно вслушивалась в ее речь, но ничего не понимала, невольно повторяя про себя одни и те же слова:

"Суд, через неделю суд!"

Она вдруг почувствовала приближение чего-то неумолимого, нечеловечески строгого.

184

XXIII

Так, в этой туче недоумения и уныния, под тяжестью тоскливых ожиданий, она молча жила день, два, а на третий явилась Саша и сказала Николаю:

- Все готово! Сегодня в час...

- Уже готово? - удивился он.

- Да ведь чего же? Мне нужно было только достать место и одежду для Рыбина, все остальное взял на себя Гобун. Рыбину придется пройти всего один квартал. Его на улице встретит Весовщиков, - загримированный, конечно, - накинет на него пальто, даст шапку и укажет путь. Я буду ждать его, переодену и увезу.

- Недурно! А кто это Гобун? - спросил Николай.

- Вы видели его. В его квартире вы занимались со слесарями.

- А! Помню. Чудаковатый старик...

- Он отставной солдат, кровельщик. Малоразвитой человек, с неисчерпаемой ненавистью ко всякому насилию... Философ немножко, - задумчиво говорила Саша, глядя в окно. Мать молча слушала ее, и что-то неясное медленно назревало в ней.

- Гобун хочет освободить племянника своего, - помните, вам нравился Евченко, такой щеголь и чистюля? Николай кивнул головой.

- У него все налажено хорошо, - продолжала Саша, - но я начинаю сомневаться в успехе. Прогулки - общие; я думаю, что, когда заключенные увидят лестницу, - многие захотят бежать...

Она, закрыв глаза, помолчала, мать подвинулась ближе к ней.

- И помешают друг другу...

Они все трое стояли перед окном, мать - позади Николая и Саши. Их быстрый говор будил в сердце ее смутное чувство...

- Я пойду туда! - вдруг сказала она.

- Зачем? - спросила Саша.

Не ходите, голубчик! Еще как-нибудь попадетесь! Не надо! - посоветовал Николай.

Мать посмотрела на него и тише, но настойчивее повторила:

- Нет, я пойду...

Они быстро переглянулись, Саша, пожимая плечами, сказала:

- Это понятно...

Обернувшись к матери, она взяла ее под руку, покачнулась к ней и заговорила простым и близким сердцу матери голосом:

- Я все-таки скажу вам, вы напрасно ждете...

- Голубушка! - воскликнула мать, прижав ее к себе дрожащей рукой. - Возьмите меня, - не помешаю! Мне - нужно. Не верю я, что можно это - убежать!

Она пойдет! - сказала девушка Николаю.

Это ваше дело! - ответил он, наклоняя голову.

Нам нельзя быть вместе. Вы идите в поле, к огородам. Оттуда видно стену тюрьмы. Но - если спросят вас, что вы там делаете?

Обрадованная, мать уверенно ответила:

- Найду, что сказать!..

- Не забывайте, что вас знают тюремные надзиратели! - говорила Саша. - И если они увидят вас там...

- Не увидят! - воскликнула мать. В ее груди вдруг болезненно ярко вспыхнула все время незаметно тлевшая надежда и оживила ее... "А может быть, и он тоже..." - думала она, поспешно одеваясь.

Через час мать была в попе за тюрьмой. Резкий ветер летал вокруг нее, раздувал платье, бился о мерзлую землю, раскачивал ветхий забор огорода, мимо которого шла она, и с размаху ударялся о невысокую стену тюрьмы. Опрокинувшись за стену, взметал со двора чьи-то крики, разбрасывал их по воздуху, уносил в небо. Там быстро бежали облака, открывая маленькие просветы в синюю высоту.

Сзади матери был огород, впереди кладбище, а направо, саженях в десяти, тюрьма. Около кладбища солдат гонял на корде лошадь, а другой, стоя рядом с ним, громко топал в землю ногами, кричал, свистел и смеялся. Больше никого не было около тюрьмы.

Она медленно пошла дальше мимо них к ограде кладбища, искоса поглядывая направо и назад. И вдруг почувствовала, что ноги у нее дрогнули, отяжелели, точно примерзли к земле, - из-за угла тюрьмы спешно, как всегда ходят фонарщики, вышел сутулый человек с лестницей на плече. Мать, испуганно мигнув, быстро взглянула на солдат - они топтались на одном месте, а лошадь бегала вокруг них; посмотрела на человека с лестницей - он уже поставил ее к стене и влезал не торопясь. Махнув во двор рукой, быстро спустился, исчез за углом. Сердце матери билось торопливо, секунды шли медленно. На темной стене тюрьмы линии лестницы были едва заметны в пятнах грязи и осыпавшейся штукатурки, обнажившей кирпич. И вдруг над стеной явилась черная голова, выросло тело, перевалилось через стену, сползло по ней. Показалась другая голова в мохнатой шапке, на землю скатился черный ком и быстро исчез за углом. Михаиле выпрямился, оглянулся, тряхнул головой...

- Беги, беги! - шептала мать, топая ногой.

В ушах у нее гудело, доносились громкие крики - вот над стеной явилась третья голова. Мать, схватившись руками за грудь, смотрела, замирая. Светловолосая голова без бороды рвалась вверх, точно хотела оторваться, и вдруг - исчезла за стеной. Кричали все громче, буйнее, ветер разносил по воздуху тонкие трели свистков. Михаиле шел вдоль стены, вот он уже миновал ее, переходил открытое пространство между тюрьмой и домами города. Ей казалось, что он идет слишком медленно и напрасно так высоко поднял голову, - всякий, кто взглянет в лицо его, запомнит это лицо навсегда. Она шептала:

- Скорее... скорее...

За стеною тюрьмы сухо хлопнуло что-то, - был слышен тонкий звон разбитого стекла. Солдат, упираясь ногами в землю, тянул к себе лошадь, другой, приложив ко рту кулак, что-то кричал по направлению тюрьмы и, крикнув, поворачивал туда голову боком, подставляя ухо.

Напрягаясь, мать вертела шеей во все стороны, ее глаза, видя все, ничему не верили - слишком просто и быстро совершилось то, что она представляла себе страшным и сложным, и эта быстрота, ошеломив ее, усыпляла сознание. В улице уже не видно было Рыбина, шел какой-то высокий человек в длинном пальто, бежала девочка. Из-за угла тюрьмы выскочило трое надзирателей, они бежали тесно друг к другу и все вытягивали вперед правые руки. Один из солдат бросился им встречу, другой бегал вокруг лошади, стараясь вскочить на нее, она не давалась, прыгала, и все вокруг тоже подпрыгивало вместе с нею. Непрерывно, захлебываясь звуком, воздух резали свистки. Их тревожные, отчаянные крики разбудили у женщины сознание опасности; вздрогнув, она пошла вдоль ограды кладбища, следя за надзирателями, но они и солдаты забежали за другой угол тюрьмы и скрылись. Туда же следом за ними пробежал знакомый ей помощник смотрителя тюрьмы в расстегнутом мундире. Откуда-то появилась полиция, сбегался народ.

Ветер кружился, метался, точно радуясь чему-то, и доносил до слуха женщины разорванные, спутанные крики, свист... Эта сумятица радовала ее, мать зашагала быстрее, думая:

"Значит - мог бы и он!"

Навстречу ей, из-за угла ограды, вдруг вынырнули двое полицейских.

- Стой! - крикнул один, тяжело дыша. - Человека - с бородой - не видала?

Она указала рукой на огороды и спокойно ответила:

- Туда побежал, - а что?

- Егоров! Свисти!

Она пошла домой. Было ей жалко чего-то, на сердце лежало нечто горькое, досадное. Когда она входила с поля в улицу, дорогу ей перерезал извозчик. Подняв голову, она увидала в пролетке молодого человека с светлыми усами и бледным, усталым лицом. Он тоже посмотрел на нее. Сидел он косо, и, должно быть, от этого правое плечо у него было выше левого.

Николай встретил ее радостно.

- Ну, что там?

- Как будто удалось...

Стараясь восстановить в своей памяти все мелочи, она начала рассказывать о бегстве и говорила так, точно передавала чей-то рассказ, сомневаясь в правде его.

- Нам везет! - сказал Николай, потирая руки. - Но - как я боялся за вас! Черт знает как! Знаете, Ниловна, примите мой дружеский совет - не бойтесь суда! Чем скорее он, тем ближе свобода Павла, поверьте! Может быть - он уйдет с дороги. А суд - это приблизительно такая штука...

Он начал рисовать ей картину заседания суда, она слушала и понимала, что он чего-то боится, хочет ободрить ее.

- Может, вы думаете, я там скажу что-нибудь судьям? - вдруг спросила она. - Попрошу их о чем-нибудь?

Он вскочил, замахал на нее руками и обиженно вскричал:

- Что вы!

- Я боюсь, верно! Чего боюсь - не знаю!.. - Она помолчала, блуждая глазами по комнате.

- Иной раз кажется - начнут они Пашу обижать, измываться над ним. Ах ты, мужик, скажут, мужицкий ты сын! Что затеял? А Паша - гордый, он им так ответит! Или - Андрей посмеется над ними. И все они там горячие. Вот и думаешь - вдруг не стерпит... И засудят так, что уж и не увидишь никогда!

Николай хмуро молчал, дергая свою бородку.

187

- Этих дум не выгонишь из головы! - тихо сказала мать, - Страшно это - суд! Как начнут все разбирать да взвешивать! Очень страшно! Не наказание страшно, а - суд. Не умею я этого сказать...

Николай - она чувствовала - не понимает ее, и это еще более затрудняло желание рассказать о страхе своем.

XXIV

Этот страх, подобный плесени, стеснявший дыхание тяжелой сыростью, разросся в ее груди, и, когда настал день суда, она внесла с собою в зал заседания тяжелый, темный груз, согнувший ей спину и шею.

На улице с нею здоровались слободские знакомые, она молча кланялась, пробираясь сквозь угрюмую толпу. В коридорах суда и в зале ее встретили родственники подсудимых и тоже что-то говорили пониженными голосами. Слова казались ей ненужными, она не понимала их. Все люди были охвачены одним и тем же скорбным чувством - это передавалось матери и еще более угнетало ее.

- Садись рядом! - сказал Сизов, подвигаясь на лавке. Послушно села, оправила платье, взглянула вокруг. Перед глазами у нее слитно поплыли какие-то зеленые и малиновые полосы, пятна, засверкали тонкие желтые нити.

- Погубил твой сын нашего Гришу! - тихо проговорила женщина, сидевшая рядом с ней.

- Молчи, Наталья! - ответил Сизов угрюмо.

Мать посмотрела на женщину - это была Самойлова, дальше сидел ее муж, лысый, благообразный человек с окладистой рыжей бородой. Лицо у него было костлявое; прищурив глаза, он смотрел вперед, и борода его дрожала.

Сквозь высокие окна зал ровно наливался мутным светом, снаружи по стеклам скользил снег. Между окнами висел большой портрет царя в толстой, жирно блестевшей золотой раме, тяжелые малиновые драпировки окон прикрывали раму с боков прямыми складками. Перед портретом, почти во всю ширину зала вытянулся стол, покрытый зеленым сукном, направо у стены стояли за решеткой две деревянные скамьи, налево - два ряда малиновых кресел. По залу бесшумно бегали служащие с зелеными воротниками, золотыми пуговицами на груди и животе. В мутном воздухе робко блуждал тихий шепот, носился смешанный запах аптеки. Все это - цвета, блески, звуки и запахи - давило на глаза, вторгалось вместе с дыханием в грудь и наполняло опустошенное сердце неподвижной, пестрой мутью унылой боязни.

Вдруг один из людей громко сказал что-то, мать вздрогнула, все встали, она тоже поднялась, схватившись за руку Сизова.

В левом углу зала отворилась высокая дверь, из нее, качаясь, вышел старичок в очках. На его сером личике тряслись белые редкие баки, верхняя бритая губа завалилась в рот, острые скулы и подбородок опирались на высокий воротник мундира, казалось, что под воротником нет шеи. Его поддерживал сзади под руку высокий молодой человек с фарфоровым лицом, румяным и круглым, а вслед за ними медленно двигались еще трое людей в расшитых золотом мундирах и трое штатских.

Они долго возились за столом, усаживаясь в кресла, а когда сели, один из них, в расстегнутом мундире, с ленивым бритым лицом, что-то начал говорить старичку, беззвучно и тяжело шевеля пухлыми губами. Старичок слушал, сидя странно прямо и неподвижно, за стеклами его очков мать видела два маленькие бесцветные пятнышка.

На конце стола у конторки стоял высокий лысоватый человек, покашливал, шелестел бумагами.

Старичок покачнулся вперед, заговорил. Первое слово он выговаривал ясно, а следующие как бы расползались у него по губам, тонким и серым.

- Открываю... Введите...

- Гляди! - шепнул Сизов, тихонько толкая мать, и встал.

В стене за решеткой открылась дверь, вышел солдат с обнаженной шашкой на плече, за ним явились Павел, Андрей, Федя Мазин, оба Гусевы, Самойлов, Букин, Сомов и еще человек пять молодежи, незнакомой матери по именам. Павел ласково улыбался, Андрей тоже, оскалив зубы, кивал головой; в зале стало как-то светлее, проще от их улыбок, оживленных лиц и движения, внесенного ими в натянутое, чопорное молчание. Жирный блеск золота на мундирах потускнел, стал мягче, веяние бодрой уверенности, дуновение живой силы коснулось сердца матери, будя его. И на скамьях сзади нее, где до той поры люди подавленно ожидали, теперь тоже вырос ответный негромкий гул.

- Не трусят! - услыхала она шепот Сизова, а с правой стороны тихо всхлипнула мать Самойлова.

- Тише! - раздался суровый окрик.

- Предупреждаю... - сказал старичок.

Павел и Андрей сели рядом, вместе с ними на первой скамье сели Мазин, Самойлов и Гусевы. Андрей обрил себе бороду, усы у него отросли и свешивались вниз, придавая его круглой голове сходство с головой кошки. Что-то новое появилось на его лице - острое и едкое в складках рта, темное в глазах. На верхней губе Мазина чернели две полоски, лицо стало полнее, Самойлов был такой же кудрявый, как и раньше, и так же широко ухмылялся Иван Гусев.

- Эх, Федька, Федька! - шептал Сизов, опустив голову.

Мать слушала невнятные вопросы старичка, - он спрашивал, не глядя на подсудимых, и голова его лежала на воротнике мундира неподвижно, - слышала спокойные, короткие ответы сына. Ей казалось, что старший судья и все его товарищи не могут быть злыми, жестокими людьми. Внимательно осматривая лица судей, она, пытаясь что-то предугадать, тихонько прислушивалась к росту новой надежды в своей груди.

Фарфоровый человек безучастно читал бумагу, его ровный голос наполнял зал скукой, и люди, облитые ею, сидели неподвижно, как бы оцепенев. Четверо адвокатов тихо, но оживленно разговаривали с подсудимыми, все они двигались сильно, быстро и напоминали собой больших черных птиц.

По одну сторону старичка наполнял кресло своим телом толстый, пухлый судья с маленькими, заплывшими глазами, по другую - сутулый, с рыжеватыми усами на бледном лице. Он устало откинул голову на спинку стула и, полуприкрыв глаза, о чем-то думал. У прокурора лицо было тоже утомленное, скучное.

Сзади судей сидел, задумчиво поглаживая щеку, городской голова, полный, солидный мужчина; предводитель дворянства, седой, большебородый и краснолицый человек, с большими, добрыми глазами; волостной старшина в поддевке, с огромным животом, который, видимо, конфузил его - он все старался прикрыть его полой поддевки, а она сползала.

- Здесь нет преступников, нет судей, - раздался твердый голос Павла, - здесь только пленные и победители...

Стало тихо, несколько секунд ухо матери слышало только тонкий, торопливый скрип пера по бумаге и биение своего сердца.

И старший судья тоже как будто прислушивался к чему-то, ждал. Его товарищи пошевелились. Тогда он сказал:

- М-да, Андрей Находка! Признаете вы... Андрей медленно приподнялся, выпрямился и, дергая себя за усы, исподлобья смотрел на старичка.

- Да в чем же я могу признать себя виновным? - певуче и неторопливо, как всегда, заговорил хохол, пожав плечами. - Я не убил, не украл, я просто не согласен с таким порядком жизни, в котором люди принуждены грабить и убивать друг друга...

- Отвечайте короче, - с усилием, но внятно сказал старик. На скамьях, сзади себя, мать чувствовала оживление, люди тихо шептались о чем-то и двигались, как бы освобождая себя из паутины серых слов фарфорового человека.

- Слышишь, как они? - шепнул Сизов.

- Федор Мазин, отвечайте...

- Не хочу! - ясно сказал Федя, вскочив на ноги. Лицо его залилось румянцем волнения, глаза засверкали, он почему-то спрятал руки за спину.

Сизов тихонько ахнул, мать изумленно расширила глаза.

- Я отказался от защиты, я ничего не буду говорить, суд ваш считаю незаконным! Кто вы? Народ ли дал вам право судить нас? Нет, он не давал! Я вас не знаю!

Он сел и скрыл свое разгоревшееся лицо за плечом Андрея. Толстый судья наклонил голову к старшему и что-то прошептал. Судья с бледным лицом поднял веки, скосил глаза на подсудимых, протянул руку на стол и черкнул карандашом на бумаге, лежавшей перед ним. Волостной старшина покачал головой, осторожно переставив ноги, положил живот на колени и прикрыл его руками. Не двигая головой, старичок повернул корпус к рыжему судье, беззвучно поговорил с ним, тот выслушал его, наклонив голову. Предводитель дворянства шептался с прокурором, голова слушал их, потирая щеку. Вновь зазвучала тусклая речь старшего судьи.

- Каково отрезал? Прямо - лучше всех! - удивленно шептал Сизов на ухо матери.

Мать, недоумевая, улыбалась. Все происходившее сначала казалось ей лишним и нудным предисловием к чему-то страшному, что появится и сразу раздавит всех холодным ужасом. Но спокойные слова Павла и Андрея прозвучали так безбоязненно и твердо, точно они были сказаны в маленьком домике слободки, а не перед лицом суда. Горячая выходка Феди оживила ее. Что-то смелое росло в

190

зале, и мать, по движению людей сзади себя, догадывалась, что не она одна чувствует это.

- Ваше мнение? - сказал старичок. Лысоватый прокурор встал и, держась одной рукой за конторку, быстро заговорил, приводя цифры. В его голосе не слышно было страшного.

Но в то же время сухой, колющий налет бередил и тревожил сердце матери - было смутное ощущение чего-то враждебного ей. Оно не угрожало, не кричало, а развивалось невидимо, неуловимо. Лениво и тупо оно колебалось где-то вокруг судей, как бы окутывая их непроницаемым облаком, сквозь которое не достигало до них ничто извне. Она смотрела на судей, и все они были непонятны ей. Они не сердились на Павла и на Федю, как она ждала, не обижали их словами, но все, о чем они спрашивали, казалось ей ненужным для них, они как будто нехотя спрашивают, с трудом выслушивают ответы, все заранее знают, ничем не интересуются. Вот перед ними стоит жандарм и говорит басом:

- Павла Власова называли главным зачинщиком все...

- А Находку? - лениво и негромко спросил толстый судья.

- И его тоже...

Один из адвокатов встал, говоря:

- Могу я?

Старичок спрашивает кого-то:

- Вы ничего не имеете?

Все судьи казались матери нездоровыми людьми. Болезненное утомление сказывалось в их позах и голосах, оно лежало на лицах у них, - болезненное утомление и надоедная, серая скука. Видимо, им тяжело и неудобно все это - мундиры, зал, жандармы, адвокаты, обязанность сидеть в креслах, спрашивать и слушать.

Стоит перед ними знакомый желтолицый офицер и важно, растягивая слова, громко рассказывает о Павле, об Андрее. Мать, слушая его, невольно думала: "Не много ты знаешь". И смотрела на людей за решеткой уже без страха за них, без жалости к ним - к ним не приставала жалость, все они вызывали у нее только удивление и любовь, тепло обнимавшую сердце; удивление было спокойно, любовь - радостно ясна. Молодые, крепкие, они сидели в стороне у стены, почти не вмешиваясь в однообразный разговор свидетелей и судей, в споры адвокатов с прокурором. Порою кто-нибудь презрительно усмехался, что-то говорил товарищам, по их лицам тоже пробегала насмешливая улыбка. Андрей и Павел почти все время тихо беседовали с одним из защитников - мать накануне видела его у Николая. К их беседе прислушивался Мазин, оживленный и подвижный более других, Самойлов что-то порою говорил Ивану Гусеву, и мать видела, что каждый раз Иван, незаметно отталкивая товарища локтем, едва сдерживает смех, лицо у него краснеет, щеки надуваются, он наклоняет голову. Раза два он уже фыркнул, а после этого несколько минут сидел надутый, стараясь быть более солидным. И в каждом, так или иначе, играла молодость, легко одолевая усилия сдержать ее живое брожение.

Сизов легонько тронул ее за локоть, она обернулась к нему - лицо у него было довольное и немного озабоченное. Он шептал:

- Ты погляди, как они укрепились, материны дети, а? Бароны, а?

В зале говорили свидетели - торопливо, обесцвеченными голосами, судьи - неохотно и безучастно. Толстый судья зевал, прикрывая рот пухлой рукой, рыжеусый побледнел еще более, иногда он поднимал руку и, туго нажимая на кость виска пальцем, слепо смотрел в потолок жалобно расширенными глазами. Прокурор изредка черкал карандашом по бумаге и снова продолжал беззвучную беседу с предводителем дворянства, а тот, поглаживая седую бороду, выкатывал огромные красивые глаза и улыбался, важно сгибая шею. Городской голова сидел, закинув ногу на ногу, бесшумно барабанил пальцами по колену и сосредоточенно наблюдал за движениями пальцев. Только волостной старшина, утвердив живот на коленях и заботливо поддерживая его руками, сидел, наклонив голову, и, казалось, один вслушивался в однообразное журчание голосов, да старичок, воткнутый в кресло, торчал в нем неподвижно, как флюгер в безветренный день. Продолжалось это долго, и снова оцепенение скуки ослепило людей...

- Объявляю... - сказал старичок и, раздавив тонкими губами следующие слова, встал.

Шум, вздохи, тихие восклицания, кашель и шарканье ног наполнили зал. Подсудимых увели, уходя, они, улыбаясь, кивали головами родным и знакомым, а Иван Гусев негромко крикнул кому-то:

- Не робей, Егор!..

Мать и Сизов вышли в коридор.

- Чай пить в трактир пойдешь? - заботливо и задумчиво спросил ее старик. - Полтора часа время у нас!

- Не хочу.

- Ну, и я не пойду. Нет, - каковы ребята, а? Сидят вроде того, как будто они только и есть настоящие люди, а остальные все - ни при чем! Федька-то, а?

К ним подошел отец Самойлова, держа шапку в руке. Он угрюмо улыбался и говорил:

- Мой-то Григорий? От защитника отказался и разговаривать не хочет. Первый он, слышь, выдумал это. Твой-то, Пелагея, стоял за адвокатов, а мой говорит - не желаю! И тогда четверо отказались...

Рядом с ним стояла жена. Часто моргая глазами, она вытирала нос концом платка. Самойлов взял бороду в руку и продолжал, глядя в пол:

- Ведь вот штука! Глядишь на них, чертей, понимаешь - зря они все это затеяли, напрасно себя губят. И вдруг начинаешь думать - а может, их правда? Вспомнишь, что на фабрике они все растут да растут, их то и дело хватают, а они, как ерши в реке, не переводятся, нет! Опять думаешь - а может, и сила за ними?

- Трудно нам, Степан Петров, понять это дело! - сказал Сизов.

- Трудно - да! - согласился Самойлов.

Его жена, сильно потянув воздух носом, заметила:

- Здоровы все, окаянные...

И, не сдержав улыбки на широком, дряблом лице, продолжала:

- Ты, Ниловна, не сердись, - давеча я тебе бухнула, что, мол, твой виноват. А пес их разберет, который виноват, если по правде говорить! Вон что про нашего-то Григория жандармы со шпионами говорили. Тоже, постарался, - рыжий бес!

Она, видимо, гордилась своим сыном, быть может, не понимая своего чувства, но ее чувство было знакомо матери, и она ответила на ее слова доброй улыбкой, тихими словами:

- Молодое сердце всегда ближе к правде...

По коридору бродили люди, собирались в группы, возбужденно и вдумчиво разговаривая глухими голосами. Почти никто не стоял одиноко - на всех лицах было ясно видно желание говорить, спрашивать, слушать. В узкой белой трубе между двух стен люди мотались взад и вперед, точно под ударами сильного ветра, и, казалось, все искали возможности стать на чем-то твердо и крепко.

Старший брат Букина, высокий и тоже выцветший, размахивал руками, быстро вертясь во все стороны, и доказывал:

- Волостной старшина Клепанов в этом деле не на месте...

- Молчи, Константин! - уговаривал его отец, маленький старичок, и опасливо оглядывался.

- Нет, я скажу! Про него идет слух, что он в прошлом году приказчика своего убил из-за его жены. Приказчикова жена с ним живет - это как понимать? И к тому же он известный вор...

- Ах ты, батюшки мои, Константин!

- Верно! - сказал, Самойлов. - Верно! Суд - не очень правильный...

Букин услыхал его голос, быстро подошел, увлекая за собой всех, и, размахивая руками, красный от возбуждения, закричал:

- За кражу, за убийство - судят присяжные, простые люди, - крестьяне, мещане, - позвольте! А людей, которые против начальства, судит начальство, - как так? Ежели ты меня обидишь, а я тебе дам в зубы, а ты меня за это судить будешь, - конечно, я окажусь виноват, а первый обидел кто - ты? Ты!

Сторож, седой, горбоносый, с медалями на груди, растолкал толпу и сказал Букину, грозя пальцем:

- Эй, не кричи! Кабак тут?

- Позвольте, кавалер, я понимаю! Послушайте - ежели я вас ударю и я же вас буду судить, как вы полагаете...

- А вот я тебя вывести велю отсюда! - строго сказал сторож.

- Куда же? Зачем?

- На улицу. Чтобы ты не орал...

Букин осмотрел всех и негромко проговорил:

- Им главное, чтобы люди молчали...

- А ты как думал?! - крикнул старик строго и грубо. Букин развел руками и стал говорить тише:

- И опять же, почему не допущен на суд народ, а только родные? Ежели ты судишь справедливо, ты суди при всех - чего бояться?

Самойлов повторил, но уже громче:

- Суд не по совести, это верно!..

Матери хотелось сказать ему то, что она слышала от Николая о незаконности суда, но она плохо поняла это и частью позабыла слова. Стараясь вспомнить их, она отодвинулась в сторону от людей и заметила, что на нее смотрит какой-то молодой человек со светлыми усами. Правую руку он держал в кармане брюк, от этого его левое плечо было ниже, и эта особенность фигуры показалась знакомой матери. Но он повернулся к ней спиной, а она была озабочена воспоминаниями и тотчас же забыла о нем.

Но через минуту слуха ее коснулся негромкий вопрос:

- Эта?

И кто-то громче, радостно ответил:

- Да!

Она оглянулась. Человек с косыми плечами стоял боком к ней и что-то говорил своему соседу, чернобородому парню в коротком пальто и в сапогах по колено.

Снова память ее беспокойно вздрогнула, но не создала ничего ясного. В груди ее повелительно разгоралось желание говорить людям о правде сына, ей хотелось слышать, что скажут люди против этой правды, хотелось по их словам догадаться о решении суда.

- Разве так судят? - осторожно и негромко начала она, обращаясь к Сизову. - Допытываются о том - что кем сделано, а зачем сделано - не спрашивают. И старые они все, молодых - молодым судить надо...

- Да, - сказал Сизов, - трудно нам понять это дело, трудно! - И задумчиво покачал головой.

Сторож, открыв дверь зала, крикнул:

- Родственники! Показывай билеты... Угрюмый голос неторопливо проговорил:

- Билеты, - словно в цирк!

Во всех людях теперь чувствовалось глухое раздражение, смутный задор, они стали держаться развязнее, шумели, спорили со сторожами.

XXV

Усаживаясь на скамью, Сизов что-то ворчал.

- Ты что? - спросила мать.

- Так! Дурак народ...

Позвонил колокольчик. Кто-то равнодушно объявил:

- Суд идет...

Снова все встали, и снова, в том же порядке, вошли судьи, уселись. Ввели подсудимых.

- Держись! - шепнул Сизов. - Прокурор говорить будет. Мать вытянула шею, всем телом подалась вперед и замерла в новом ожидании страшного.

Стоя боком к судьям, повернув к ним голову, опираясь локтем на конторку, прокурор вздохнул и, отрывисто взмахивая в воздухе правой рукой, заговорил. Первых слов мать не разобрала, голос у прокурора был плавный, густой и тек неровно, то - медленно, то - быстрее. Слова однообразно вытягивались в длинный ряд, точно стежки нитки, и вдруг вылетали торопливо, кружились, как стая черных мух над куском сахара. Но она не находила в них ничего страшного, ничего угрожающего. Холодные, как снег, и серые, точно пепел, они сыпались,

сыпались, наполняя зал чем-то досадно надоедающим, как тонкая, сухая пыль. Эта речь, скупая чувствами, обильная словами, должно быть, не достигала до Павла и его товарищей - видимо, никак не задевала их, - все сидели спокойно и, по-прежнему беззвучно беседуя, порою улыбались, порою хмурились, чтобы скрыть улыбку. - Врет! - шептал Сизов.

Она не могла бы этого сказать. Она слышала слова прокурора, понимала, что он обвиняет всех, никого не выделяя; проговорив о Павле, он начинал говорить о Феде, а поставив его рядом с Павлом, настойчиво пододвигал к ним Букина, - казалось, он упаковывает, зашивает всех в один мешок, плотно укладывая друг к другу. Но внешний смысл его слов не удовлетворял, не трогал и не пугал ее, она все-таки ждала страшного и упорно искала его за словами - в лице, в глазах, в голосе прокурора, в его белой руке, неторопливо мелькавшей по воздуху. Что-то страшное было, она это чувствовала, но - неуловимое - оно не поддавалось определению, вновь покрывая ее сердце сухим и едким налетом.

Она смотрела на судей - им, несомненно, было скучно слушать эту речь. Неживые, желтые и серые лица ничего не выражали. Слова прокурора разливали в воздухе незаметный глазу туман, он все рос и сгущался вокруг судей, плотнее окутывая их облаком равнодушия и утомленного ожидания. Старший судья не двигался, засох в своей прямой позе, серые пятнышки за стеклами его очков порою исчезали, расплываясь по лицу.

И, видя это мертвое безучастие, это беззлобное равнодушие, мать недоуменно спрашивала себя: "Судят?"

Вопрос стискивал ей сердце и, постепенно выжимая из него ожидание страшного, щипал горло острым ощущением обиды.

Речь прокурора порвалась как-то неожиданно - он сделал несколько быстрых, мелких стежков, поклонился судьям и сел, потирая руки. Предводитель дворянства закивал ему головой, выкатывая свои глаза, городской голова протянул руку, а старшина глядел на свой живот и улыбался.

Но судей речь его, видимо, не обрадовала, они не шевелились.

- Слово, - заговорил старичок, поднося к своему лицу какую-то бумагу, - защитнику Федосеева, Маркова и Загарова.

Встал адвокат, которого мать видела у Николая. Лицо у него было добродушное, широкое, его маленькие глазки лучисто улыбались, - казалось, из-под рыжеватых бровей высовываются два острия и, точно ножницы, стригут что-то в воздухе. Заговорил он неторопливо, звучно и ясно, но мать не могла вслушиваться в его речь - Сизов шептал ей на ухо:

- Поняла, что он говорил? Поняла? Люди, говорит, расстроенные, безумные. Это - Федор?

Она не отвечала, подавленная тягостным разочарованием. Обида росла, угнетая душу. Теперь Власовой стало ясно, почему она ждала справедливости, думала увидать строгую, честную тяжбу правды сына с правдой судей его. Ей представлялось, что судьи будут спрашивать Павла долго, внимательно и подробно о всей жизни его сердца, они рассмотрят зоркими глазами все думы п дела сына ее, все дни его. И когда увидят они правоту его, то справедливо, громко скажут:

- Человек этот прав!

Но ничего подобного не было - казалось, что подсудимые невидимо далеко от судей, а судьи - лишние для них. Утомленная, мать потеряла интерес к суду и, не слушая слов, обиженно думала: "Разве так судят?"

- Так их! - одобрительно прошептал Сизов. Уже говорил другой адвокат, маленький, с острым, бледным и насмешливым лицом, а судьи мешали ему.

Вскочил прокурор, быстро и сердито сказал что-то о протоколе, потом, увещевая, заговорил старичок, - защитник, почтительно наклонив голову, послушал их и снова продолжал речь.

- Ковыряй! - заметил Сизов. - Расковыривай... В зале зарождалось оживление, сверкал боевой задор, адвокат раздражал острыми словами старую кожу судей. Судьи как будто сдвинулись плотнее, надулись и распухли, чтобы отражать колкие и резкие щелчки слов.

Но вот поднялся Павел, и вдруг стало неожиданно тихо. Мать качнулась всем телом вперед. Павел заговорил спокойно:

- Человек партии, я признаю только суд моей партии и буду говорить не в защиту свою, а - по желанию моих товарищей, тоже отказавшихся от защиты, - попробую объяснить вам то, чего вы не поняли. Прокурор назвал наше выступление под знаменем социал-демократии - бунтом против верховной власти и все время рассматривал нас как бунтовщиков против царя. Я должен заявить, что для нас самодержавие не является единственной цепью, оковавшей тело страны, оно только первая и ближайшая цепь, которую мы обязаны сорвать с народа...

Тишина углублялась под звуками твердого голоса, он как бы расширял стены зала, Павел точно отодвигался от людей далеко в сторону, становясь выпуклее.

Судьи зашевелились тяжело и беспокойно. Предводитель дворянства что-то прошептал судье с ленивым лицом, тот кивнул головой и обратился к старичку, а с другой стороны в то же время ему говорил в ухо больной судья. Качаясь в кресле вправо и влево, старичок что-то сказал Павлу, но голос его утонул в ровном и широком потоке речи Власова.

- Мы - социалисты. Это значит, что мы враги частной собственности, которая разъединяет людей, вооружает их друг против друга, создает непримиримую вражду интересов, лжет, стараясь скрыть или оправдать эту вражду, и развращает всех ложью, лицемерием и злобой. Мы говорим: общество, которое рассматривает человека только как орудие своего обогащения, - противочеловечно, оно враждебно нам, мы не можем примириться с его моралью, двуличной и лживой; цинизм и жестокость его отношения к личности противны нам, мы хотим и будем бороться против всех форм физического и морального порабощения человека таким обществом, против всех приемов дробления человека в угоду корыстолюбию. Мы, рабочие, - люди, трудом которых создается все - от гигантских машин до детских игрушек, мы - люди, лишенные права бороться за свое человеческое достоинство, нас каждый старается и может обратить в орудие для достижения своих целей, мы хотим теперь иметь столько свободы, чтобы она дала нам возможность со временем завоевать всю власть. Наши лозунги просты - долой частную собственность, все средства производства - народу, вся власть - народу, труд - обязателен для всех. Вы видите - мы не бунтовщики!

Павел усмехнулся, медленно провел рукой по волосам, огонь его голубых глаз вспыхнул светлее.

- Прошу вас, - ближе к делу! - сказал председатель внятно и громко. Он повернулся к Павлу грудью, смотрел на него, и матери казалось, что его левый тусклый глаз разгорается нехорошим, жадным огнем. И все судьи смотрели на ее сына так, что казалось - их глаза прилипают к его лицу, присасываются к телу, жаждут его крови, чтобы оживить ею свои изношенные тела. А он, прямой, высокий, стоя твердо и крепко, протягивал к ним руку и негромко, четко говорил:

- Мы - революционеры и будем таковыми до поры, пока одни - только командуют, другие - только работают. Мы стоим против общества, интересы которого вам приказано защищать, как непримиримые враги его и ваши, и примирение между нами невозможно до поры, пока мы не победим. Победим мы, рабочие Ваши доверители совсем не так сильны, как им кажется. Та же собственность, накопляя и сохраняя которую они жертвуют миллионами порабощенных ими людей, та же сила, которая дает им власть над нами, возбуждает среди них враждебные трения, разрушает их физически и морально. Собственность требует слишком много напряжения для своей защиты, и, в сущности, все вы, наши владыки, более рабы, чем мы, - вы порабощены духовно, мы - только физически. Вы не можете отказаться от гнета предубеждений и привычек, - гнета, который духовно умертвил вас, - нам ничто не мешает быть внутренне свободными, - яды, которыми вы отравляете нас, слабее тех противоядий, которые вы - не желая - вливаете в наше сознание. Оно растет, оно развивается безостановочно, все быстрее оно разгорается и увлекает за собой все лучшее, все духовно здоровое даже из вашей среды. Посмотрите - у вас уже нет людей, которые могли бы идейно бороться за вашу власть, вы уже израсходовали все аргументы, способные оградить вас от напора исторической справедливости, вы не можете создать ничего нового в области идей, вы духовно бесплодны. Наши идеи растут, они все ярче разгораются, они охватывают народные массы, организуя их для борьбы за свободу. Сознание великой роли рабочего сливает всех рабочих мира в одну душу, - вы ничем не можете задержать этот процесс обновления жизни, кроме жестокости и цинизма. Но цинизм - очевиден, жестокость - раздражает. И руки, которые сегодня нас душат, скоро будут товарищески пожимать наши руки. Ваша энергия - механическая энергия роста золота, она объединяет вас в группы, призванные пожрать друг, друга, наша энергия - живая сила все растущего сознания солидарности всех рабочих. Все, что делаете вы, - преступно, ибо направлено к порабощению людей, наша работа освобождает мир от призраков и чудовищ, рожденных вашею ложью, злобой, жадностью, чудовищ, запугавших народ. Вы оторвали человека от жизни и разрушили его; социализм соединяет разрушенный вами мир во единое великое целое, и это - будет!

Павел остановился на секунду и повторил тише, сильнее:

- Это - будет!

Судьи перешептывались, странно гримасничая, и все не отрывали жадных глаз от Павла, а мать чувствовала, что они грязнят его гибкое, крепкое тело своими взглядами, завидуя здоровью, силе, свежести. Подсудимые внимательно слушали речь товарища, лица их побледнели, глаза сверкали радостно. Мать глотала слова сына, и они врезывались в памяти ее стройными рядами. Старичок несколько раз останавливал Павла, что-то разъяснял ему, однажды даже печально улыбнулся - Павел молча выслушивал его и снова начинал говорить сурово, но спокойно, заставляя слушать себя, подчиняя своей воле - волю судей. Но наконец старик закричал, протягивая руку к Павлу; в ответ ему, немного насмешливо, лился голос Павла:

- Я кончаю. Обидеть лично вас я не хотел, напротив - присутствуя невольно при этой комедии, которую вы называете судом, я чувствую почти сострадание к вам. Все-таки - вы люди, а нам всегда обидно видеть людей, хотя и враждебных нашей цели, но так позорно приниженных служением насилию, до такой степени утративших сознание своего человеческого достоинства...

Он сел, не глядя на судей, мать, сдерживая дыхание, пристально смотрела на судей, ждала.

Андрей, весь сияющий, крепко стиснул руку Павла, Самойлов, Мазин и все оживленно потянулись к нему, он улыбался, немного смущенный порывами товарищей, взглянул туда, где сидела мать, и кивнул ей головой, как бы спрашивая: "Так?"

Она ответила ему глубоким вздохом радости, вся облитая горячей волной любви.

- Вот, - начался суд! - прошептал Сизов. - Ка-ак он их, а?

Она молча кивала головой, довольная тем, что сын так смело говорил, - быть может, еще более довольная тем, что он кончил. В голове ее трепетно бился вопрос: "Ну? Как же вы теперь?

XXVI

То, что говорил сын, не было для нее новым, она знала эти мысли, но первый раз здесь, перед лицом суда, она почувствовала странную, увлекающую силу его веры. Ее поразило спокойствие Павла, и речь его слилась в ее груди звездоподобным, лучистым комом крепкого убеждения в его правоте и в победе его. Она ждала теперь, что судьи будут жестоко спорить с ним, сердито возражать ему, выдвигая свою правду. Но вот встал Андрей, покачнулся, исподлобья взглянул на судей и заговорил:

- Господа защитники...

- Перед вами суд, а не защита! - сердито и громко заметил ему судья с больным лицом. По выражению лица Андрея мать видела, что он хочет дурить, усы у него дрожали, в глазах светилась хитрая кошачья ласка, знакомая ей. Он крепко потер голову длинной рукой и вздохнул. - Разве ж? - сказал он, покачивая головой. - Я думаю - вы не судьи, а только защитники...

- Я попрошу вас говорить по существу дела! - сухо заметил старичок.

- По существу? Хорошо! Я уже заставил себя подумать, что вы действительно судьи, люди независимые, честные...

- Суд не нуждается в вашей характеристике!

- Не нуждается? Гм, - ну, все ж я буду продолжать... Вы люди, для которых нет

198

ни своих, ни чужих, вы - свободные люди. Вот стоят перед вами две стороны, и одна жалуется - он меня ограбил и замордовал совсем! А другая отвечает - имею право грабить и мордовать, потому что у меня ружье есть...

- Вы имеете сказать что-нибудь по существу? - повышая голос, спросил старичок. У него дрожала рука, и матери было приятно видеть, что он сердится. Но поведение Андрея не нравилось ей - оно не сливалось с речью сына, - ей хотелось серьезного и строгого спора.

Хохол молча посмотрел на старичка, потом, потирая голову, сказал серьезно:

- По существу? Да зачем же я с вами буду говорить по существу? Что нужно было вам знать - товарищ сказал. Остальное вам доскажут, будет время, другие...

Старичок привстал и объявил:

- Лишаю вас слова! Григорий Самойлов! Плотно сжав губы, хохол лениво опустился на скамью, рядом с ним встал Самойлов, тряхнув кудрями:

- Прокурор называл товарищей дикарями, врагами культуры...

- Нужно говорить только о том, что касается вашего дела!

- Это - касается. Нет ничего, что не касалось бы честных людей. И я прошу не прерывать меня. Я спрашиваю вас - что такое ваша культура?

- Мы здесь не для диспутов с вами! К делу! - обнажая зубы, говорил старичок.

Поведение Андрея явно изменило судей, его слова как бы стерли с них что-то, на серых лицах явились пятна, в глазах горели холодные, зеленые искры. Речь Павла раздражила их, но сдерживала раздражение своей силой, невольно внушавшей уважение, хохол сорвал эту сдержанность и легко обнажил то, что было под нею. Они перешептывались со странными ужимками и стали двигаться слишком быстро для себя.

- Вы воспитываете шпионов, вы развращаете женщин и девушек, вы ставите человека в положение вора и убийцы, вы отравляете его водкой, - международные бойни, всенародная ложь, разврат и одичание - вот культура ваша! Да, мы враги этой культуры!

- Прошу вас! - крикнул старичок, встряхивая подбородком. Но Самойлов, весь красный, сверкая глазами, тоже кричал:

- Но мы уважаем и ценим ту, другую культуру, творцов которой вы гноили в тюрьмах, сводили с ума...

- Лишаю слова! Федор Мазин!

Маленький Мазин поднялся, точно вдруг высунулось шило, и срывающимся голосом сказал:

- Я... я клянусь! Я знаю - вы осудили меня. Он задохнулся, побледнел, на лице у него остались одни глаза, и, протянув руку, он крикнул:

- Я - честное слово! Куда вы ни пошлете меня - убегу, ворочусь, буду работать всегда, всю жизнь. Честное слово!

Сизов громко крякнул, завозился. И вся публика, поддаваясь все выше восходившей волне возбуждения, гудела странно и глухо. Плакала какая-то женщина, кто-то удушливо кашлял. Жандармы рассматривали подсудимых с тупым удивлением, публику - со злобой. Судьи качались, старик тонко кричал:

- Гусев Иван!

- Не хочу говорить!

- Василий Гусев!

- Не хочу!

- Букин Федор!

Тяжело поднялся белесоватый, выцветший парень и, качая головой, медленно сказал;

- Стыдились бы! Я человек тяжелый и то понимаю справедливость! - Он поднял руку выше головы и замолчал, полузакрыв глаза, как бы присматриваясь к чему-то вдали.

- Что такое? - раздраженно, с изумлением вскричал старик, опрокидываясь в кресле.

- А, ну вас...

Букин угрюмо опустился на скамью. Было огромное, важное в его темных словах, было что-то грустно укоряющее и наивное. Это почувствовалось всеми, и даже судьи прислушивались, как будто ожидая, не раздастся ли эхо, более ясное, чем эти слова. II на скамьях для публики все замерло, только тихий плач колебался в воздухе. Потом прокурор, пожав плечами, усмехнулся, предводитель дворянства гулко кашлянул, и снова постепенно родились шепоты, возбужденно извиваясь по залу.

Мать, наклонясь к Сизову, спросила:

- Будут судьи говорить?

- Все кончено... только приговор объявят...

- Больше ничего?

- Да...

Она не поверила ему.

Самойлова беспокойно двигалась по скамье, толкая мать плечом и локтем, и тихо говорила мужу:

- Как же это? Разве так можно?

- Видишь - можно!

- Что же будет ему, Грише-то?

- Отвяжись...

Во всех чувствовалось что-то сдвинутое, нарушенное, разбитое, люди недоуменно мигали ослепленными глазами, как будто перед ними загорелось нечто яркое, неясных очертаний, непонятного значения, но вовлекающей силы. И, не понимая внезапно открывавшегося великого, люди торопливо расходовали новое для них чувство на мелкое, очевидное, понятное им. Старший Букин, не стесняясь, громко шептал:

- Позвольте, - почему не дают говорить? Прокурор может говорить все сколько кочет...

У скамей стоял чиновник и, махая руками на людей, вполголоса говорил:

- Тише! Тише...

Самойлов откинулся назад и за спиной жены гудел, отрывисто выбрасывая слова:

- Конечно, они виноваты, скажем. А ты дай объяснить! Против чего пошли они? Я желаю понять! Я тоже имею свой интерес...

- Тише! - грозя ему пальцем, воскликнул чиновник.

Сизов угрюмо кивал головой.

А мать неотрывно смотрела на судей и видела - они все более возбуждались,

200

разговаривая друг с другом невнятными голосами. Звук их говора, холодный и скользкий, касался ее лица и вызывал своим прикосновением дрожь в щеках, недужное, противное ощущение во рту. Матери почему-то казалось, что они все говорят о теле ее сына и товарищей его, о мускулах и членах юношей, полных горячей крови, живой силы. Это тело зажигает в них нехорошую зависть нищих, липкую жадность истощенных и больных. Они чмокают губами и жалеют эти тела, способные работать и обогащать, наслаждаться и творить. Теперь тела уходят из делового оборота жизни, отказываются от нее, уносят с собой возможность владеть ими, использовать их силу, пожрать ее. И поэтому юноши вызывают у старых судей мстительное, тоскливое раздражение ослабевшего зверя, который видит свежую пищу, но уже не имеет силы схватить ее, потерял способность насыщаться чужою силой и болезненно ворчит, уныло воет, видя, что уходит от него источник сытости.

Эта мысль, грубая и странная, принимала тем более яркую форму, чем внимательнее разглядывала мать судей. Они не скрывали, казалось ей, возбужденной жадности и бессильного озлобления голодных, которые когда-то много могли пожрать. Ей, женщине и матери, которой тело сына всегда и все-таки дороже того, что зовется душой, - ей было страшно видеть, как эти потухшие глаза ползали по его лицу, ощупывали его грудь, плечи, руки, терлись о горячую кожу, точно искали возможности вспыхнуть, разгореться и согреть кровь в отвердевших жилах, в изношенных мускулах полумертвых людей, теперь несколько оживленных уколами жадности и зависти к молодой жизни, которую они должны были осудить и отнять у самих себя. Ей казалось, что сын чувствует эти сырые, неприятно щекочущие прикосновения и, вздрагивая, смотрит на нее.

Павел смотрел в лицо матери немного усталыми глазами спокойно и ласково. Порою кивал ей головой, улыбался.

"Скоро свобода!" - говорила ей эта улыбка и точно гладила сердце матери мягкими прикосновениями.

Вдруг судьи встали все сразу. Мать тоже невольно поднялась на ноги.

- Пошли! - сказал Сизов.

- За приговором? - спросила мать.

- Да.

Ее напряжение вдруг рассеялось, тело обняло душной истомой усталости, задрожала бровь, и на лбу выступил пот. Тягостное чувство разочарования и обиды хлынуло в сердце и быстро переродилось в угнетающее душу презрение к судьям и суду. Ощущая боль в бровях, она крепко провела ладонью по лбу, оглянулась - родственники подсудимых подходили к решетке, зал наполнился гулом разговора. Она тоже подошла к Павлу и, крепко стиснув его руку, заплакала, полная обиды и радости, путаясь в хаосе разноречивых чувств. Павел говорил ей ласковые слова, хохол шутил и смеялся.

Все женщины плакали, но больше по привычке, чем от горя. Горя, ошеломляющего внезапным, тупым ударом, неожиданно и невидимо падающего на голову, не было, - было печальное сознание необходимости расстаться с детьми, но и оно тонуло, растворялось в впечатлениях, вызванных этим днем. Отцы и матери смотрели на детей со смутным чувством, где недоверие к молодости, привычное сознание своего превосходства над детьми странно сливалось с другим чувством, близким уважению к ним, и печальная, безотвязная дума, как теперь жить, притуплялась о любопытство, возбужденное юностью, которая смело и бесстрашно говорит о возможности другой, хорошей жизни. Чувства сдерживались неумением выражать их, слова тратились обильно, но говорили о простых вещах, о белье и одежде, о необходимости беречь здоровье.

А брат Букина, взмахивая руками, убеждал младшего брата:

- Именно - справедливость! И больше ничего! Младший Букин отвечал:

- Ты скворца береги...

- Будет цел!..

А Сизов держал племянника за руку и медленно говорил:

- Так, Федор, значит, поехал ты...

Федя наклонился и прошептал ему что-то на ухо, плутовато улыбаясь. Конвойный солдат тоже улыбнулся, но тотчас же сделал суровое лицо и крякнул.

Мать говорила с Павлом, как и другие, о том же - о платье, о здоровье, а в груди у нее толкались десятки вопросов о Саше, о себе, о нем. Но подо всем этим лежало и медленно разрасталось чувство избытка любви к сыну, напряженное желание нравиться ему, быть ближе его сердцу. Ожидание страшного умерло, оставив по себе только неприятную дрожь при воспоминании о судьях да где-то в стороне темную мысль о них. Чувствовала она в себе зарождение большой, светлой радости, не понимала ее и смущалась. Видя, что хохол говорит со всеми, понимая, что ему нужна ласка более, чем Павлу, она заговорила с ним:

- Не понравился мне суд!

- А почему, ненько? - благодарно улыбаясь, воскликнул хохол. - Стара мельница, а - не бездельница...

- И не страшно, и не понятно людям - чья же правда? - нерешительно сказала она.

- Ого, чего вы захотели! - воскликнул Андрей. - Да разве здесь о правде тягаются?..

Вздохнув и улыбаясь, она сказала:

- Я ведь думала, что - страшно...

- Суд идет!

Все быстро кинулись на места.

Упираясь одною рукою о стол, старший судья, закрыв лицо бумагой, начал читать ее слабо жужжавшим, шмелиным голосом.

- Приговаривает! - сказал Сизов вслушиваясь. Стало тихо. Все встали, глядя на старика. Маленький, сухой, прямой, он имел что-то общее с палкой, которую держит невидимая рука. Судьи тоже стояли: волостной - наклонив голову на плечо и глядя в потолок, голова - скрестив на груди руки, предводитель дворянства - поглаживая бороду. Судья с больным лицом, его пухлый товарищ и прокурор смотрели в сторону подсудимых. А сзади судей, с портрета, через их головы, смотрел царь, в красном мундире, с безразличным белым лицом, и по лицу его ползало какое-то насекомое.

- На поселение! - облегченно вздохнув, сказал Сизов. - Ну, кончено, слава тебе, господи! Говорилось - каторга! Ничего, мать! Это ничего!

- Я ведь - знала, - ответила она усталым голосом.

- Все-таки! Теперь уж верно! А то кто их знает? - Он обернулся к осужденным, которых уже уводили, и громко сказал:

- До свиданья, Федор! И - все! Дай вам бог! Мать молча кивала головой сыну и всем. Хотелось заплакать, но было совестно.

XXVII

Она вышла из суда и удивилась, что уже ночь над городом, фонари горят на улице и звезды в небе. Около суда толпились кучки людей, в морозном воздухе хрустел снег, звучали молодые голоса, пересекая друг друга. Человек в сером башлыке заглянул в лицо Сизова и торопливо спросил:

- Какой приговор?
- Поселение.
- Всем?
- Всем.
- Спасибо! Человек отошел.
- Видишь? - сказал Сизов. - Спрашивают...

Вдруг их окружило человек десять юношей и девушек, и быстро посыпались восклицания, привлекавшие людей. Мать и Сизов остановились. Спрашивали о приговоре, о том, как держались подсудимые, кто говорил речи, о чем, и во всех вопросах звучала одна п та же нота жадного любопытства, - искреннее и горячее, оно возбуждало желание удовлетворить его.

- Господа! Это мать Павла Власова! - негромко крикнул кто-то, и не сразу, но быстро все замолчали.

- Позвольте пожать вам руку!

Чья-то крепкая рука стиснула пальцы матери, чей-то голос взволнованно заговорил:

- Ваш сын будет примером мужества для всех нас...

- Да здравствует русский рабочий! - раздался звонкий крик. Крики росли, умножались, вспыхивали там и тут, отовсюду бежали люди, сталкиваясь вокруг Сизова и матери. Запрыгали по воздуху свистки полиции, но трели их не заглушали криков. Старик смеялся, а матери все это казалось милым сном. Она улыбалась, пожимала руки, кланялась, и хорошие, светлые слезы сжимали горло, ноги ее дрожали от усталости, но сердце, насыщенное радостью, все поглощая, отражало впечатления подобно светлому лику озера. А близко от нее чей-то ясный голос нервно говорил:

- Товарищи! Чудовище, пожирающее русский народ, сегодня снова проглотило своей бездонной, жадной пастью...

- Однако, мать, идем! - сказал Сизов. И в то же время откуда-то явилась Саша, взяла мать под руку и быстро потащила за собой на другую сторону улицы, говоря:

- Идите, - пожалуй, будут бить. Или арестуют. Поселение? В Сибирь?

- Да, да!

- А как он говорил? Я, впрочем, знаю. Он был всех сильнее и проще, всех суровее, конечно. Он чуткий, нежный, но только стыдится открыть себя.

Ее горячий полушепот, слова любви ее, успокаивая волнение матери, поднимали ее упавшие силы.

- Когда поедете к нему? - тихонько и ласково спросила она Сашу, прижимая ее руку к своему телу. Уверенно глядя вперед, девушка ответила:

- Как только найду кого-нибудь, кто бы взял мою работу. Ведь я тоже жду приговора. Вероятно, они меня тоже в Сибирь, - я заявлю тогда, что желаю быть поселенной в той местности, где будет он.

Сзади раздался голос Сизова:

- Кланяйтесь тогда ему от меня! Сизов, мол. Он знает. Дядя Федора Мазина...

Саша остановилась, обернулась, протягивая руку:

- Я знакома с Федей. Меня зовут Александра.

- А по батюшке?

Она взглянула на него и ответила:

- У меня нет отца.

- Помер, значит...

- Нет, он жив! - возбужденно ответила девушка, и что-то упрямое, настойчивое прозвучало в ее голосе, явилось на лице. - Он помещик, теперь - земский начальник, он обворовывает крестьян...

- Та-ак! - подавленно отозвался Сизов и, помолчав, сказал, идя рядом с девушкой и поглядывая на нее сбоку:

- Ну, мать, прощай! Мне налево идти. До свиданья, барышня, - строго вы насчет отца-то! Конечно, ваше дело...

- Ведь если ваш сын - дрянной человек, вредный людям, противный вам - вы это скажете? - страстно крикнула Саша.

- Ну, - скажу! - не вдруг ответил старик.

- Значит, вам справедливость - дороже сына, а мне она - дороже отца...

Сизов улыбнулся, качая головой, потом сказал, вздохнув:

- Ну-ну! Ловко вы! Коли надолго вас хватит - одолеете вы стариков, - напор у вас большой!.. Прощайте, желаю вам всякого доброго! И к людям - подобрее, а? Прощай, Ниловна! Увидишь Павла, скажи - слышал, мол, речь его. Не все понятно, даже страшно иное, но - скажи - верно!

Он приподнял шапку и степенно повернул за угол улицы.

- Хороший, должно быть, человек! - заметила Саша, проводив его улыбающимся взглядом своих больших глаз.

Матери показалось, что сегодня лицо девушки мягче и добрее, чем всегда.

Дома они сели на диван, плотно прижавшись друг к другу, и мать, отдыхая в тишине, снова заговорила о поездке Саши к Павлу. Задумчиво приподняв густые брови, девушка смотрела вдаль большими мечтающими глазами, по ее бледному лицу разлилось спокойное созерцание.

- Потом, когда родятся у вас дети, - приеду я к вам, буду нянчиться с ними. И заживем мы там не хуже здешнего. Работу Паша найдет, руки у него золотые...

Окинув мать пытливым взглядом, Саша спросила:

- А вам разве не хочется сейчас ехать за ним? Вздохнув, мать сказала:

- На что я ему? Только помешаю, в случае побега. Да и не согласился бы он...

Саша кивнула головой.

- Не согласится.

- К тому же я - при деле! - добавила мать с легкой гордостью.

204

- Да! - задумчиво отозвалась Саша. - Это хорошо... И вдруг, вздрогнув, как бы сбрасывая с себя что-то, заговорила просто и негромко:

- Жить он там не станет. Он - уйдет, конечно...

- А как же вы?.. И дитя, в случае?..

- Там увидим. Он не должен считаться со мной, и я не буду стеснять его. Мне будет тяжело расстаться с ним, но, разумеется, я справлюсь. Я не стесню его, нет.

Мать почувствовала, что Саша способна сделать так, как говорит, ей стало жалко девушку. Обняв ее, она сказала:

- Милая вы моя, трудно вам будет!

Саша мягко улыбнулась, прижимаясь к ней всем телом.

Явился Николай, усталый, и, раздеваясь, торопливо заговорил:

- Ну, Сашенька, вы убирайтесь, пока целы! За мной с утра гуляют два шпиона, и так открыто, что дело пахнет арестом. У меня - предчувствие. Что-то где-то случилось. Кстати, вот у меня речь Павла, ее решено напечатать. Несите ее к Людмиле, умоляйте работать быстрее. Павел говорил славно, Ниловна!.. Берегитесь шпионов, Саша...

Говоря, он крепко растер озябшие руки и, подойдя к столу, начал поспешно выдвигать ящики, выбирая из них бумаги, одни рвал, другие откладывал в сторону, озабоченный и растрепанный.

- Давно ли я все вычистил, а уж опять вот сколько накопилось всякой всячины, - черт! Видите ли, Ниловна, вам, пожалуй, тоже лучше не ночевать дома, а? Присутствовать при этой музыке довольно скучно, а они могут и вас посадить, - вам же необходимо будет поездить туда и сюда с речью Павла...

- Ну, на что я им? - сказала мать.

Николай, помахивая кистью руки перед глазами, уверенно сказал:

- У меня есть нюх. К тому же вы могли бы помочь Людмиле, а? Идите-ка подальше от греха...

Возможность принять участие в печатании речи сына была приятна ей, она ответила:

- Коли так - я уйду.

И, неожиданно для себя самой, сказала уверенно, но негромко:

- Теперь я ничего не боюсь, - слава тебе, Христе!

- Чудесно! - воскликнул Николай, не глядя на нее. - Вот что - вы мне скажите, где чемодан мой и мое белье, а то вы забрали все в свои хищнические руки, и я совершенно лишен возможности свободно распоряжаться личной собственностью.

Саша молча жгла в печке обрывки бумаг и, когда они сгорали, тщательно мешала пепел с золой.

- Вы, Саша, уходите! - сказал Николай, протянув ей руку. - До свиданья! Не забывайте книгами, если явится что-нибудь интересное. Ну, до свиданья, дорогой товарищ! Будьте осторожнее...

- Вы рассчитываете надолго? - спросила Саша.

- А черт их знает! Вероятно, за мной кое-что есть. Ниловна, идите вместе, а? За двоими труднее следить, - хорошо?

- Иду! - ответила мать. - Сейчас оденусь...

Она внимательно следила за Николаем, но, кроме озабоченности, заслонившей обычное, доброе и мягкое выражение лица, не замечала ничего. Ни лишней суетливости движений, никакого признака волнения не видела она в этом человеке, дорогом ей более других. Ко всем одинаково внимательный, со всеми ласковый и ровный, всегда спокойно одинокий, он для всех оставался таким же, как и прежде, живущим тайною жизнью внутри себя и где-то впереди людей. Но она знала, что он подошел к ней ближе всех, и любила его осторожной и как бы в самое себя не верящей любовью. Теперь ей было нестерпимо жаль его, но она сдерживала свое чувство, зная, что, если покажет его, Николай растеряется, сконфузится и станет, как всегда, смешным немного, - ей не хотелось видеть его таким.

Она снова вошла в комнату, он, пожимая руку Саши, говорил:

- Чудесно! Это, я уверен, очень хорошо для него и для вас. Немножко личного счастья - это не вредно. Вы готовы, Ниловна? Он подошел к ней, улыбаясь и поправляя очки.

- Ну, до свиданья, я хочу думать - месяца на три, на четыре, на полгода, наконец! Полгода - это очень много жизни... Берегите себя, пожалуйста, а? Давайте обнимемся...

Худой и тонкий, он охватил ее шею своими крепкими руками, взглянул в ее глаза и засмеялся, говоря:

- Я, кажется, влюбился в вас, - все обнимаюсь! Она молчала, целуя его лоб и щеки, а руки у нее тряслись. Чтобы он не заметил этого, она разжала их.

- Смотрите, завтра - осторожнее! Вы вот что, пошлите утром мальчика - там у Людмилы есть такой мальчуган, - пускай он посмотрит. Ну, до свиданья, товарищи! Все хорошо!..

На улице Саша тихонько сказала матери:

- Вот так же просто он пойдет на смерть, если будет нужно, и так же, вероятно, немножко заторопится. А когда смерть взглянет в его лицо, он поправит очки, скажет - чудесно! - и умрет.

- Люблю я его! - прошептала мать.

- Я удивляюсь, а любить - нет! Уважаю - очень. Он как-то сух, хотя добр и даже, пожалуй, нежен иногда, но все это - недостаточно человеческое... Кажется, за нами следят? Давайте разойдемся. И не входите к Людмиле, если вам покажется, что есть шпион.

- Я знаю! - сказала мать. Но Саша настойчиво прибавила:

- Не входите! Тогда - ко мне. Прощайте пока! Она быстро повернулась и пошла обратно.

XXVIII

Через несколько минут мать сидела, греясь у печки, в маленькой комнатке Людмилы. Хозяйка в черном платье, подпоясанном ремнем, медленно расхаживала по комнате, наполняя ее шелестом и звуками командующего голоса.

В печи трещал и выл огонь, втягивая воздух из комнаты, ровно звучала речь женщины.

- Люди гораздо более глупы, чем злы. Они умеют видеть только то, что близко к ним, что можно взять сейчас. А все близкое - дешево, дорого - далекое. Ведь, в сущности, всем было бы выгодно и приятно, если бы жизнь стала иной, более легкой, люди - более разумными. Но для этого сейчас же необходимо побеспокоить себя...

Вдруг, остановясь против матери, она сказала тише и как бы извиняясь:

- Редко вижу людей и, когда кто-нибудь заходит, начинаю говорить. Смешно?

- Почему же? - отозвалась мать. Она старалась догадаться, где эта женщина печатает, и не видела ничего необычного. В комнате, с тремя окнами на улицу, стоял диван и шкаф для книг, стол, стулья, у стены постель, в углу около нее умывальник, в другом - печь, на стенах фотографии картин. Все было новое, крепкое, чистое, и на все монашеская фигура хозяйки бросала холодную тень. Чувствовалось что-то затаенное, спрятанное, но было непонятно где. Мать осмотрела двери - через одну она вошла сюда из маленькой прихожей, около печи была другая дверь, узкая и высокая.

- Я к вам по делу! - смущенно сказала она, заметив, что хозяйка наблюдает за нею.

- Я знаю! Ко мне не ходят иначе...

Что-то странное почудилось матери в голосе Людмилы, она взглянула ей в лицо, та улыбалась углами тонких губ, за стеклами очков блестели матовые глаза. Отводя свой взгляд в сторону, мать подала ей речь Павла.

- Вот, просят напечатать поскорее... И стала рассказывать о приготовлениях Николая к аресту. Людмила, молча сунув бумагу за пояс, села на стул, на стеклах ее очков отразился красный блеск огня, его горячие улыбки заиграли на неподвижном лице.

- Когда они придут ко мне - я буду стрелять в них! - негромко и решительно проговорила она, выслушав рассказ матери. - Я имею право защищаться от насилия, и я должна бороться с ним, если других призываю к этому.

Отблески огня соскользнули с лица ее, и снова оно сделалось суровым, немного надменным.

"Нехорошо тебе живется!" - вдруг ласково подумала мать. Людмила начала читать речь Павла нехотя, потом все ближе наклонялась над бумагой, быстро откидывая прочитанные листки в сторону, а прочитав, встала, выпрямилась, подошла к матери:

- Это - хорошо!

Она подумала, опустив на минуту голову.

- Я не хотела говорить с вами о вашем сыне - не встречалась с ним и не люблю печальных разговоров. Я знаю, что это значит, когда близкий идет в ссылку! Но - мне хочется спросить вас - хорошо иметь такого сына?..

- Да, хорошо! - сказала мать.

- И - страшно, да?

Спокойно улыбаясь, мать ответила:

- Теперь уж - не страшно...

Людмила, поправляя смуглой рукой гладко причесанные волосы, отвернулась к окну. Легкая тень трепетала на ее щеках, может быть, тень подавленной улыбки.

- Я живо наберу. Вы ложитесь, у вас был трудный день, устали. Ложитесь здесь, на кровати, я не буду спать, и ночью, может быть, разбужу вас помочь мне... Когда ляжете, погасите лампу.

Она подбросила в печь два полена дров, выпрямилась и ушла в узкую дверь около печи, плотно притворив ее за собой. Мать посмотрела вслед ей и стала раздеваться, думая о хозяйке: "О чем-то тоскует..."

Усталость кружила ей голову, а на душе было странно спокойно и все в глазах освещалось мягким и ласковым светом, тихо и ровно наполнявшим грудь. Она уже знала это спокойствие, оно являлось к ней всегда после больших волнений и - раньше - немного тревожило ее, но теперь только расширяло душу, укрепляя ее большим и сильным чувством. Она погасила лампу, легла в холодную постель, съежилась под одеялом и быстро уснула крепким сном...

А когда открыла глаза - комната была полна холодным белым блеском ясного зимнего дня, хозяйка с книгою в руках лежала на диване и, улыбаясь не похоже на себя, смотрела ей в лицо.

- Ой, батюшки! - смущенно воскликнула мать. - Вот как я, - много время-то, а?

- Доброе утро! - отозвалась Людмила. - Скоро десять, вставайте, будем чай пить.

- Что же вы меня не разбудили?

- Хотела. Подошла к вам, а вы так хорошо улыбались во сне...

Гибким движением всего тела она поднялась с дивана, подошла к постели, наклонилась к лицу матери, и в ее матовых глазах мать увидала что-то родное, близкое и понятное.

- Мне стало жалко помешать вам, может быть, вы видели счастливый сон...

- Ничего не видела!

- Ну, все равно! Но мне понравилась ваша улыбка. Спокойная такая, добрая... большая!

Людмила засмеялась, смех ее звучал негромко, бархатисто.

- Я и задумалась о вас... Трудно вам живется! Мать, двигая бровями, молчала, думая.

- Конечно, трудно! - воскликнула Людмила.

- Не знаю уж! - осторожно сказала мать. - Иной раз покажется трудно. А всего так много, все такое серьезное, удивительное, двигается одно за другим скоро, скоро так...

Знакомая ей волна бодрого возбуждения поднималась в груди, наполняя сердце образами и мыслями. Она села на постели, торопливо одевая мысли словами.

- Идет, идет, - все к одному... Много тяжелого, знаете! Люди страдают, бьют их, жестоко бьют, и многие радости запретны им, - очень это тяжело!

Людмила, быстро вскинув голову, взглянула на нее обнимающим взглядом и заметила:

- Вы говорите не о себе!

Мать посмотрела на нее, встала с постели и, одеваясь,
говорила:

- Да как же отодвинешь себя в сторону, когда и того любишь, и этот дорог, и за всех боязно, каждого жалко, все толкается в сердце... Как отойдешь в сторону?

Стоя среди комнаты полуодетая, она на минуту задумалась. Ей показалось, что нет ее, той, которая жила тревогами и страхом за сына, мыслями об охране его тела, нет ее теперь - такой, она отделилась, отошла далеко куда-то, а может быть, совсем сгорела на огне волнения, и это облегчило, очистило душу, обновило сердце новой силой. Она прислушивалась к себе, желая заглянуть в свое сердце и боясь снова разбудить там что-либо старое, тревожное.

- О чем задумались? - ласково спросила хозяйка, подходя к ней.

- Не знаю! - ответила мать.

Помолчали, глядя друг на друга, улыбнулись обе, потом Людмила пошла из комнаты, говоря:

- Что-то делает мой самовар?

Мать посмотрела в окно, на улице сиял холодный крепкий день, в груди ее тоже было светло, но жарко. Хотелось говорить обо всем, много, радостно, со смутным чувством благодарности кому-то неизвестному за все, что сошло в душу и рдело там вечерним предзакатным светом. Давно не возникавшее желание молиться волновало ее. Чье-то молодое лицо вспомнилось, звонкий голос крикнул в памяти - "это мать Павла Власова!..". Сверкнули радостно и нежно глаза Саши, встала темная фигура Рыбина, улыбалось бронзовое, твердое лицо сына, смущенно мигал Николай, и вдруг все всколыхнулось глубоким, легким вздохом, слилось и спуталось в прозрачное, разноцветное облако, обнявшее все мысли чувством покоя.

- Николай был прав! - сказала Людмила входя. - Его арестовали. Я посылала туда мальчика, как вы сказали. Он говорил, что на дворе полиция, видел полицейского, который прятался за воротами. И ходят сыщики, мальчик их знает.

- Так! - сказала мать, кивая головой. - Ах, бедный... Вздохнула, но - без печали, и тихонько удивилась этому.

- Он последнее время много читал среди городских рабочих, и вообще ему пора было провалиться! - хмуро и спокойно заметила Людмила. - Товарищи говорили - уезжай! Не послушал! По-моему - в таких случаях надо заставлять, а не уговаривать...

В двери встал черноволосый и румяный мальчик с красивыми синими глазами и горбатым носом.

- Я внесу самовар? - звонко спросил он.

- Пожалуйста, Сережа! Мой воспитанник.

Матери казалось, что Людмила сегодня иная, проще и ближе ей. В гибких колебаниях ее стройного тела было много красоты и силы, несколько смягчавшей строгое и бледное лицо. За ночь увеличились круги под ее глазами. И чувствовалось в ней напряженное усилие, туго натянутая струна в душе.

Мальчик внес самовар.

- Знакомься, Сережа! Пелагея Ниловна, мать того рабочего, которого вчера осудили.

Сережа молча поклонился, пожал руку матери, вышел, принес булки и сел за стол. Людмила, наливая чай, убеждала мать не ходить домой до поры, пока не выяснится, кого там ждет полиция.

- Может быть - вас! Вас, наверное, будут допрашивать...

- Пускай допрашивают! - отозвалась мать. - И арестуют - не велика беда. Только бы сначала Пашину речь разослать.

- Она уже набрана. Завтра можно будет иметь ее для города и слободы... Вы знаете Наташу?

- Как же!

- Отвезете ей...

Мальчик читал газету и как будто не слышал ничего, но порою глаза его смотрели из-за листа в лицо матери, и когда она встречала их живой взгляд, ей было приятно, она улыбалась. Людмила снова вспоминала Николая без сожаления об его аресте, а матери казался вполне естественным ее тон. Время шло быстрее, чем в другие дни, - когда кончили пить чай, было уже около полудня.

- Однако! - воскликнула Людмила. И в то же время торопливо постучали. Мальчик встал, вопросительно взглянул на хозяйку, прищурив глаза.

- Отопри, Сережа. Кто бы это?

И спокойным движением она опустила руку в карман юбки, говоря матери:

- Если жандармы, вы, Пелагея Ниловна, встаньте вот сюда, в этот угол. А ты, Сережа...

- Я знаю! - тихо ответил мальчик, исчезая. Мать улыбнулась. Ее эти приготовления не взволновали - в ней не было предчувствия беды.

Вошел маленький доктор. Он торопливо говорил:

- Во-первых, Николай арестован. Ага, вы здесь, Ниловна? Вас не было во время ареста?

- Он меня отправил сюда.

- Гм, - я не думаю, что это полезно для вас!.. Во-вторых, сегодня в ночь разные молодые люди напечатали на гектографах штук пятьсот речи. Я видел - сделано недурно, четко, ясно. Они хотят вечером разбросать по городу. Я - против, - для города удобнее печатные листки, а эти следует отправить куда-нибудь.

- Вот я и отвезу их Наташе! - живо воскликнула мать. - Давайте-ка!

Ей страшно захотелось скорее распространить речь Павла, осыпать всю землю словами сына, и она смотрела в лицо доктора ожидающими ответа глазами, готовая просить.

- Черт знает, насколько удобно вам теперь взяться за это! - нерешительно сказал доктор и вынул часы. - Теперь одиннадцать сорок три, - поезд в два пять, дорога туда - пять пятнадцать. Вы приедете вечером, но недостаточно поздно. И не в этом дело...

- Не в этом! - повторила хозяйка, нахмурив брови.

- А в чем? - спросила мать, подвигаясь к ним. - Только в том, чтобы хорошо сделать...

Людмила пристально взглянула на нее и, потирая лоб, заметила:

- Вам - опасно...

- Почему? - горячо и требовательно воскликнула мать.

- Вот - почему! - заговорил доктор быстро и неровно. - Вы исчезли из дому за час до ареста Николая. Вы уехали на завод, где вас знают как тетку учительницы. После вашего приезда на заводе явились вредные листки. Все это захлестывается в петлю вокруг вашей шеи.

- Меня там не заметят! - убеждала мать, разгораясь. - А ворочусь, арестуют, спросят, где была... Остановясь на секунду, она воскликнула:

- Я знаю, как сказать! Оттуда я проеду прямо в слободу, там у меня знакомый есть, Сизов, - так я скажу, что, мол, прямо из суда пришла к нему, горе, мол, привело. А у него тоже горе - племянника осудили. Он покажет так же. Видите?

Чувствуя, что они уступят силе ее желания, стремясь скорее побудить их к этому, она говорила все более настойчиво. И они уступили.

- Что ж, поезжайте! - неохотно согласился доктор. Людмила молчала, задумчиво прохаживаясь по комнате. Лицо у нее потускнело, осунулось, а голову она держала, заметно напрягая мускулы шеи, как будто голова вдруг стала тяжелой и невольно опускалась на грудь. Мать заметила это.

- Все вы бережете меня! - улыбаясь, сказала она. - Себя не бережете...

- Неверно! - ответил доктор. - Мы себя бережем, должны беречь! И очень ругаем того, кто бесполезно тратит силу свою, да-с! Теперь вот что - речь вы получите на вокзале...

Он объяснил ей, как это будет сделано, потом взглянул в лило ее, сказал:

- Ну, желаю успеха!

И ушел, все-таки недовольный чем-то. Когда дверь закрылась за ним, Людмила подошла к матери, беззвучно смеясь.

- Я понимаю вас...

Взяв ее под руку, она снова тихо зашагала по комнате.

- У меня тоже есть сын. Ему уже тринадцать лет, но он живет у отца. Мой муж - товарищ прокурора. И мальчик - с ним. Чем он будет? - часто думаю я...

Ее влажный голос дрогнул, потом снова задумчиво и тихо полилась речь:

- Его воспитывает сознательный враг тех людей, которые мне близки, которых я считаю лучшими людьми земли. Сын может вырасти врагом моим. Со мною жить ему нельзя, я живу под чужим именем. Восемь лет не видела я его, - это много - восемь лет!

Остановясь у окна, она смотрела в бледное, пустынное небо, продолжая:

- Если бы он был со мной - я была бы сильнее, не имела бы раны в сердце, которая всегда болит. И даже если бы он умер - мне легче было бы...

- Голубушка вы моя! - тихонько сказала мать, чувствуя, как сострадание жжет ей сердце.

- Вы счастливая! - с усмешкой молвила Людмила. - Это великолепно - мать и сын рядом, - это редко!

Власова неожиданно для себя самой воскликнула:

- Да, хорошо! - И, точно сообщая тайну, понизив голос, продолжала: - Все - вы, Николай Иванович, все люди правды - тоже рядом! Вдруг люди стали родными, - понимаю всех. Слов не понимаю, а все другое - понимаю!

- Вот как! - промолвила Людмила. - Вот как... Мать положила руку на грудь ей и, тихонько толкая ее, говорила почти шепотом и точно сама созерцая то, о чем говорит:

- Миром идут дети! Вот что я понимаю - в мире идут дети, по всей земле, все, отовсюду - к одному! Идут лучшие сердца, честного ума люди, наступают неуклонно на все злое, идут, топчут ложь крепкими ногами. Молодые, здоровые, несут необоримые силы свои все к одному - к справедливости! Идут на победу всего горя человеческого, на уничтожение несчастий всей земли ополчились, идут одолеть безобразное и - одолеют! Новое солнце зажгем, говорил мне один, и - зажгут! Соединим разбитые сердца все в одно - соединят!

211

Ей вспоминались слова забытых молитв, зажигая новой верой, она бросала их из своего сердца, точно искры.

- Ко всему несут любовь дети, идущие путями правды и разума, и все облачают новыми небесами, все освещают огнем нетленным - от души. Совершается жизнь новая, в пламени любви детей ко всему миру. И кто погасит эту любовь, кто? Какая сила выше этой, кто поборет ее? Земля ее родила, и вся жизнь хочет победы ее, - вся жизнь!

Она отшатнулась от Людмилы, утомленная волнением, и села, тяжело дыша. Людмила тоже отошла, бесшумно, осторожно, точно боясь разрушить что-то. Она гибко двигалась по комнате, смотрела перед собой глубоким взглядом матовых глаз и стала как будто еще выше, прямее, тоньше. Худое, строгое лицо ее было сосредоточенно, и губы нервно сжаты. Тишина в комнате быстро успокоила мать; заметив настроение Людмилы, она спросила виновато и негромко:

- Я, может, что-нибудь не так сказала?..

Людмила быстро обернулась, взглянула на нее как бы в испуге и торопливо заговорила, протянув руки к матери, точно желая остановить нечто.

- Все так, так! Но - не будем больше говорить об этом. Пусть оно останется таким, как сказалось. - И более спокойно продолжала: - Вам уже скоро ехать надо, - далеко ведь!

- Да, скоро! Ах, как я рада, кабы вы знали! Слово сына повезу, слово крови моей! Ведь это - как своя душа!

Она улыбалась, но ее улыбка неясно отразилась на лице Людмилы. Мать чувствовала, что Людмила охлаждает ее радость своей сдержанностью, и у нее вдруг возникло упрямое желание перелить в эту суровую душу огонь свой, зажечь ее, - пусть она тоже звучит согласно строю сердца, полного радостью. Она взяла руки Людмилы, крепко стиснула их, говоря:

- Дорогая вы моя! Как хорошо это, когда знаешь, что уже есть в жизни свет для всех людей и - будет время - увидят они его, обнимутся с ним душой!

Ее доброе большое лицо вздрагивало, глаза лучисто улыбались, и брови трепетали над ними, как бы окрыляя их блеск. Ее охмеляли большие мысли, она влагала в них все, чем горело ее сердце, все, что успела пережить, и сжимала мысли в твердые, емкие кристаллы светлых слов. Они все сильнее рождались в осеннем сердце, освещенном творческой силой солнца весны, все ярче цвели и рдели в нем.

- Ведь это - как новый бог родится людям! Все - для всех, все - для всего! Так понимаю я всех вас. Воистину, все вы - товарищи, все - родные, все - дети одной матери - правды!

Снова захлестнутая волной возбуждения своего, она остановилась, перевела дух и, широким жестом разведя руки как бы для объятия, сказала:

- И когда я говорю про себя слово это - товарищи! - слышу сердцем - идут!

Она добилась, чего хотела, - лицо Людмилы удивленно вспыхнуло, дрожали губы, из глаз катились слезы, большие, прозрачные.

Мать крепко обняла ее, беззвучно засмеялась, мягко гордясь победою своего сердца.

Когда они прощались, Людмила заглянула в лицо ей и тихо спросила:

- Вы знаете, что с вами - хорошо?

XXIX

На улице морозный воздух сухо и крепко обнял тело, проник в горло, защекотал в носу и на секунду сжал дыхание в груди. Остановись, мать оглянулась: близко от нее на углу стоял извозчик в мохнатой шапке, далеко - шел какой-то человек, согнувшись, втягивая голову в плечи, а впереди него вприпрыжку бежал солдат, потирая уши.

"Должно быть, в лавочку послали солдатика!" - подумала она и пошла, с удовольствием слушая, как молодо и звучно скрипит снег под ее ногами. На вокзал она пришла рано, еще не был готов ее поезд, но в грязном, закопченном дымом зале третьего класса уже собралось много народа - холод согнал сюда путейских рабочих, пришли погреться извозчики и какие-то плохо одетые, бездомные люди. Были и пассажиры, несколько крестьян, толстый купец в енотовой шубе, священник с дочерью, рябой девицей, человек пять солдат, суетливые мещане. Люди курили, разговаривали, пили чай, водку. У буфета кто-то раскатисто смеялся, над головами носились волны дыма. Визжала, открываясь, дверь, дрожали и звенели стекла, когда ее с шумом захлопывали. Запах табаку и соленой рыбы густо бил в нос.

Мать села у входа на виду и ждала. Когда открывалась дверь - на нее налетало облако холодного воздуха, это было приятно ей, и она глубоко вдыхала его полною грудью. Входили люди с узлами в руках - тяжело одетые, они неуклюже застревали в двери, ругались и, бросив на пол или на лавку вещи, стряхивали сухой иней с воротников пальто и с рукавов, отирали его с бороды, усов, крякали.

Вошел молодой человек с желтым чемоданом в руках, быстро оглянулся и пошел прямо к матери.

- В Москву? - негромко спросил он.

- Да. К Тане.

- Вот!

Он поставил чемодан около нее на лавку, быстро вынул папиросу, закурил ее и, приподняв шапку, молча ушел к другой двери. Мать погладила рукой холодную кожу чемодана, облокотилась на него и, довольная, начала рассматривать публику. Через минуту она встала и пошла на другую скамью, ближе к выходу на перрон. Чемодан она легко держала в руке, он был невелик, и шла, подняв голову, рассматривая лица, мелькавшие перед нею.

Какой-то молодой человек в коротком пальто с поднятым воротником столкнулся с нею и молча отскочил, взмахнув рукою к голове. Ей показалось что-то знакомое в нем, она оглянулась и увидала, что он одним светлым глазом смотрит на нее из-за воротника. Этот внимательный глаз уколол ее, рука, в которой она держала чемодан, вздрогнула, и ноша вдруг отяжелела.

"Я где-то видела его!" - подумала она, заминая этой думой неприятное и смутное ощущение в груди, не давая другим словам определить чувство, тихонько, но властно сжимавшее сердце холодом. А оно росло и поднималось к горлу, наполняло рот сухой горечью, ей нестерпимо захотелось обернуться, взглянуть еще раз. Она сделала это - человек, осторожно переступая с ноги на ногу, стоял на том же месте, казалось, он чего-то хочет и не решается. Правая рука у него была засунута между пуговиц пальто, другую он держал в кармане, от этого правое плечо казалось выше левого.

Она не торопясь подошла к лавке и села, осторожно, медленно, точно боясь что-то порвать в себе. Память, разбуженная острым предчувствием беды, дважды поставила перед нею этого человека - один раз в поле, за городом после побега Рыбина, другой - в суде. Там рядом с ним стоял тот околодочный, которому она ложно указала путь Рыбина. Ее знали, за нею следили - это было ясно.

"Попалась?" - спросила она себя. А в следующий миг ответила, вздрагивая:

"Может быть, еще нет..."

И тут же, сделав над собой усилие, строго сказала:

"Попалась!"

Оглядывалась и ничего не видела, а мысли одна за другою искрами вспыхивали и гасли в ее мозгу.

"Оставить чемодан, - уйти?"

Но более ярко мелькнула другая искра:

"Сыновнее слово бросить? В такие руки..."

Она прижала к себе чемодан.

"А - с ним уйти?.. Бежать..."

Эти мысли казались ей чужими, точно их кто-то извне насильно втыкал в нее. Они ее жгли, ожоги их больно кололи мозг, хлестали по сердцу, как огненные нити. И, возбуждая боль, обижали женщину, отгоняя ее прочь от самой себя, от Павла и всего, что уже срослось с ее сердцем. Она чувствовала, что ее настойчиво сжимает враждебная сила, давит ей на плечи и грудь, унижает ее, погружая в мертвый страх; на висках у нее сильно забились жилы, и корням волос стало тепло.

Тогда, одним большим и резким усилием сердца, которое как бы встряхнуло ее всю, она погасила все эти хитрые, маленькие, слабые огоньки, повелительно сказав себе:

"Стыдись!"

Ей сразу стало лучше, и она совсем окрепла, добавив:

"Не позорь сына-то! Никто не боится".

Глаза ее встретили чей-то унылый, робкий взгляд. Потом в памяти мелькнуло лицо Рыбина. Несколько секунд колебаний точно уплотнили все в ней. Сердце забилось спокойнее.

"Что ж теперь будет?" - думала она, наблюдая.

Шпион подозвал сторожа и что-то шептал ему, указывая на нее глазами. Сторож оглядывал его и пятился назад. Подошел другой сторож, прислушался, нахмурил брови. Он был старик, крупный, седой, небритый. Вот он кивнул шпиону головой и пошел к лавке, где сидела мать, а шпион быстро исчез куда-то.

Старик шагал не торопясь, внимательно щупая сердитыми глазами лицо ее. Она подвинулась в глубь скамьи.

"Только бы не били..."

Он остановился рядом с нею, помолчал и негромко, сурово спросил:

- Что глядишь?

- Ничего.

- То-то, воровка! Старая уж, а - туда же!

214

Ей показалось, что его слова ударили ее по лицу, раз и два; злые, хриплые, они делали больно, как будто рвали щеки, выхлестывали глаза....

- Я? Я не воровка, врешь! - крикнула она всею грудью, и все перед нею закружилось в вихре ее возмущения, опьяняя сердце горечью обиды. Она рванула чемодан, и он открылся.

- Гляди! Глядите все! - кричала она, вставая, взмахнув над головою пачкой выхваченных прокламаций. Сквозь шум в ушах она слышала восклицания сбегавшихся людей и видела - бежали быстро, все, отовсюду.

- Что такое?

- Вот, сыщик...

- Что это?

- Украла, говорит...

- Почтенная такая, - ай-ай-ай!

- Я не воровка! - говорила мать полным голосом, немного успокаиваясь при виде людей, тесно напиравших на нее со всех сторон.

- Вчера судили политических, там был мой сын - Власов, он сказал речь - вот она! Я везу ее людям, чтобы они читали, думали о правде...

Кто-то осторожно потянул бумаги из ее рук, она взмахнула ими в воздухе и бросила в толпу.

- За это тоже не похвалят! - воскликнул чей-то пугливый голос.

Мать видела, что бумаги хватают, прячут за пазухи, в карманы, - это снова крепко поставило ее на ноги. Спокойнее и сильнее, вся напрягаясь и чувствуя, как в ней растет разбуженная гордость, разгорается подавленная радость, она говорила, выхватывая из чемодана пачки бумаги и разбрасывая их налево и направо в чьи-то быстрые, жадные руки.

- За что судили сына моего и всех, кто с ним, - вы знаете? Я вам скажу, а вы поверьте сердцу матери, седым волосам ее - вчера людей за то судили, что они несут вам всем правду! Вчера узнала я, что правда эта... никто не может спорить с нею, никто!

Толпа замолчала и росла, становясь все более плотной, слитно окружая женщину кольцом живого тела.

- Бедность, голод и болезни - вот что дает людям их работа. Все против нас - мы издыхаем всю нашу жизнь день за днем в работе, всегда в грязи, в обмане, а нашими трудами тешатся и объедаются другие и держат пас, как собак на цепи, в невежестве - мы ничего не знаем, и в страхе - мы всего боимся! Ночь - наша жизнь, темная ночь!

- Так! - глухо раздалось в ответ.

- Заткни глотку ей!

Сзади толпы мать заметила шпиона и двух жандармов, и она торопилась отдать последние пачки, но когда рука ее опустилась в чемодан, там она встретила чью-то чужую руку.

- Берите, берите! - сказала она, наклоняясь.

- Разойдись! - кричали жандармы, расталкивая людей. Они уступали толчкам неохотно, зажимали жандармов своею массою, мешали им, быть может, не желая этого. Их властно привлекала седая женщина с большими честными глазами на добром лице, и, разобщенные жизнью, оторванные друг от друга, теперь они сливались в нечто целое, согретое огнем слова, которого, быть может, давно искали и жаждали многие сердца, обиженные несправедливостями жизни. Ближайшие стояли молча, мать видела их жадно-внимательные глаза и чувствовала на своем лице теплое дыхание.

- Уходи, старуха!

- Сейчас возьмут!..

- Ах, дерзкая!

- Прочь! Разойдись! - все ближе раздавались крики жандармов.

Люди перед матерью покачивались на ногах, хватаясь друг за друга.

Ей казалось, что все готовы понять ее, поверить ей, и она хотела, торопилась сказать людям все, что знала, все мысли, силу которых чувствовала. Они легко всплывали из глубины ее сердца и слагались в песню, но она с обидою чувствовала, что ей не хватает голоса, хрипит он, вздрагивает, рвется.

- Слово сына моего - чистое слово рабочего человека, неподкупной души! Узнавайте неподкупное по смелости!

Чьи-то юные глаза смотрели в лицо ее с восторгом и со страхом.

Ее толкнули в грудь, она покачнулась и села па лавку. Над головами людей мелькали руки жандармов, они хватали за воротники и плечи, отшвыривали в сторону тела, срывали шапки, далеко отбрасывая их. Все почернело, закачалось в глазах матери, но, превозмогая свою усталость, она еще кричала остатками голоса:

- Собирай, народ, силы свои во единую силу!

Жандарм большой красной рукой схватил ее за ворот, встряхнул:

- Молчи!

Она ударилась затылком о стену, сердце оделось на секунду едким дымом страха и снова ярко вспыхнуло, рассеяв дым.

- Иди! - сказал жандарм.

- Не бойтесь ничего! Нет муки горше той, которой вы всю жизнь дышите...

- Молчать, говорю! - Жандарм взял под руку ее, дернул. Другой схватил другую руку, и, крупно шагая, они повели мать.

- ...которая каждый день гложет сердце, сушит грудь! Шпион забежал вперед и, грозя ей в лицо кулаком, визгливо крикнул:

- Молчать, ты, сволочь!

Глаза у нее расширились, сверкнули, задрожала челюсть. Упираясь ногами в скользкий камень пола, она крикнула:

- Душу воскресшую - не убьют!

- Собака!

Шпион ударил ее в лицо коротким взмахом руки.

- Так ее, стерву старую! - раздался злорадный крик. Что-то черное и красное на миг ослепило глаза матери, соленый вкус крови наполнил рот.

Дробный, яркий взрыв криков оживил ее.

- Не смей бить!

- Ребята!

- Ах ты, мерзавец!

- Дай ему!

- Не зальют кровью разума!

Ее толкали в шею, спину, били по плечам, по голове, все закружилось, завертелось темным вихрем в криках, вое, свисте, что-то густое, оглушающее лезло в уши, набивалось в горло, душило, пол проваливался под ее ногами, колебался, ноги гнулись, тело вздрагивало в ожогах боли, отяжелело и качалось, бессильное. Но глаза ее не угасали и видели много других глаз - они горели знакомым ей смелым, острым огнем, - родным ее сердцу огнем.

Ее толкали в двери.

Она вырвала руку, схватилась за косяк.

- Морями крови не угасят правды...

Ударили по руке.

- Только злобы накопите, безумные! На вас она падет!

Жандарм схватил ее за горло и стал душить. Она хрипела.

- Несчастные...

Кто-то ответил ей громким рыданием.